AF252181

H. O'REILLY

Cinquante Ans Indiens

LA VIE DE NELSON

de la Compagnie de

Buffalo Bill

Traduit de l'Anglais

PAR

HECTOR FRANCE

dessins par FRENZE

PARIS

Georges CHAMEROT, Imprimeur-Éditeur

19, Rue des Saints-Pères, 19

CINQUANTE ANS

CHEZ

LES INDIENS

JOHN Y. NELSON, 1889

HARRINGTON O'REILLY

CINQUANTE ANS

CHEZ

LES INDIENS

TRADUIT DE L'ANGLAIS AVEC UNE PRÉFACE

PAR

HECTOR FRANCE

CENT TROIS DESSINS DE FRENZENY

PARIS

GEORGES CHAMEROT, IMPRIMEUR-ÉDITEUR

19, RUE DES SAINTS-PÈRES, 19

1889

PRÉFACE

Les visiteurs de « *Buffalo Bill* » ont tous remarqué chevauchant en tête des *cow-boys*, ou bien escortant la caravane des colons, ou encore conduisant la malle que devaient attaquer les Peaux-Rouges, un vieil homme à longue barbe, aux allures modestes et aux traits singulièrement énergiques. C'est le héros de ces aventures extraordinaires dans les grandes prairies du Far-West, John Nelson, l'ancien compagnon du colonel Bill Cody, alors que celui-ci était simple conducteur de chariots sur la route de Californie, et ce livre a été écrit en quelque sorte sous sa dictée.

M. Harrington O'Reilly déclare dans sa préface qu'il a cru devoir conserver autant que possible la phraséologie de son personnage qui, plus initié au

a

langage des rudes « squatters » qu'à celui des sa-
lons, ne se pique pas de littérature, et le traduc-
teur a suivi de son mieux le texte. Cette phraséologie, hérissée de « slang » et surtout d'*américa-
nismes*, en rendait la traduction difficile[1], mais
j'étais largement dédommagé de ma peine par l'intérêt que je prenais au récit au fur et à mesure que
j'avançais dans ma tâche. Sans doute, comme nous
en prévient l'auteur, il y a des incohérences, du
décousu dans les chapitres, une confusion dans les
dates, un manque d'enchaînement dans les événements — « plusieurs pages ont été écrites le revolver au poing, d'autres tandis que les balles sifflaient autour de ma tête », — mais les événements
sont assez intéressants par eux-mêmes, sans qu'il
soit besoin de les relier entre eux : tout ne s'en-
chaîne pas dans la vie, surtout dans les grandes
prairies du Far-West comme dans les romans de
Gustave Aymard, et la flèche d'un Peau-Rouge ou
le rifle d'un *desperado* vient couper brusquement
les trames les mieux ourdies.

C'est, dit l'auteur, un chapitre vrai et vécu de
l'histoire de la frontière américaine; ceux à qui
cette histoire est familière mettront promptement

---

1. Pour le *slang*, j'ai dû avoir maintes fois recours à l'excellent
dictionnaire *Argot and Slang* de A. Barrère, mon collègue à *Royal
Military Academy*.

les dates en leur place; quant aux autres, qu'importent ces légères erreurs!

On y assiste à la marche rapide en un pays neuf de ce qu'on appelle « la civilisation » et, faut-il l'ajouter? les pionniers de cette civilisation sont les plus grands forbans du monde.

Les emplacements où John Nelson plantait son *tepee* à côté du chef *Queue-Tachetée* ou *Élan-Coup-Double,* échangeait contre des chevaux les jolies filles des Sioux, ou faisait rôtir un quartier de buffle aux feux du bivouac en compagnie des trappeurs ou des chercheurs d'or, ces campements dans ce vaste territoire indiqué alors sur les atlas comme Terres inexplorées ou Grand Désert américain sont maintenant des villages, des villes, de grandes cités.

Une carte d'il y a seulement vingt ans placée à côté d'une carte d'aujourd'hui expliquera d'un coup d'œil le merveilleux changement. Merveilleux! est-ce bien le mot? Y a-t-il moins de misère sous les toits de tuile des civilisés que sous les peaux de buffles des tepees, moins de meurt-de-faim dans les grandes cités américaines que dans les tribus indiennes; plus de braves et honnêtes gens chez les Visages-Pâles que chez les Peaux-Rouges, moins d'exploiteurs et d'exploités dans les États-Unis que dans le territoire réservé aux Cheyennes et aux Sioux, proportion gardée bien entendu?

Je n'insiste pas, mais qui lira ces pages sera forcé d'avouer que les pires sauvages ne sont pas ceux qui se peignent la face et s'ornent la tête de plumes.

Vivant sur les confins de la civilisation, le héros modeste mais redoutable de ce livre a pendant un demi-siècle engagé une lutte presque de chaque jour contre les hommes, tantôt les peaux rouges, tantôt les blanches, et ces dernières enveloppant les âmes les plus scélérates. Il a pris part à des scènes, à des épisodes, à des drames tels qu'il n'en existe et ne peut en exister que dans les circonstances exceptionnelles où il vivait, coudoyant des bandits, écume de toutes les races qui peuplèrent l'Ouest américain.

Peu d'hommes ont couru dans leur vie plus de dangers que John Nelson et un bien petit nombre peuvent se flatter d'y avoir échappé si miraculeusement! Et cependant il se plaint d'être né sous une mauvaise étoile! Oh! vieux Nelson, combien je t'envie! Tu crois ta vie gaspillée parce que tu n'as pas amassé de millions comme quantité de forbans de ta connaissance, pauvres coureurs des prairies comme toi, et qui, maintenant opulents, honorés, remplissent de hautes fonctions, te dédaignent et te méprisent, toi jadis le « maître » de tout ce qui s'étendait devant tes yeux, du midi au septentrion et de l'orient à l'occident, et qui ne possédera jamais en bien propre que les six pieds de terre qui couvriront tes os !

Eh ! qu'importe, vieux chasseur de buffles, riches ou pauvres, c'est ce qui nous restera à tous.

Mais, toi, au moins tu as joui de la grande vie, pleine d'air, de lumière, d'espace, d'émotions, de dangers, la vie des forts et des mâles !

Ah ! c'est nous autres, gens de la civilisation, qui gaspillons la nôtre en luttes stériles, en poursuites vaines, en amours malsains, en travaux rebutants. Il n'est pas de forbans que dans les Collines Noires ; sous le rayon de la tour Eiffel, le nombre des exploiteurs du pauvre dépasse celui de la rivière Platte et les Mac-Gillicuddy qui tondent annuellement un million sur la peau des misérables ne sont pas tous à l'agence du Nuage-Rouge !

La civilisation ? On verra de quelle façon on l'installe et quels sont ses agents, comment l'on traite les malheureux Indiens à qui l'on vole peu à peu leur territoire, la rapacité de ces Yankees tant vantés qui agissent avec les races aborigènes comme les Anglais avec les Chinois, les empoisonnant et les abrutissant de leurs alcools frelatés, comme ceux-là de leur opium.

On verra des bandes d'aventuriers faisant la chasse aux Indiens pour leur propre compte, les pillant et les tuant, comme l'Américain Stanley massacre au nom de la civilisation les nègres de l'Afrique, qu'il traverse en conquérant à la solde des juifs de New-York;

Le gouvernement, complice de ses agents, forbans, voleurs, faussaires, signant des traités qu'il rompt, faussant sa parole, promettant pour ne pas tenir, abusant de la naïveté des races indigènes; on verra enfin l'origine de nombre d'impudentes et colossales fortunes venant du vol, de la spoliation, de l'assassinat des Peaux-Rouges!

Et qu'on ne dise pas, comme John Nelson, que c'est fatal, que la race doit disparaître, que c'est la loi du vainqueur, car alors il serait vrai le mot célèbre contre lequel nous avons, aux jours néfastes, protesté avec indignation : « La force prime le droit. »

                              HECTOR FRANCE.

INTRODUCTION

En écrivant indirectement cette histoire de ma vie, je n'ai été inspiré par aucun sentiment de vanité, par nul désir de voir mon nom passer à la postérité comme celui d'un héros. Si je me vois maintenant imprimé, je n'y ai été en quelque sorte pour rien. Le temps est bien loin où une notoriété produite par la publicité pouvait m'être de quelque profit.

Feuille jaune et fanée, que m'importe comment et où se passeront les années qui me restent? Un homme chargé d'ans ne tient pas à fatiguer son cerveau à se rappeler les événements d'une vie longue et — il faut le dire — gaspillée. Pourquoi me suis-je laissé harceler et cajoler pour une chose contre laquelle je m'étais toujours défendu, livrer l'histoire de ma vie? C'est ce que je ne puis encore comprendre. J'avoue franchement que toutes mes bonnes résolutions s'évanouirent devant l'obstination de l'auteur de ces pages qui parvint à m'arracher le récit de bien des incidents de ma carrière, que j'eusse préféré laisser dans l'oubli.

Cependant, puisqu'il connaît mes secrets et que je l'ai autorisé à en faire l'usage qu'il jugera bon, je n'ai plus qu'à affirmer la véracité de tout ce que j'ai dit. Je n'ai rien tiré de mon imagination, mais simplement relaté les faits arrivés juste comme je les raconte. En un mot, ce livre est l'histoire vraie de ma vie.

John F. Nelson

CINQUANTE ANS
CHEZ LES INDIENS

CHAPITRE PREMIER

Mon enfance. — Ma fuite. — La manœuvre des plats. — Naufrage sur le Missouri. — Vie dans une ferme. — Nouvelle fuite. — Une caravane amie. — Boonville. — Le ranco de l'oncle.

Issu d'Américains de père et de mère, je suis né le 25 août 1826 à Charleston (Virginie), et je puis me flatter d'être de la vraie race du Sud.

Ma mère s'appelait Young de son nom de jeune fille, et je tiens d'elle mon second nom de baptême.

Pendant nombre d'années, mon père exerça les fonctions de surveillant aux salines de Malden, à douze milles environ de Charleston. Là travaillaient une grande quantité de nègres esclaves, dont il avait la direction.

Le Sud était, à cette époque, à la tête des États-Unis et les intérêts esclavagistes prédominaient tous les autres. Mes plus anciens souvenirs remontent aux nègres et aux *pickaninies* (négrillons), mes compagnons de jeux. On ne pensait guère alors que retentirait un jour le clairon de guerre qui devait transformer cette fraternité en ardente inimitié. La discorde éclata trente-cinq ans plus tard, et moi qui cuisais dans une vraie serre chaude de l'esclavage que je considérais comme une des lois naturelles, ne savais rien ou du moins très peu de choses de la lutte, quand elle survint. Ce fut peut-être pour mon bien, car j'aurais certainement été entraîné dans la cause des Confédérés, et probablement rencontré la mort d'un soldat.

Je puis me reporter en arrière jusqu'à l'âge de six ans.

Je me rappelle un petit chien blanc que j'excitais contre les nègres quand ils me battaient, ce qui arrivait assez souvent lorsque personne ne pouvait les voir. Mais le pauvre *Peep* fut, un beau matin, trouvé mijotant dans une chaudière de sel bouillant. De ce jour, mon antipathie pour les nègres prit racine; elle n'a fait que croître depuis.

Tout petit que j'étais, je jurais d'avoir ma revanche, et je la pris sur un négrillon un peu plus grand que moi. Mon père m'avait toujours recommandé de ne jamais me battre avec un nègre, mais que si cela m'arrivait, de ne revenir que vainqueur du combat.

Outre la surveillance des salines, il fabriquait à son propre compte des cuves pour le sel et possédait une tonnellerie, où il employait une soixantaine d'esclaves.

A trois milles environ, une mine de charbon fournissait le combustible au moyen de wagons roulant sur des rails de quart d'heure en quart d'heure. Je menais mon petit moricaud sur la voie et la bataille s'engagea juste en face de la tonnellerie. Le négro me renversa et j'avais le dessous quand mon père sortit tenant un cercle de tonneau. Il marcha sur moi et me dit :

— Ne vous ai-je pas défendu de vous battre avec un nègre à moins de le rosser. Et voilà que vous m'avez désobéi et vous vous faites rosser. Je vais ajouter à la dose.

Sur ce, il me tricote les côtes ainsi qu'au négrillon. Nous étions encore aux prises, nous empoignant et nous roulant. Tantôt j'avais le dessus et le cerceau s'abattait sur moi; l'instant d'après, c'était au négrillon qu'il caressait la peau.

Être ainsi tambouriné des deux côtés à la fois ne m'allait guère; je saisis une barre de fer détachée des rails, qui se trouva sous ma main, et je laissai mon adversaire à demi mort avant même que mon père eût deviné ce que je faisais. Dès qu'il s'en fut rendu compte, il m'empoigna et me donna la plus belle correction que j'aie jamais reçue. Je ne crois pas que le négro ait saigné moitié autant que moi quand mon père me lâcha.

Cette petite représentation témoignait d'un tempérament tant soit peu sanguinaire, pour un polisson de mon âge. Je ne pensais guère alors à ce que l'avenir me gardait en réserve.

On m'envoya à l'école. Baguenauder, jouer des tours à mes camarades au lieu de regarder dans mes livres et d'essayer d'apprendre quoi que ce soit, je ne faisais pas autre chose; aussi ma mère disait que j'étais le plus malfaisant garnement de la Virginie. Elle avait, je crois, raison. Je n'avais pas douze ans que j'étais la terreur du voisinage.

Que de raclées reçues à cette époque! Et que de fois je payais pour les autres! Car tout ce qui arrivait de mal m'était fatalement imputé.

Derrière notre tonnellerie s'étendait un verger enclos d'une barrière de cèdre, bois coûteux et difficile à se procurer. On venait de temps à autre y essayer son fusil; mais, au lieu de tirer sur un animal, on logeait ses balles dans les poteaux de cèdre.

Je n'eus pas plutôt fait cette découverte, qu'estimant le plomb plus précieux que le bois, je hachais les poteaux pour en extraire les balles. J'en avais déjà détruit une douzaine lorsque mon père fut invité à les payer. Naturellement, nouvelle raclée. Elle devait être divisée en douze leçons, une pour chaque poteau.

Après la troisième, je pris la poudre d'escampette. Elles devenaient de plus en plus chaudes chaque fois, et commençant à me demander ce que pourrait bien être la douzième, je jugeais préférable de m'esbigner avant l'échéance.

Au milieu de la nuit, je me glissai hors du logis et marchai jusqu'à Charleston. Un ami de mon père, nommé Aaron Whittaker, y avait un magasin : je me rendis chez lui et lui contai mes peines. Il me garda un mois avant que mon père ne découvrît ma retraite.

Enfin il arrive avec un fouet à lanière en peau de serpent noir, et me faisant courir devant son cheval, lié à la taille, par une corde fixée à sa selle, il me cingla tout le long du chemin.

Je n'oublierai jamais cette dégelée ! Je n'étais plus qu'une plaie. Aussi jurai-je de m'enfuir de nouveau, à la première occasion favorable : ce que je fis quelques mois après.

Il n'y avait pas de motif bien grave, cette fois, mais j'avais décidé de me sauver et rien n'eût pu me retenir.

J'avais souvent entendu mon père parler d'un beau-frère vivant dans l'État de Missouri. Il s'appelait Thomas Atkinson et avait épousé la sœur de ma mère. Si j'avais eu la moindre idée de la distance, je n'aurais probablement jamais entrepris le voyage.

Je le commençai cependant en me réfugiant chez une tante, sœur de mon père, qui habitait à cinquante milles de Malden. Je fis la route à pied, et arrivé sain et sauf, je fus bien accueilli; mais ma tante voulut absolument prévenir ma mère. Trois semaines après arrive une réponse de mon père, annonçant qu'il venait me chercher. Il n'en fallait pas davantage pour me rendre à moitié fou de terreur. Je n'avais pas oublié la dernière aventure où il avait pris cette peine. Au lieu donc d'aller me coucher cette nuit-là, je me glissai hors de la maison et, faisant un grand circuit, me dirigeai sur Charleston.

Je ne m'étendrai pas sur les terreurs de ce voyage.

Dans chaque ombre, je m'imaginais voir la formidable silhouette de mon père, fouet en main, prêt à me ramener au logis en me tannant la peau à chaque pas.

Enfin j'arrivai, harassé, pieds meurtris, comme un chien fouetté et cachant autant que possible mon visage. Trois jours durant j'errai sur les quais et les entrepôts, dormant la nuit sur les balles de coton ou me faufilant en quelque coin où je pouvais reposer inaperçu.

J'avais un peu d'argent, assez pour vivre une semaine; il passa principalement en pain d'épice et en biscuits.

Heureusement, au moment où les fonds étaient au plus bas, je fis la connaissance d'un homme qui conduisait un chaland de charbons à la Nouvelle-Orléans Il m'embarqua comme bouche-trou, pour cuisiner, faire les lits, laver la vaisselle, enfin me rendre utile.

Cette nouvelle vie m'allait admirablement. Il y avait là un sentiment d'indépendance qui était dans mes goûts.

Mon capitaine et son équipage professaient les idées les plus larges en matière de bien d'autrui. A l'aide d'un petit bateau qui nous portait au rivage, nous faisions main basse sur les oies, les dindons, la volaille, les cochons et autres comestibles, à mesure que nous descendions le courant. De petite taille et fort agile, j'étais de grand secours dans ces expéditions, spécialement dans l'escamotage des canards et poulets, genre de sport où je devins de première force. La nuit nous nous approvisionnions de légumes et au matin, quand on avait découvert nos rapines, nous étions déjà bien loin.

Nous atteignîmes, enfin, la Nouvelle-Orléans; je

restai à bord jusqu'à ce qu'on eût disposé de la cargaison. Mon patron me demandait de retourner avec lui, mais pas si bête ! Ayant cherché à la sourdine un paquebot qui remontait le Mississipi jusqu'à l'embouchure du Missouri, je parvins à m'y caser comme mousse et m'y faufilai juste au moment du départ. J'avais à servir à bord et je m'acquittais de mes fonctions à la complète satisfaction du *steward* et de nombre de passagers qui m'offrirent des pourboires, lesquels ajoutés à ma paye, si minime qu'elle fût, me mirent quelques dollars en poche à la fin du voyage, trois semaines après avoir quitté la Nouvelle-Orléans.

Je pris alors un petit steamer qui remontait le Missouri jusqu'à Boonville, cette fois comme aide-garçon, et en cette qualité je pouvais faire la manœuvre des plats aussi bien que les plus habiles.

Mais voici qu'au bout de six ou sept jours le bateau donne sur un rocher ou quelque épave, coule bas et une vingtaine de personnes se noient.

Les gens de l'équipage se tirent d'affaire sans s'inquiéter de moi. Quand je vis qu'on me laissait avec un tas d'ahuris, criant, hurlant, vociférant, priant et courant de tous côtés comme des fous, je piquai une tête et tirai ma coupe jusqu'au rivage, distant d'environ deux cents mètres; mais je nageai comme un canard et, après m'être laissé quelque temps aller au courant, je pris pied. Lorsque je me retournai pour voir le steamer, il avait disparu.

Plusieurs des passagers sauvés furent débarqués sur la rive illinoise, d'autres sur celle du Missouri. Je fus de ces derniers; nous étant réunis, nous allâmes en corps à une ferme où nous fûmes cordialement accueillis.

Des plus sommairement vêtus, m'étant avant de me lancer à l'eau débarrassé de tous mes effets, à l'exception de mon pantalon et n'ayant pas eu le temps de sauver mes petites épargnes, je me trouvais maintenant aussi misérable qu'aucun mendiant sur la face du globe.

Le lendemain, quelques braves gens vinrent se distribuer les naufragés en attendant le prochain bateau.

Ma mine plut à un vieux type qui m'offrit de m'employer dans sa ferme, à raison de douze dollars par mois.

J'acceptai bien vite et nous partîmes à sept ou huit milles dans l'intérieur. Le bonhomme, qui s'appelait Jack Fisher, était un fermier à l'aise, propriétaire d'une grande maison et d'un grand terrain de culture.

Il fut plein de bonté pour moi, me fournit de ce dont j'avais besoin, argent et vêtements.

Je fus occupé tout l'été, et l'hiver venu, n'ayant plus d'ouvrage à la ferme, il m'envoya à l'école. J'y allais très régulièrement, travaillant de mon mieux pour plaire à l'excellent homme qui me traitait comme son fils, bien qu'il en eût deux.

J'étais dans une école mixte — garçons et filles — dirigée par un vieux buveur de whiskey, chargé de répandre la science dans tout le pays environnant.

Parmi les élèves se trouvait une fillette d'environ quatorze ans, jolie, mais de tête un peu dure. Elle ne

pouvait rien retenir et faisait le désespoir du maître et
la joie des élèves à cause de sa simplicité.

Un jour le vieux soiffard, tourmenté sans doute par
la bile ou excité par le whiskey, s'irrita plus que de coutume et se mit dès le commencement de la classe à tara-
buster la gamine qu'il ne lâchât de la matinée.

L'après-midi il recommença la danse, parce qu'elle ne
pouvait prononcer certain mot, et plus elle essayait, plus
il lui faisait perdre la tête. Je me contins longtemps, mais
il lui appliqua de si terribles coups de canne sur les
épaules et les bras que, ne pouvant me maîtriser davantage, j'allais lui casser mon ardoise sur la caboche.

Des troncs d'arbres nous servaient de bancs, quelques-
uns placés sur des morceaux de bois en guise de pieds.
Je m'emparai d'une de ces bûches et lui donnai à mon
tour la plus formidable raclée; il tomba et je pensais
l'avoir tué, car je le laissai évanoui sur le carreau.

Grand branle-bas dans l'école. La peur m'empoigne; je
cours chez le vieux Jack Fisher lui raconter l'aventure.

— Bon, mon garçon, dit-il : nous aviserons demain
matin. Va te coucher maintenant.

C'est ce que je fis, mais impossible de fermer l'œil. Je
croyais avoir tué le vieux et je me voyais déjà pendu ou
expédié au pénitentiaire.

Pendant des heures je m'agitai sur mon lit, pris d'un
effroyable trac, attendant le matin. Vers l'aube, n'y tenant
plus, je me levai, me glissai hors de la maison et gagnai
à toute vitesse la campagne. Un des plus grands regrets
de ma vie est de n'avoir pas dit adieu au vieux fermier,
le premier véritable ami que j'aie jamais eu.

1.

J'avais de bonnes jambes : peu de jeunes garçons du pays m'auraient battu à la course. Je ne m'arrêtai que pour boire à un ruisseau et me reposer un instant dans un bois, jusqu'à ce que j'eus mis vingt-cinq milles entre la ferme Fisher et moi.

En montant une colline, je me croisai avec une caravane de six voitures portant des colons en route pour l'Ouest, qui me prirent avec eux.

Riche d'une vingtaine de dollars, je me sentais indépendant. Ils me traitèrent très bien pendant les trois jours passés en leur compagnie ; je ne les quittai qu'à une petite ville sur le Missouri, pour attendre le premier bateau qui remonterait la rivière, et j'y payai mon passage — douze dollars — jusqu'à Boonville.

Six jours après, j'arrivais tout gaillard. Les mousses, cette fois, avaient eu à manœuvrer les plats pour moi, et comme je connaissais leur affaire aussi bien qu'eux, je les faisais trotter ferme.

A Boonville, j'appris que mon oncle, un des premiers colons établis dans cette partie du pays, y était bien connu, et vivait à Moniteau à environ soixante-dix milles.

Mes moyens ne me permettaient pas de flâner : aussi, sans perdre de temps, je me mis en route.

Il avait plu à verse depuis plusieurs jours, et la boue où j'enfonçais jusqu'aux genoux, rendait la marche difficile. Je m'en tirai cependant, dormant la première nuit dans une grange, la seconde dans un bois et j'arrivai le troisième jour au coucher du soleil.

Pas moyen de se tromper de *ranco*, celui de mon oncle était l'unique. Je me sentis un peu ému quand je l'aperçus, me demandant quel genre de réception j'allais recevoir. Rassemblant tout mon courage, je marchai droit à la porte, et, la frappant d'un grand coup de mon bâton, je demandai Thomas Atkinson.

Mon oncle avait ouvert lui-même.

— C'est ici, dit-il.

Je lui demandai si je pouvais passer la nuit, venant de loin et me sentant harassé.

A quoi il répondit d'un ton traînard :

— Eh bien, à mon idée, oui. Entrez.

Il n'y avait qu'un petit garçon dans la chambre; après m'avoir dit de m'asseoir, l'oncle commença à me poser diverses questions : D'où je venais ? Où j'allais ? etc.

Je lui faisais des réponses évasives, craignant de me trahir, car il me paraissait un vieux pas commode, grognon et atrabilaire, lorsque ma tante entra.

Je tressaillis à sa vue : c'était le portrait vivant de ma mère. Elle s'avança, me regardant fixement, et dit à son mari : « Tom, qui est cet enfant ? D'où vient-il ? »

Mon oncle répondit : « C'est justement ce que je voudrais savoir. »

Ma tante alla s'asseoir à l'autre extrémité de la chambre et, tandis que je parlais, m'examinait avec attention; puis, se levant tout à coup, elle vint à moi, prit ma tête dans ses mains, me regarda bien en face.

— Tom, dit-elle, n'essayez pas de me tromper. Cette voix, ces yeux sont ceux de ma sœur; cet enfant est son fils.

Je m'étais bien promis de cacher d'abord mon identité, je ne le pouvais plus ; et me levant, je sautai au cou de ma tante :

— Tante, vous avez deviné. Je suis le fils aîné de votre sœur, Catherine Nelson.

Elle fit un mouvement :

— Où est votre mère ? demanda-t-elle.

— Elle va bien. Je l'ai laissée en Virginie.

Vinrent les explications.

La moitié de la nuit se passa à répondre aux questions et avant de me mettre au lit j'étais enrôlé membre de la famille.

Quelques jours après, il me fallut écrire à mes parents, qui, je le sus depuis, me croyaient mort. Comme on peut se l'imaginer, mon père ne donna pas sur mon compte les plus édifiants renseignements.

« J'étais, écrivit-il, un méchant drôle qu'il fallait tenir d'une main de fer. »

J'avais deux cousins, l'un plus âgé, l'autre à peu près de mon âge, avec qui tout marcha comme sur des roulettes, malgré mes continuelles batteries avec le plus jeune.

Tantôt il me rossait, d'autres fois c'était mon tour ; au demeurant, nous restions les meilleurs amis du monde.

On m'employa à charrier du bois et aux travaux généraux de la ferme, puis à garder les troupeaux de vaches.

Bien que mes cousins et moi ne fussions pas toujours d'accord, il est un point sur lequel nos idées se rencontraient parfaitement : notre antipathie pour mon oncle,

le plus triste spécimen de l'espèce humaine que j'aie jamais connu, bigot marmotteur d'hymnes, fesse-mathieu
capable de tondre un œuf et de dépiauter un caillou.

Quant à ma tante, en toutes choses le contraire, aussi
aimée qu'il était méprisé des colons d'alentour.

CHAPITRE II

ON ranco se trouvait sur la route directe qui conduit aux grandes prairies de Kansas, Nebraska, Wyoming, etc., désignées alors du nom général de *Grand désert américain ;* mais les caravanes de colons en route pour l'Ouest passaient rarement chez nous. C'étaient alors des bandes de vingt à cinquante hommes, force suffisante pour avoir raison des petites difficultés qui pouvaient surgir entre eux et les Indiens avec qui ils échangeaient des couteaux, du pain, etc., contre des fourrures, transactions qui ne s'opéraient qu'à plusieurs centaines de milles de Boonville.

A quatre-vingt-dix milles à peu près de la ferme commençait la prairie sans limites, qui s'étendait nul ne savait où. Les marchands mêmes en ignoraient les incommensurables étendues, car ils ne visitaient que certains territoires, où, à époques fixes, les Indiens viennent se décharger de leur stock.

Avant l'époque dont je parle, le Kansas n'avait pas encore attiré l'attention du Missouri et des autres États du Sud, mais il fut alors question de savoir si l'on en ferait un État annexé. Résultat final, une guerre de frontière entre les partisans de l'annexion et ceux de l'indépendance, terminée par la victoire des derniers. Quiconque a étudié l'histoire américaine peut, en se rappelant cette période, se former une opinion générale de la condition de cette portion du territoire lorsque j'y arrivai.

J'habitais avec mon oncle depuis un peu plus d'une année et demie, lorsqu'un matin de mai, comme je gardais les vaches, je découvris dans le lointain un convoi de *schooners* de prairies, comme on les appelait, arrivant sur le ranco.

Je chevauchai à leur rencontre et reconnus qu'ils étaient une cinquantaine. Ils allaient faire le commerce à Nebraska et campèrent cette nuit près de la ferme de mon oncle.

Dans ces sortes de campements retranchés, les chariots sont disposés dans le sens de leur longueur de façon à former un cercle, les roues de devant de chacun placées contre les roues de derrière du fourgon qui précède et ainsi de suite jusqu'à formation complète du cercle. Les roues sont alors reliées par des chaînes. En pays tranquille, on tourne la tête des mules et du

bétail vers la circonférence, mais dans les retranche-
ments de combat, les têtes sont au centre, et le fourrage
déchargé est tassé à la hauteur des chariots pour servir
de fortifications.

J'avais décidément l'esprit d'aventures, une nature de
bohémien sinon dans le sang, au moins dans le caractère. Je sentais que je ne ferais rien de bon où j'étais.
Garder des troupeaux de vaches tout le jour ne me donnait pas cette source d'émotions pour lesquelles j'avais
fui le toit paternel. A part ceci, jeune, ayant été mon
maître, ayant gagné ma vie, le puissant sentiment d'indépendance qui me possédait si fort se trouvait souvent
contrarié par mon oncle qui s'obstinait à m'imposer
toutes les tâches qu'il savait me déplaire.

Garder des vaches me semblait particulièrement
monotone; j'en diminuais, il est vrai, l'ennui en m'exer-
çant avec mon fusil, aussi ne tardai-je pas à devenir
adroit tireur.

Comme cavalier, je pouvais me flatter de n'avoir pas
d'égal non seulement dans le ranco, mais même dans le
voisinage. Ma réputation à cet égard s'était répandue
à ce point que tout squatter ayant un cheval absolument rétif l'envoyait à mon oncle pour me le faire
dompter. Jamais je n'éprouvais de difficultés à ce sujet,
et jamais non plus je n'ai trouvé un cheval qui me
démontât. Dans presque tout ce qui concerne l'exploi-
tation d'une ferme, j'étais pour un garçon de dix-sept
ans de première force, de plus, solide et bien bâti, de
ceux qu'apprécie spécialement une compagnie de marchands des prairies. Rien donc de surprenant à ce qu'ils

me remarquèrent et me demandèrent si je n'aimerais pas à partir avec la caravane.

L'offre me plaisait assez, mais mon oncle n'entendait pas de cette oreille. Il savait de quelle utilité je lui étais, et ne tenait pas à se séparer de moi. Je gagnais cependant ma cause, le prévenant que s'il me refusait son consentement, je saurais m'en passer.

Il voulut bien enfin répondre que j'étais libre de faire ce que bon me semblait; rassemblant alors tout ce qui m'appartenait — et ce n'était pas si volumineux que je ne pus le mettre dans ma poche — je dis adieu à mes parents, j'enfourchai un *mustang*, présent de mon oncle, et rejoignis le lendemain la caravane à quelques milles de distance.

Je ne devais recevoir aucun salaire, mais en échange de mes services qui étaient simplement de me rendre utile, on me nourrissait et on m'accordait le privilège de m'initier de mon mieux à ce genre de commerce.

Un grand nombre d'heures ne n'étaient pas écoulées que je m'étais déjà rendu agréable en plusieurs petites occasions et avais acquis une position bien supérieure à celle de beaucoup d'hommes de la troupe de plus du double de mon âge.

Je connaissais parfaitement le pays à plusieurs milles dans la direction que nous prenions, ce qui me permettait de renseigner le patron particulièrement dans le choix de nos campements à portée de bois et d'eau. Aucun incident ne venait rompre l'uniformité de notre route: chaque jour ressemblait à l'autre; et nous eûmes bientôt atteint les confins du soi-disant désert. Avec un sentiment de plaisir extraordinaire je pénétrais dans ces mystérieuses régions. Loin de la civilisation et de son voisinage, ma gaieté grandissait à mesure que diminuait celle de plusieurs de mes compagnons. Une immense étendue s'ouvrait devant nous, tachetée çà et là de petits bouquets de bois qui devenaient de plus en plus rares à mesure que nous avancions, jusqu'à ce que nous n'ayons plus sous nos yeux que la rase campagne.

Les abords des prairies ressemblent à un parc giganesque coupée par des ruisseaux et des ravins qui disparaissent bientôt avec les bosquets. Une prairie n'est pas nécessairement plate ; elle peut être couverte d'ondulations et de petites collines. Son caractère principal est l'absence complète d'arbres quelconques. Rien que de l'herbe et de chétifs buissons.

Sur les confins du Missouri où nous étions actuellement, entrant dans le Kansas, la campagne est pendant des centaines de milles presque plate ; çà et là quelques renflements en rompent la monotonie ; et plus nous pénétrions dans cette immensité, plus je me sentais le diable au corps. La vaste étendue, sa végétation singulière agitée à chaque souffle de l'air, exerçaient sur moi une extraordinaire attraction. Nous entrions dans un monde inconnu, ne sachant ce que nous réservait le sort et si le Grand Esprit, qui dans le silence intense semblait planer autour de nous, guiderait nos pas vers la fortune ou le désastre.

Je dis « nous », mais il y avait quelqu'un dans la petite troupe qui déjà aspirait à être libre, loin de ses compagnons, et ce quelqu'un c'était moi.

Et à mesure que nous avancions, ce désir grandissait. Je m'absentais du camp dans des haltes de nuit, et errais bien loin dans la solitude. Là, pendant des heures, je suivais les empreintes mystérieuses du pied d'un animal sauvage, ou bien j'attachais mon cheval, je déployais ma couverture pour m'y étendre et dormir.

Cette dernière opération cependant ne pouvait se faire à la hâte : elle exigeait une certaine somme de précautions. D'abord prendre mon *lariat* en crins de cheval, sans lequel nul voyageur n'a traversé les plaines, le tourner en un ovale de quatre pieds de large sur sept ou huit de long. Jamais serpent ne passera sur une corde de crins de cheval. Ainsi assuré contre ces venimeux reptiles, j'étends ma couverture au milieu de l'anneau magique, je me couche et je dors en parfaite sécurité.

Je ne m'aventurais jamais à allumer du feu, pour ne pas attirer l'attention des Indiens, qui, s'ils ne l'aperçoivent directement, peuvent en voir la réflexion dans l'atmosphère dont la merveilleuse limpidité est telle qu'il peut se déceler à des milles à l'entour : or je n'avais nulle envie d'être trouvé seul dans les prairies par une bande de ces gaillards.

Aux premières lueurs de l'aube, je regagnais le camp, prenais un repas matinal, puis je galopais en éclaireur pendant plusieurs milles, quelquefois seul, le plus souvent en compagnie de deux ou trois autres ; je choisissais la meilleure halte pour le repos du milieu du jour, et le soir le meilleur campement pour la nuit. Bon cavalier, très apte à cette besogne, on m'employait habituellement aux échanges de messages entre le *boss* (patron) et les éclaireurs d'avant-garde.

Nous étions en route depuis plusieurs semaines lorsqu'un matin, à mon retour de mes explorations nocturnes, une discussion s'éleva pour savoir comment approvisionner le garde-manger du camp.

La viande diminuait fortement et nous avions été obligés de nous délecter d'une de nos génisses. A part quelques poules de prairies trouvées sur notre chemin, aucune trace de gibier, pas la moindre piste de grosse bête, buffles ou antilopes.

Il devenait cependant nécessaire de se procurer quelque bon morceau et des fourrageurs furent chargés de battre, à cet effet, chaque jour le pays.

De farine et de gruau, nous ne manquions pas ; nous ne craignions donc pas une famine immédiate, mais nous voulions nous régaler de viande fraîche, et plus il était difficile de nous satisfaire, plus le désir de chacun augmentait.

Journée après journée, les chasseurs revenaient bredouille. Je sentis plusieurs fois que si le peloton dont je faisais partie eût été dans telle ou telle direction et s'y fût pris d'une certaine manière, notre fortune eût été différente, mais j'étais le plus jeune et tout avis de ma part était tourné en ridicule.

Un jour je me décidai d'agir à ma guise. Je me glissai hors du camp pour suivre une piste remarquée la veille. Au bout d'environ cinq milles, je tombai sur un troupeau de vingt à vingt-cinq antilopes broutant dans une petite vallée à deux milles de moi. J'arrivai doucement à portée de fusil et, visant soigneusement, je tirai. A ma grande joie, un animal tomba; mais mon étonnement fut plus grand encore lorsqu'au lieu d'assister à la fuite générale du troupeau, je vis chacun aller, en trottant, renifler le compagnon mort.

En une seconde j'en abattis un autre, et je crois bien que j'aurais pu les tuer tous; mais deux suffisaient à

charger mon mustang, et je n'ai jamais rien trouvé d'amusant à tuer des animaux pour les loups et les vautours. J'ai acquis depuis l'expérience que si l'on avait pris pour principe de n'abattre que le gibier nécessaire, il y aurait des milliers de buffles et d'autres animaux dans les prairies occidentales où maintenant l'on n'en trouve pas un.

Galopant sur le troupeau en criant et hurlant, je le dispersai, ramassai mon butin, le plaçai sur mon cheval et regagnai tranquillement le camp.

Vous jugez avec quelle joyeuse surprise on acclama

mon retour. Je fus d'un coup élevé au rang de héros, proclamé le *Nemrod* de la caravane. Je gardai un silence modeste quant à mon expérience de chasseur et j'acceptai ces honneurs avec autant de sang-froid que si je n'avais fait cela toute ma vie. A vrai dire, je n'avais jamais vu d'antilope, et avant d'arriver au camp je ne savais même pas le nom des victimes de ma balle. Le plus curieux est qu'il se trouvait là des gens, chasseurs de profession ou du moins se prétendant tels, qui ne furent jamais capables de rapporter un simple chien de prairie. Bien qu'envieux de ma bonne fortune, ils ne cherchèrent pas à diminuer mon mérite, mais m'engagèrent au contraire à cultiver mes dispositions cynégétiques qui, de l'avis de tous, étaient des plus heureuses.

J'écoutai avec attention les différents récits que mon exploit avait suscités autour du feu du campement, et je pensai, avant d'aller me coucher, que je pouvais aussi bien suivre l'état de chasseur qu'aucun autre ; surtout bien fixé sur un point, que, advienne que pourra, rien ne parviendrait à me décider à mener la monotone existence de colon.

Mon vrai bonheur était la solitude et je ne me sentais jamais si heureux qu'en suivant le fil de mes pensées, chevauchant à travers la plaine à la recherche de tout ce qui pouvait tomber sous mon plomb.

Dans mon nouvel emploi de chasseur attitré de la caravane, je partais chaque jour en excursion, et revenais rarement sans alimenter le garde-manger. Je devais à mon oncle une partie de mes succès, car le poney donné par lui était d'une vitesse extraordinaire. Il provenait d'un squatter résidant à une assez bonne distance de notre ferme, qui le lui avait envoyé pour être dressé par son «jeune homme», avec l'avis que s'il ne valait pas la peine qu'on y perdit son temps, inutile de le lui retourner.

Mon honnête homme d'oncle se hâta de répondre, avant même que je ne l'eusse monté, qu'il ne valait ni son cuir ni ses sabots. Il me le confia néanmoins et je réussis à en faire une excellente monture. A première vue, personne n'en eût donné cinq dollars, mais je connaissais la valeur de ma bête quand, seuls dans la plaine, nous dévorions l'espace.

Je revenais donc rarement sans quelque ravitaillement de chair fraîche, ce qui ne contribuait pas peu à me grandir dans l'estime de mes compagnons. Comment s'évanouirent nos belles résolutions de devenir un grand chasseur, on le verra dans le chapitre suivant.

CHAPITRE III

N avançait lentement, mais régulièrement; les jours et les semaines s'écoulaient apportant peu d'incidents dans la monotonie ordinaire. Jusqu'ici nous n'avions eu aucune aventure digne d'être rapportée et nous commencions à croire que toutes les histoires d'Indiens que les anciens ne se fatiguaient jamais de rabâcher aux oreilles des plus jeunes de l'expédition, ils les tiraient entièrement de leur cervelle.

Le pays que nous traversions était pour chacun de nous *terra incognita*. Notre marche se guidait simple-

ment sur la boussole et les étoiles ; impossible de nous
faire la moindre idée sur le temps qu'il nous faudrait
pour atteindre les Indiens,
ni dans quel coin

des prairies nous avions chance de les rencontrer.

Depuis trois mois nous marchions lorsque nous
atteignîmes enfin la rivière Platte, dont nous suivîmes
le cours pendant deux semaines. Tout à coup, une
après-midi, à un coude de la rivière, nous nous trouvâmes devant un campement d'environ quatre cents

tepees ou tentes et, autant que nous pouvions en juger, de deux mille Indiens.

Quelque peu consternés d'abord en découvrant cette multitude, mais ne pouvant rebrousser chemin, il fallut bien nous décider à faire contre fortune bon cœur et attendre les événements.

Heureusement les Indiens se montraient bien disposés et prêts à trafiquer avec nous.

C'était ma première rencontre avec les Peaux-Rouges, et je me sentais plein de sympathie. Dès l'instant où ils vinrent dans notre camp, ils m'enveloppèrent d'une sorte de charme, et je résolus, avant même que les opérations commerciales du jour fussent terminées, d'étudier leurs mœurs et coutumes et de me familiariser avec eux. Cela ne pouvait se faire qu'en vivant dans leur milieu, ce que je décidai d'essayer à tous risques.

Absolument fatigué et écœuré de notre vie de caravane, la continuer ne me tentait nullement. Nos transactions durèrent une quinzaine, après quoi on prit ses dispositions pour poursuivre le voyage. J'avais tiré tous mes plans : en conséquence, la veille du départ, avant le coucher du soleil, mon fusil sur l'épaule, j'allai dire adieu à mon fidèle poney, puis, sortant de notre *corral* sans être remarqué, je me dirigeai vers le campement indien. Je parvins sans encombre au milieu des tentes et, en apercevant une d'un aspect plus cossu que les autres, j'en soulevai un bord, entrai et m'assis.

Il y avait cinq squaws et un chef qui parurent fort étonnés de ma présence ; je crus même voir le chef

venir à moi armé d'un couteau, mais rassemblant tout
le *sang-froid* dont j'étais capable, j'eus l'air de n'y prê-
ir nulle attention.

Tous parlaient à la fois; je suppose qu'ils s'extasiaient

de mon impudente audace. En tous cas, je ne bougeai
de la place où je m'étais installé, me contentant de sourire d'un air approbateur. Naturellement, je ne comprenais pas un traître mot de ce qu'ils baragouinaient, et
eux de leur côté se trouvaient dans le même cas.

Je regardais comme un enfant tout autour de moi,
fort intéressé de ce que je voyais. Au centre du tepee

brûlait un feu de bois. La fumée montait en spirales, trouvant un passage au sommet. Le tepee était fait de peaux cousues avec des fils de cuir ; rangés autour, se trouvaient plusieurs longs paniers d'osier en forme de boîte, peints de diverses couleurs, contenant chacun une peau de buffle, les lits du chef et de ses *squaws* (femmes). Je remarquai aussi, derrière, une sorte de valise en peau, couverte de perles en verroterie.

Dans un coin, un paquet plat que je sus depuis contenir de la viande séchée. Çà et là, divers supports grossiers chargés d'arcs et de flèches.

Des figures peintes d'animaux sauvages et d'êtres humains décoraient magnifiquement l'intérieur du tepee. Le sol était couvert de peaux de buffles où les squaws, assises, brodaient de perles des mocassins, tandis que le chef s'occupait de transformer une baguette en flèche.

Après être resté ainsi assez longtemps, je fis comprendre par signes que j'avais faim. Avec une grande affabilité, l'on me donna de la viande de buffle, à laquelle je fis le plus grand honneur.

Cependant les heures coulaient. On essaya de me faire comprendre que j'abusais de l'hospitalité ; je fis la sourde oreille. J'avais décidé de rester, en dépit des protestations. L'ingéniosité qu'ils déployèrent et leurs petits trucs pour se débarrasser de ma personne, furent des plus amusants.

On me montrait la porte : je ne bougeais pas. On s'asseyait près de moi et, après avoir attiré mon attention, on se levait solennellement et l'on sortait. Cette pantomime demeurant sans effet, on essaya de me conduire dehors : je répondais à tout par une indifférence absolue.

La comédie dura jusqu'au soir. La nuit me trouva assis obstinément, sans avoir bougé de ma position première.

Quantité de jeunes guerriers venaient me regarder; mais à mesure qu'il se faisait tard, leurs visites devinrent moins fréquentes et finalement cessèrent.

Les hôtes de la tente visiblement consternés se demandaient ce qu'on allait faire de moi, et je sentais bien que ma présence devenait quelque peu embarrassante, pour ne rien dire plus ; cependant je restais assis, tirant des bouffées de ma pipe, tandis que le vieux chef et ses femmes, assis également, me regardaient.

Vers minuit ils semblèrent enfin reconnaître l'inutilité des tentatives pour me mettre dehors.

Une des femmes m'apporta une peau de buffle pour me coucher et une seconde pour me couvrir. Je m'étendis près du feu, et lorsqu'on fut pleinement convaincu de ma formelle résolution de ne pas démarrer, les squaws gagnèrent leur panier respectif, à l'exception de la favorite qui partagea la couche du chef.

Quant à moi, je m'enroulai dans ma peau et ne tardai pas à dormir. Ma caravane quitta son campement le lendemain dès l'aube. Pour tous mes compagnons, j'étais mort, car aucun ne prit la peine de s'informer de ma personne, et je ne revis plus jamais aucun d'eux.

Ma première idée fut de faire comprendre aux Indiens que, puisque j'avais été abandonné, ils devaient prendre soin de moi, chose assez difficile à expliquer et demandant quelques efforts d'imagination ; finalement j'y réussis et ils parurent satisfaits.

2.

On me donna une tente, et avant la nuit j'étais choyé de tous, chacun s'efforçant déjà de m'apprendre la langue. A cet effet, on m'apportait différents objets qu'on me nommait en m'en faisant répéter le nom.

Je crus d'abord que je n'arriverais jamais à attraper la prononciation, mais peu à peu mon oreille s'accoutuma aux sons gutturaux et en l'espace d'une ou deux semaines j'avais fait de tels progrès que je pouvais demander d'une façon assez intelligible les choses les plus indispensables. Il fallait me donner un nom: l'on m'en trouva un, qui, s'il manquait d'harmonie, devait me faire connaître dans toute la tribu. On m'appela Cha-sha-sha-Opoggeo ou Redwood-fill-the-Pipe (en français, *Bois rouge remplit la pipe*).

Du saule rouge, les Indiens fabriquent leurs flèches ;

sec, il devient dur et cassant ; en poudre, on le mélange au tabac auquel il donne une saveur et un arome agréable. J'avais montré une grande prédilection pour ce mélange, que je trouvais excellent : de là ce mélodieux surnom.

J'étais tombé sur deux fractions de Sioux, les Ogallalas et les Brûlés.

Queue-Tachetée, dont j'avais choisi la tente, en était le chef.

Leur nombre, estimé à 2 000 par mes compagnons de caravane, n'atteignait pas tout à fait ce chiffre. D'autres fractions erraient dans différentes parties du pays. A cette époque (1843), les Sioux comptaient près de

200 000 âmes ; maintenant, en 1888, ils sont réduits à moins de 30 000.

Je vivais avec eux depuis trois mois, quand fut décidée, dans une réunion de la tribu, mon adoption définitive. Cette adoption, cependant, ne pouvant se faire sans l'avis d'un autre chef, Ma-ca-ha-ma-Ney (ou *Marche sous Terre*), nous nous dirigeâmes en conséquence à deux cent milles vers le sud pour joindre sa fraction de tribu ; et son consentement obtenu, il y eut une assemblée générale des chefs, et je fus dûment initié.

On donna un banquet où je mangeai des langues de buffles et un chien rôti ; après quoi on m'offrit six chevaux, une selle, un arc et des flèches, une paire de pantalons de grosse toile et d'autres objets. Je ne comprenais pas d'abord ce que tout cela signifiait, mais j'appris graduellement que dès ce jour je passais à l'état de véritable Indien.

Les différentes tribus, après m'avoir ainsi incorporé à leur entière satisfaction, se séparèrent. Les Ogallalas, auxquels j'appartenais, Queue-Tachetée ayant répondu pour moi, partirent pour la chasse aux buffles.

Nous prîmes le district arrosé par la petite rivière Salomon, espace d'une grande étendue. Les buffles y abondaient : nous en tuâmes un grand nombre, séchant la viande au soleil, ou, comme on dit généralement, la marinant. On la conservait ensuite pour l'hiver, enveloppée dans la peau de l'animal, fourrure enlevée.

Le procédé du marinage consiste à couper la viande en longues bandes aussi minces que possible, que l'on suspend sur des perches pour les sécher ; elle devient alors excessivement friable et se casse en petits morceaux. Pendant le séchage et avant que la viande ne durcisse, on en fait des sortes de briques disposées de façon à former un paquet plat que l'on enveloppe dans du cuir brut.

Le buffle, animal très intelligent, semble connaître d'instinct les meilleurs pâturages. J'en ai vu parcourir

de cent à cent cinquante milles sans jamais s'écarter de la vraie direction. Sur les plateaux ils se nourrissent d'une herbe spéciale appelée herbe à buffles. D'un pouce à trois de hauteur et aussi drue que les poils sur le dos d'un chien, remarquablement grasse et nutritive, elle est la base de leur nourriture pendant les mois d'hiver. Quand la neige est très épaisse, les racines sont encore vertes, et l'animal les arrache après avoir gratté la neige. En été, les hautes herbes de la prairie sont fort recherchées du buffle : il s'y cache et s'y repaît à l'aise.

A une certaine époque de l'année, les troupeaux cherchent un emplacement pour hiverner, totalement différent de celui qu'ils adoptent en été. Une fois la place trouvée, ils ne s'en écartent pas généralement, à moins que la nécessité ne les y force, une sécheresse par exemple, ou un hiver exceptionnellement rigoureux. Une particularité du buffle, c'est qu'il choisit rarement, sinon jamais, un pays boisé : il s'attache aux plaines. J'en ai quelquefois vu dans des taillis de bois de coton, mais seulement quand menacent de grandes neiges. Ils s'écartent alors beaucoup de leur chemin, pour chercher cet abri.

Au temps dont je parle, le nombre des buffles dans les prairies tenait du prodige. Plus d'une fois, monté sur une légère éminence, je les voyais couvrir la plaine en une masse compacte aussi loin que le regard pouvait embrasser. Quand ils marchaient, on eût dit le sol entier en mouvement, ou bien un champ de hautes herbes agité par une tempête. On pouvait entendre à plusieurs milles leurs mugissements et le bruit de leurs sabots.

Une autre remarque curieuse, c'est que les jeunes mâles chassent les vieux du troupeau. Devenu inutile, le vieux taureau est attaqué, forcé de fuir et d'errer seul au loin jusqu'à ce qu'il meure ou soit dévoré par les loups. J'ai rencontré ces pauvres solitaires parfois à cinquante milles de leur troupeau, rencontre fort agréable, car elle m'indiquait avec certitude que j'étais sur la bonne piste.

A moins d'être fort à court de vivres, je ne tuais jamais ces vagabonds trop coriaces, même pour des dents de Peaux-Rouges. Deux seules parties mangeables, la langue et les reins, juste au-dessus du rognon. Il est assez singulier que, tout vieux que soit le buffle, les reins sont toujours aussi tendres que la chair de poulet, même quand le reste est dur comme une poignée de clous. Dans une de mes premières chasses, je faillis perdre la vie. En compagnie de Queue-Tachetée, chasseur émérite, et de quelques jeunes guerriers de la tribu, nous attaquâmes un taureau particulièrement féroce. Armés tous d'arcs et de flèches, moi seul avais un fusil; mais j'avais brûlé presque entièrement mes munitions et renoncé pour la journée à toute opération, lorsque, voyant que les Indiens séparaient le jeune buffle de son troupeau et s'amusaient à le harceler, je courus jouir du sport. Comme je cavalcadais à quelques mètres de la bête, mon poney mit un pied dans un trou, tomba et me jeta sous lui. Le buffle se rendit compte, en un instant, de la situation et, quoiqu'il eût déjà une demi-douzaine de flèches dans le cuir, il lâcha les Indiens pour s'élancer sur moi. Je ne pouvais parvenir à me dégager et je le vis, tête basse, me chargeant. Je crus ma dernière heure venue; mais, même sous les affres de la mort, l'instinct de la conservation et la rage de tuer furent si puissants que d'un violent effort je tirai mon couteau de chasse et le plaçai de façon qu'en m'encornant le buffle s'enferrât du même coup. Ces quelques secondes me semblèrent des minutes. Je vis ses cornes prêtes à me percer, je sentis sur ma face sa chaude haleine, lorsque soudain il s'écroula. La mort par suffocation était maintenant aussi imminente que celle par l'encornement; mais les Indiens tirèrent l'animal tandis que mon cheval pour rendre la chose plus gaie ruait et se débattait de son mieux. On me releva, sans souffle et aussi plat qu'une galette. Queue-Tachetée était mon sauveur; il avait envoyé une flèche au cœur de la bête juste au moment critique. La moindre er-

reur dans le tir m'eût été fatale; mais, comme je l'ai dit déjà, c'était un trop bon sportsman pour commettre une faute.

Dans l'art de lancer une flèche ou de jeter un dard, les Indiens sont de première force. Ils atteignent aisément un oiseau au vol, et, à quelque distance que ce soit, une surface large comme la pomme de la main. Leur connaissance des parties vitales sont prodigieuses : ils savent comment harceler une victime, la rendre folle de rage, puis, d'un coup bien dirigé, terminer ses misères.

J'eus à entendre pas mal de gouailleries au sujet de mon fusil, à écouter vanter la supériorité des flèches et des dards, mais j'avais plus de confiance en mon vieux flingot qu'en leurs javelots et tout leur appareil : et je crois qu'ils partageaient au fond mon avis, car, lorsque par plaisanterie je m'amusais à les mettre en joue, comme des diables ils couraient un couple de milles sans s'arrêter. Le manque de munitions était le seul désagrément. Obligé alors de me rabattre sur l'arc et les flèches, j'y devins bientôt aussi habile que les Indiens. Je devais acheter ma poudre dans l'un des forts, à un grand nombre de milles, ou l'échanger avec d'autres Indiens dont quelques chefs possédaient d'antiques fusils à pierre, garantis pour éclater à la première décharge et dont naturellement on évitait de se servir. Plus tard on introduisit de meilleures armes dans les prairies, comme les troupes des États-Unis devaient l'apprendre à leurs dépens.

Après avoir fait provision de la quantité de viande suffisante pour les mois d'hiver, nous levâmes le camp et nous dirigeâmes à cent cinquante milles vers les sources de la rivière Salomon, à un endroit nommé : la crique du Dindonneau. Là nous dressâmes quelques tepees de sapins, et nous nous installâmes confortablement pour hiverner.

La façon des Indiens de passer les mois d'hiver est des plus simples. Ils chassent le buffle une ou deux fois par semaine, font ce qu'on appelle un enveloppement, c'est-à-dire entourent le troupeau d'un cercle de cavaliers, qui n'ont qu'à tirer dans le tas..J'ai vu de mille à quinze cents bêtes tuées ainsi à la fois. Cette dévastation de bonne viande, dans ces battues, est énorme. La langue est tout ce que l'on prend pour la consommation; la peau est réservée aux échanges; le reste, on le laisse pourrir.

Nul ne pourrait se faire une idée du nombre de ces animaux à cette époque. J'ai dit déjà qu'un seul troupeau formait une masse mouvante, compacte, couvrant une étendue aussi vaste qu'il était possible à la vue d'embrasser. Et des centaines de troupeaux erraient ainsi dans les prairies !

Nos amusements, quoique primitifs, ne manquaient pas d'attraits. Habituellement, pendant le jour, les jeunes guerriers se livraient aux douceurs du sommeil; mais la nuit, c'étaient des danses, des chants et surtout l'amour.

Lancé dans le tourbillon, j'y trouvais mon plaisir tout comme les camarades.

CHAPITRE IV

Mœurs des Indièns. — Leur religion. — La danse du soleil. —
Mutilations volontaires.

out diffère de nous chez les Indiens. Les blancs aspirent à la richesse, les Indiens préfèrent rester pauvres.

Celui qui donne le plus est regardé comme le meilleur et le plus brave des Peaux-Rouges.

Essentiellement nomades, ils ont la conviction que les voyages entretiennent la santé et c'est pourquoi ils ne restent jamais longtemps en place. Je les ai même vus quitter le buffle qu'ils suivaient comme l'aimant tourne au nord, simplement parce que leur caractère remuant les portait ailleurs. D'un an à dix-huit mois, on soumet l'enfant à toutes les fatigues. Des marmots de cet âge trottent nu-pieds dans la neige sans s'en porter plus mal. Leur faire subir des fatigues qui tueraient un enfant blanc, est le principe de leur éducation.

Ils n'ont qu'un but : exceller dans l'art de la guerre. C'est une sorte de *credo* et la peine et la patience déployées à enseigner cet art aux *papooses* seraient dignes d'une cause meilleure.

A peine l'enfant peut-il marcher, on lui met dans la main un arc et des flèches et on l'exerce au tir. Il torture les animaux de la façon la plus cruelle et on lui apprend à tuer tout être vivant, lapin, chien, loup; même les troupeaux qui paissent autour du camp ne sont pas à l'abri de cette pernicieuse précocité. Il n'est pas rare de voir leurs vaches laitières couvertes de flèches lancées par de tout petits drôles qui ont juste assez de force pour percer la peau.

Ordinairement les Indiens sont assez propres, les Sioux spécialement; mais, pris en général, ils ne pensent pas, comme nous, que propreté et santé sont cousines, car si en été ils adorent l'eau, en hiver ils la fuient comme la peste. Pendant les chaleurs, ils vivent presque dans la rivière, si elle est voisine du camp, et la plupart nagent comme des canards. La natation est du reste une partie essentielle du programme, et, après l'équitation, la plus utile, car il arrive fréquemment qu'en traversant des courants rapides, cavaliers et chevaux luttent pour leur vie.

La façon habituelle de traverser une rivière consiste à rassembler les poteaux du wigam qui sont très légers, à en former un radeau sur lequel on place tous les us-

tensiles et que trente ou quarante jeunes gens remor-
quent à la nage.

Aux squaws incombe le travail entier du camp. Un
jeune guerrier dédaigne de rien toucher ; le lui demander
serait l'injurier. Il regarde avec placidité les femmes
plier sous des charges trop lourdes sans le moindre
effort pour les aider. Il est, à ses propres yeux, un être

supérieur dont la seule mission sur terre est la chasse
et la guerre. Aux femmes à travailler pour lui, à se faire
ses esclaves. Essentiellement paresseux, lui ne fait,
d'ordinaire, œuvre de ses dix doigts.

Quant à sa religion, l'Indien peut servir de modèle
aux plus dévots d'entre les blancs.

Ils adorent le Grand Esprit, et sont prêts en son honneur à supporter toutes les tortures. Dans leur danse
du Soleil, par exemple, annuellement en juin ou juillet,
ils se soumettent à d'incroyables supplices.

Plusieurs milliers se réunissent à un endroit préalablement désigné où le bois, l'eau, les pâturages abondent. Les tepees rangés en un grand cercle, quelquefois d'un mille de diamètre renferment, une hutte centrale, faite de branches, assez large pour contenir mille personnes. Une toiture d'environ trente pieds en fait le tour laissant au milieu un vaste espace à ciel ouvert. Dans cet espace est un grand tambour, le tambour de la danse du Soleil.

On commence par un festin auquel chacun participe, les jeunes gens ayant été à cet effet à la chasse au buffle. Après quoi, une fille non mariée, de seize à vingt-cinq ans, désignée à l'avance, se lève, frappe trois fois sur le tambour et dit à haute voix : « S'il y a quelque homme dans cette assemblée qui puisse faire mieux, qu'il s'avance et parle. »

En cas de réponse affirmative, ce qui arrive rarement, la jeune fille subit toutes espèces d'indignités : on la houspille, on crache sur elle, on la couvre de boue et finalement on la chasse de la communauté, à la suite de quoi il ne lui reste plus qu'à se noyer ou à se pendre.

. S'il n'y a pas de réponse, l'assemblée entière se lève et la suit jusqu'à un arbre à l'extrémité fourchue, haut d'une soixantaine de pieds, où elle enfonce une hache.

. L'arbre est abattu, dépouillé de ses branches, à l'exception des deux fourches, placé sur des chariots liés ensemble, ou, si cela ne se peut, transporté par plusieurs centaines d'hommes, jusqu'au centre du cercle dont j'ai parlé. On y creuse un grand trou dans lequel on plante ce tronc. Une douzaine de lassos ou lariats sont attachés aux fourches et le clou de la cérémonie commence.

Les guerriers qui y ont été convoqués dans un rêve, se font une entaille dans la poitrine, y insèrent une corde, se jettent en arrière et essaient d'arracher la corde à travers la peau qui se tend quelquefois d'un demi-mètre avant de céder. Ils sont libres alors, mais la chose se passe rarement ainsi.

Le plus souvent ils dansent trois jours autour de l'arbre, sans boire ni manger, jusqu'à ce qu'ils tombent d'épuisement.

Lorsqu'on croit leur vie en danger, on les détache, et ainsi finit la cérémonie. Cet acte est regardé comme un holocauste au Grand Esprit, en même temps qu'une preuve de courage. Les squaws n'y prennent pas part; elles n'y perdent rien pour cela, car elles enfoncent une jauge dans la partie supérieure de leur bras, en tirent un morceau de chair qu'elles jettent dans le trou où l'arbre est planté. A la danse du Soleil se prononcent les divorces. Quiconque y aspire frappe un grand coup sur le tambour et crie : « Je chasse ma femme; qui la désire la prenne ! » et *vice versa*. Au cas où personne ne s'avance pour prendre l'épouse, elle retourne chez ses parents.

En ces occasions, on perce aussi les oreilles des enfants. Cérémonie toute religieuse. L'enfant est couché sur un bloc, on lui fait une large incision et l'on y introduit un morceau de plomb, pour empêcher les parties de se rejoindre.

Il n'est pas rare de trouver aux oreilles des Peaux-Rouges des trous à y passer le doigt.

Un trait caractéristique des Indiens est leur générosité; et c'est à la danse du Soleil qu'elle s'étale spécialement. La religion leur prescrivant de venir en aide aux nécessiteux, chevaux, marchandises, fourrures, couvertures, changent de main, donnés cordialement. Les jeunes braves, volontairement dépossédés, recommencent une nouvelle année, n'ayant pour tout bien que les effets qu'ils portent.

Quand un guerrier meurt, il est enseveli, si je puis m'exprimer ainsi, dans les airs avec son attirail de guerre. Le corps est placé sur un échafaudage au-dessous duquel on tue son cheval afin qu'il ait une monture prête pour les chasses du ciel.

Il y a des années, avant que les blancs ne vinssent chez les Indiens leur apprendre à mentir, à voler, à boire et à jouer aux cartes, c'était le plus heureux et le meilleur peuple de la terre.

C'est précisément l'état où je les trouvai par la belle soirée où je quittai le camp des blancs, sur les bords de la rivière Platte, résolu à passer ma vie à tout hasard avec les Peaux-Rouges.

CHAPITRE V

ssez agréablement le temps s'écoulait avec les Ogallalas. Queue-Tachetée était le chef des Brûlés et, dans cette expédition cynégétique, il nous accompagnait seulement comme hôte ; mais en sa qualité de chef de renom, par une tacite entente on lui laissait le commandement.

Un matin, comme je partais en chasse avec quelques jeunes gens, Queue-Tachetée m'appela dans son tepee et me regardant fixement : — Cha-sha-sha-Opoggeo, me dit-il, je crois qu'il est temps pour toi de prendre femme.

— C'est très aimable à toi de penser à mon bien-être, répondis-je.

— Moi et mes épouses, continua-t-il, et quelques

amis, avons délibéré à ce sujet, et nous sommes arrivés à la conclusion qu'une squaw te serait chose utile et bonne. Tu es à présent des nôtres. Il te faut quelqu'un qui prenne soin de ta tente, prépare tes repas, fasse enfin ce qu'ont fait pour toi mes femmes jusqu'ici.

Depuis le jour mémorable où je m'étais assis sous la tente de Queue-Tachetée, ses femmes prenaient en effet soin de moi, tenaient mon tepee en ordre, faisaient le nécessaire pour mon bien-être. Je suppose qu'elles en avaient assez et non sans raison, et pensaient qu'il était grand temps de les débarrasser de ma personne.

— Mon ami, répliquai-je, je suis jeune et encore étourdi. Ne pourrait-on remettre cette affaire plus tard, quand la réflexion me sera venue avec l'âge?

— Non, mon fils, dit Queue-Tachetée, nous avons décidé que femme tu aurais et femme tu auras. Elle t'aidera de toutes façons. Tu apprendras la langue plus promptement et mieux, et par-dessus tout, quelqu'un veillera sur toi.

Je vis bien la résolution du chef arrêtée, et toute objection inutile.

— Puisque telle est ta volonté, chef, qu'elle soit faite. La fille de qui me proposes-tu?

— Ma nièce, Wom-bel-ee-Zee-zee (Élan jaune).

— Bien; j'essaierai de me rendre digne d'elle.

Une longue conversation s'ensuivit, à laquelle les squaws de Queue-Tachetée prirent part. Il fut décidé que je ferais ma cour à la jeune demoiselle (qu'entre parenthèses je connaissais à peine) et que j'obtiendrais son cœur de la façon prescrite par les us et coutumes des

Sioux. Ces coutumes, Queue-Tachetée me les expliqua :

— Tu descendras à la rivière au crépuscule, tu t'assoiras sur la rive et attendras que ma nièce vienne y puiser de l'eau. D'autres jeunes hommes l'y attendront aussi et probablement un ou deux se lèveront et iront jeter leur couverture sur sa tête et lui parleront. Attends alors et quand tu verras le premier repoussé par elle, et le second, et peut-être un troisième, essaie à ton tour. J'ai des raisons de penser que tu réussiras où les autres ont échoué. Lorsque tu auras jeté ta couverture sur sa tête, et passé la tienne dessous, tu peux tout lui dire, je réponds qu'elle t'écoutera. Tu peux lui dire que tu l'aimes, que tu l'admires, et que si elle consent à t'épouser tu lui donneras tout ce dont elle aura besoin ; bref, dis-lui toutes les balivernes que les jeunes hommes racontent aux filles qu'ils veulent faire femmes. Tu iras à la rivière, tu joueras la même scène, tu répéteras les mêmes mots, chaque soir pendant dix jours ; après quoi tu viendras m'informer du résultat. Va, mon fils. Je ne te parlerai de rien d'ici là : garde de ton côté une égale discrétion.

— Tes désirs seront remplis, répliquai-je : je ne reviendrai que vainqueur.

— Bien dit, mon fils. Que la bonne fortune t'accompagne.

Là-dessus, je le quittai pour aller faire ma première expérience en matière d'amour.

D'abord je me rendis sous ma tente, pour choisir une de mes plus larges et plus blanches couvertures ; je la jetai sur ma tête et descendis à la rivière.

Je m'installai de façon à en dominer la rive à l'endroit où devait venir Wom-bel-ee-Zee-zee.

Déjà quelques jeunes farauds attendaient çà et là différentes jeunes filles et, comme m'en avait prévenu le chef, quelques-uns sans doute Wom-bel-ee-Zee-zee, mais je diminuais leurs chances par la position stratégique que j'occupais : je savais en tous cas que j'arriverais à elle le premier. Je ne voyais rien de plaisant à ce que ma future femme soit tripotée sous une couverture par une succession de Peaux-Rouges, et comme quand je m'étais mis en tête de faire une chose, je la faisais toujours, je décidai de la mener à bonne fin.

Aucun de mes concurrents ne pouvait me reconnaître coiffé ainsi de ma couverture, et m'eussent-ils reconnu, l'étiquette indienne les empêchait de le laisser voir.

J'attendais depuis une heure ; le soleil s'était enfoncé derrière les collines lorsqu'un pas léger glissa dans le silence. Tournant la tête, j'aperçus Wom-bel-ee-Zee-zee marchant rapidement, un seau taillé dans le ventre d'une antilope à la main.

J'eus le temps de l'examiner : petite, quatre pieds trois pouces environ, grassouillette, 145 livres à peu près, treize ans, les traits fins et mignons, en un mot la plus jolie pucelle du camp.

Au moment où elle passait près de moi, je me levai prestement, et lui jetant ma couverture sur la tête, je glissai aussitôt la mienne dessous, ainsi qu'il m'avait été prescrit.

Je jugeai inutile de battre les buissons et, allant droit au but, je lui déclarai que je l'aimais, que je l'admirais, qu'il en avait toujours été ainsi, que mon amour avait grandi à ce point que je passais mes nuits sans sommeil, toujours pensant à elle, et que je me voyais forcé de le lui déclarer.

Elle écoutait attentivement sans essayer de fuir comme j'avais vu faire à d'autres jeunes filles. Ayant déployé

toute mon éloquence, je m'arrêtai pour reprendre haleine.

Elle leva simplement les yeux et me regarda; je continuai, lui disant que si elle voulait être « ma squaw », je travaillerais pour elle, la pourvoirais abondamment de perles, de couvertures, de tout ce qu'elle demanderait. Je terminai ainsi :

— Je sais que je suis un homme blanc, mais j'ai été formellement adopté par la tribu et suis l'égal d'un Indien, certain de pouvoir te rendre aussi heureuse qu'un autre... Dis, Wom-bel-ee-Zee-zee, le veux-tu?

— Je ne sais pas, je ne sais pas, murmura-t-elle.
Réponse stéréotypée à toute ma plaidoirie.

Voyant qu'il n'y avait plus rien à faire pour ce jour, je la quittai et entrai dans un fourré. Je m'y assis, allumai une pipe, et pensai que la femme est un étrange animal. Je me flattais de valoir un Indien en couleur et en mine, et cela me chiffonnait un peu d'entendre une gamine me dire « qu'elle ne savait pas », quand, à mon idée, elle eût dû sauter de joie, à un pareil honneur, et répondre « oui » presque avant que je le lui eusse demandé.

Le lendemain j'essayai encore avec exactement le même résultat, débitant même speech, recevant même réponse. Et cela dura neuf soirées consécutives, pendant lesquelles je récitai par cœur ma déclaration. S'il eût été nécessaire de la répéter quatre-vingt-dix-neuf fois ou même neuf cent quatre-vingt-dix-neuf fois, je l'aurais fait, car plus ça durait, plus j'étais curieux de connaître la fin.

Cependant, le dixième soir, lorsque j'eus machinalement répété mon rôle, elle répondit, à ma grande surprise : « Je t'épouserai si ma mère y consent. » J'en demeurai un instant muet, et avant que j'eusse eu le temps de saisir ce qu'elle avait réellement dit, le perpétuel « je ne sais pas » sonnant à mes oreilles, elle s'était échappée de dessous la couverture, et enfuie aussi vite que ses jambes le permettaient.

Quand j'eus repris assez de sang-froid pour me pénétrer pleinement de la situation, je pensai qu'il me fallait rendre compte du progrès accompli ; donc, me raffermissant, j'allai à Queue-Tachetée et lui racontai le résultat de ma cour à sa nièce.

— C'est bien, mon fils ! me dit-il après m'avoir écouté. Tu as réussi où d'autres ont échoué : je te l'avais prédit. Mais tout n'est pas fini. Il te faut maintenant envoyer au tepee de ses parents deux, trois, quatre, cinq chevaux, ou plus selon tes moyens et en proportion de ton amour, et les attacher à l'entrée. Si tu es accepté, les chevaux seront conduits au troupeau de la famille ; sinon, on te les ramènera et on les attachera à ta tente. En ce cas, il te faudrait peut-être essayer à nouveau, en envoyer un plus grand nombre ; mais si ce que tu envoies t'est continuellement retourné, c'est que tu ne serais pas considéré comme un époux acceptable, tu éviteras alors une perte de temps en pensant à autre chose ; si l'on t'accepte, on ne te retournera plus ton présent, le considérant comme témoignage suffisant de ton affection.

Là-dessus j'allai à mon troupeau de dix chevaux, et, choisissant les deux meilleurs, je chargeai un vieil Indien de les attacher à la résidence de ma bien-aimée.

J'allai m'embusquer dans un endroit d'où je pouvais observer ce qui se passerait. Grand brouhaha dans le cercle de famille quand les chevaux parurent ; des messages furent envoyés à tous les parents pour les convoquer en conseil. Je guettai pendant au moins trois heures ; puis un homme sortit, prit mes deux chevaux et les conduisit au troupeau de la famille : j'étais donc accepté.

Le lendemain dans l'après-midi, la mère, accompapagnée d'une autre de ses filles, amena ma squaw à mon tepee avec trois chevaux et son saint-frusquin. Elles nous préparèrent un lit en osier, mirent tout en ordre et se retirèrent.

En ce moment, au dehors, avec quelques jeunes trappeurs, je trouvais à mon retour, à ma grande surprise,

ma femme installée au logis. Singulière fille ! Quand je me vis seul avec elle et aussi agité qu'il est possible, elle me fit l'effet d'un petit oiseau sauvage attrapé et tenu dans la main; toute palpitante, son cœur faisait de tels tic-tac que je les entendais dans tout le tepee.

Nous n'avançâmes pas beaucoup d'abord. Enveloppée dans une couverture serrée avec des lanières de peau de buffle, ainsi elle me parut pendant toute une semaine, après quoi j'en eus assez. Je lui dis : « Pourquoi faire ceci ? » à quoi elle répondait invariablement : « Je ne sais pas. » Enfin je répliquai : « Eh bien! si tu ne le sais pas, je vais bien vite le savoir. » Et là-dessus je m'élançai hors du tepee et courus chez sa mère.

— Dis donc, mère, m'écriai-je, Wom-bel-ee-Zee-zee et moi ne nous accordons pas du tout : je crois qu'il vaut mieux la reprendre.

— Pourquoi ? Qu'y a-t-il ? demanda la vieille.

— Il y a tout. Elle s'enveloppe dans une couverture et des lanières de buffle, et elle ne bouge pas, et ne veut pas s'approcher de moi. Voici toute une sacrée semaine que je contemple ce paquet terrifié de chiffons. J'en ai assez. Reprends-la, je ne puis supporter cela plus long-temps.

— Tu es jeune et inexpérimenté, et ne comprends pas, mon fils, répliqua ma belle-mère. Woom-bel-ee-Zee zee est jeune aussi et peut-être niaise, mais c'est à toi de chercher à lui plaire et d'être bon pour elle, et de la déniaiser.

— Je sais que je suis jeune et sans expérience, et je l'ai dit à Queue-Tachetée avant d'épouser ta fille. Mais je sais aussi que je n'ai pas pris une squaw pour qu'elle s'éloigne de moi chaque fois que j'en approche. Les femmes aux visages pâles n'agissent pas ainsi. Elles frétillent, tortillent et se trémoussent, disant que rien n'est plus agréable que le mariage, et je veux que Wom-bel-ee-Zee-zee fasse de même. Tu devrais le lui dire.

— Mon fils, il ne faut pas être si impatient ; Wom-bel-ee-Zee-zee ne fait que ce que font toutes les fillettes indiennes. Tu es trop impétueux. Va, agis comme je te dis, et tout ira bien.

Je ne me sentis ni très joyeux ni très disposé à être aimable lorsque je rentrai à mon tepee, sur cet avis de ma respectable belle-mère. Là était encore tapie ma femme dans sa couverture de buffle, offrant l'image de la désolation. Je jetai un regard sur elle, et je sentis le diable s'emparer de moi. Me précipitant dehors, j'allai me mêler à la mauvaise société du camp, car, tout étrange que cela paraisse, nous comptions dans notre communauté des demoiselles de mœurs dissolues.

Je les fréquentai plusieurs jours, m'attendant à chaque instant à la flèche d'un des proches de ma femme offensés; mais aucun ne parut prêter la moindre attention à mes actes. Ils passaient à côté de moi sans me voir.

Je ne rentrai plus à mon tepee que fort tard, sans plus m'inquiéter de Wom-bel-ee-Zee-zee. Après la dixième nuit de cette vie de polichinelle, je m'aperçus, sans dire mot, que les lanières de buffle avaient disparu.

Encore quelques nuits et ce fut le tour de la couverture, mais je m'enveloppai de stoïcisme. Les nuits suivantes elle devint tout à fait aimable et commença à babiller, mais le vieux sang des Nelson se montrait : je refusai de lui répondre.

Je prenais ma revanche, et gardai quinze nuits durant une indifférence absolue. Enfin, la voyant complètement revenue à des sentiments plus sociables, je condescendis à lui sourire et à la lutiner.

L'effet fut magique; nous devînmes aussitôt comme une paire de tourterelles en cage. Étant toute jeune, elle était pleine de drôleries et m'amusait continuellement, me faisant de petites farces, me préparant toutes sortes de surprises.

Jamais je n'eus à m'occuper de rien dans le tepee, elle pourvoyait à tous les arrangements du ménage. Je n'avais qu'à lui rapporter du gibier : nous donnions alors un repas où nous invitions ses parents.

Un de mes principaux amusements était la *trappe*
aux castors. En compagnie de trois ou quatre Indiens
nous allions dans tous les ruisseaux de la crique guetter les signes et les indications de l'hiver approchant.
Si l'hiver devait être rigoureux, on voyait les castors
abattre les arbres à coton et les traîner à leurs quartiers.

Voici comment ils procèdent. Ils les rongent jusqu'à
ce qu'ils les aient coupés en bûches de deux à six pieds;
puis trois ou quatre castors les poussent et les traînent
sur les bords de la rivière et les empilent devant leurs
huttes.

Ils plantent quelques troncs aux extrémités de façon
à maintenir le tout, se servant de leur queue comme
d'une pelle pour appliquer la boue dont ils plâtrent la
base. Ces solives constituent leur provision d'hiver.
Quand les rivières sont prises au point qu'ils sont blo-
qués du côté de l'eau, ils sortent par le côté de terre,
s'assurent de ces solives, les traînent dans leurs huttes
et se nourrissent de l'écorce.

Ces huttes construites sur les bords d'un cours d'eau,
habituellement au-dessus du niveau, forment avec le
courant un angle de 45 degrés. La famille se compose
de six membres : le père et la mère, deux jeunes et deux
nouveau-nés, en les supposant tous en vie.

Si l'hiver doit être doux, le castor ne prend pas la
peine de s'approvisionner, mais voyage d'un courant à
un autre, s'ébattant tranquillement.

Tout, d'après nos observations, annonçait un hiver
très dur : nous fîmes en conséquence nos préparatifs.

Quand vinrent les gelées, nous eûmes assez d'occupations à poser nos trappes et nous assurer de nos peaux.
La chair du castor est excellente, surtout bouillie avec des navets sauvages, en abondance dans les prairies et que les femmes récoltent au printemps, sèchent au soleil et enfilent en chapelets. Le pied du castor aussi une friandise. On le prépare en le roulant dans les cendres chaudes, ce qui permet d'enlever facilement la peau. Bouilli ou rôti, il est supérieur au pied de cochon. La queue servie de la même façon est un mets recherché.

Un castor pèse de quarante-cinq à soixante livres et la peau est d'une grande valeur. A l'époque dont je parle, on payait l'animal un dollar et demi la livre, les peaux de quarante à cinquante shillings pièce. Plus tard la livre monta jusqu'à cinq dollars.

La manière de les prendre est assez simple. Chacun de nous se munissait de huit trappes à ressort d'acier, charge suffisante. Nous les chevillions avec de longues baguettes en certains endroits, de quatre à six pouces sous l'eau, amorçant avec une branche imbibée de musc. Le castor sent le musc de fort loin, arrive en nageant et ses pieds se prennent dans la trappe.

Quand la glace couvre l'eau, on y fait des trous et on dispose les trappes. Si, sur huit trappes placées la nuit, cinq ne nous avait assuré une proie, c'était, à nos yeux, un mauvais résultat. Il nous fallait arriver très rapidement le matin pour saisir les animaux avant qu'ils ne se fussent arrachés eux-mêmes, ce qu'ils font souvent, y laissant leurs pieds.

Comme nous « trappions » dans les courants intermédiaires, nous remontâmes plus avant la rivière Salomon, passant plusieurs jours à notre chasse. En ces occasions nous prenions avec nous deux ou trois tepees et deux ou trois femmes. Wom-bel-ee-Zee-zee m'accompagnait toujours. Nous étions encore au mieux tous deux, et je commençais à apprécier l'avantage de posséder une gentille petite squaw.

Ceux-là seuls qui l'ont éprouvé peuvent savoir combien il est agréable, lorsqu'on rentre au camp après une journée de dure fatigue, de trouver une aimable jeune femme qui prépare votre souper. Le chasseur n'a qu'à s'asseoir et à manger, puis, tirant sa vieille pipe, disserter, tout en fumant, avec sa moitié et ses compagnons, des événements du jour et des probabilités du lendemain.

Quelle différence entre cet état et celui d'un célibataire, obligé de se mettre à l'œuvre, d'allumer son feu, de cuire sa viande lorsqu'on revient harassé, les pieds en sang, ou rompu par de longues heures de cheval!

Oui, certes, le mariage a bien ses avantages en dépit des dires des railleurs. Mon expérience en matière matrimoniale était loin d'être complète, comme le lecteur le verra par la suite. Je n'ai pas l'intention d'écrire un traité sur les bénédictions de la vie conjugale, je me contenterai pour le présent de dire que pendant ces chasses au castor, dans les circonstances où je me trouvais, j'ai bien souvent mentalement remercié Queue-Tachetée pour la pénétration dont il fit preuve en me procurant ma première épouse.

CHAPITRE VI

Combat avec les Pawnees sur la petite rivière Bleue. — Sanglant massacre. — Wom-bel-ee-Zee-zee lève le pied. — Bagarre à la fourche du Rickaree. — Méthode de guerre des Sioux. — Un seul survivant pour raconter l'affaire. — Ouragans du Rickaree. — Voleurs de naissance.

AGAGES pliés au printemps de l'année suivante, nous levâmes le camp et nous dirigeâmes vers l'est, descendant la rivière Républicaine à environ deux cents milles, pour combattre les Pawnees vers la source de la petite rivière Bleue. Ayant atteint une partie du territoire que nos ennemis devaient traverser, nous plantâmes nos tentes et les attendîmes durant trois mois.

Les buffles abondaient dans notre voisinage, couvrant une étendue de soixante milles à l'est du point où nous nous étions installés.

Nous savions exactement où les Pawnees devaient aller pour leur chasse estivale. Ils cherchaient des pelages blancs, peaux de daim, d'antilope, d'élan, et des buffles femelles pour les tepees et les mocassins.

En été, généralement, les Indiens ne se dérangent pas pour les peaux de buffles ; le poil de l'animal est alors très court, il ne devient long et laineux que vers le milieu d'octobre. Toutes les peaux prises après cette date jusqu'au 1ᵉʳ mai de l'année suivante sont religieusement conservées comme vêtements. Du 1ᵉʳ mai commence la saison des tepees et des mocassins. On verra que les bonnes robes ne peuvent être obtenues que pendant six mois de l'année.

En août, les animaux des prairies se dirigent vers le nord ou le nord-ouest. Nous le savions, et aussi, que les Pawnees se mettraient à les suivre aussitôt que commencerait leur migration. Nous discutions sur l'emplacement exact de l'ennemi, et nous nous disposions à prendre tous les avantages, lorsqu'il tomba étourdiment dans notre embuscade.

Nos éclaireurs observaient tous ses mouvements, scrutant ses forces.

Trois ou quatre des plus braves et des plus habiles Sioux se cachaient pendant le jour près du camp pawnee. La nuit venue, ils rampaient presque jusque dans l'intérieur, comptaient les tentes, calculant de cette façon le nombre des guerriers, à raison de cinq par tepee. J'ai toujours pu, par ce moyen, évaluer le nombre d'Indiens dans un camp.

Le 5 août, l'ennemi se déplaça et s'approcha à cinq milles d'un épais bosquet de bois de coton où nous étions embusqués. Nos éclaireurs vinrent promptement nous prévenir qu'il établissait son camp pour la nuit. On se consulta rapidement et l'on résolut qu'au lieu d'attendre qu'il tombât dans notre embuscade, ce serait un meilleur sport pour les jeunes hommes de l'attaquer où il se trouvait.

En conséquence, à minuit, moi et tous nos guerriers, à l'exception de quelques vieux laissés à la garde du camp, rampâmes aussi près que possible des Pawnees, et là nous attendîmes l'aube.

Aux premières lueurs qui rougissent l'horizon, les squaws se lèvent, détachent les chevaux et les chassent dans la prairie. C'est le moment. Quelques-uns d'entre nous fondent sur le troupeau. Notre corps principal s'est embusqué dans un ravin voisin, où il est convenu qu'on y pousserait les chevaux afin d'y attirer les Pawnees.

Tout arriva suivant nos espérances. J'étais du groupe des voleurs de chevaux et j'aidais à les chasser du côté du ravin ; nos hurlements les y firent entrer ; ils le traversent avec la rapidité de l'éclair. Les Pawnees voient le coup, et constatant le petit nombre d'hommes engagés dans cet audacieux vol, jettent des cris de rage et, se lançant à nos talons, tombent dans le traquenard.

Après avoir poussé le troupeau en lieu sûr, je revins jouir de la valse ; mes Sioux avaient tué 125 Pawnees

hommes, femmes, enfants, fuyant dans toutes les directions.

Abominable boucherie, mais personnellement je n'y
pouvais rien. La seule réflexion permise, c'est que si

la chance avait été de l'autre côté, nous eussions eu le
même sort.

Ce fut le premier sanglant engagement entre Indiens
auquel j'assistais, et ce massacre, exécuté de sang-froid,
m'impressionna considérablement.

« Tout tuer », commune devise, et on la suivait
strictement. Mais le plus terrible fut la mutilation

4

des cadavres. On leur faisait subir toutes sortes d'ou-
trages, avec d'incroyables raffinements. Je n'avais jamais
été particulièrement bégueule, mais mon « premier
combat » me dégoûta fortement, au point de vue de la
digestion.

Pawnees et Sioux sont de naissance ennemis jurés,
et partout où ils se rencontrent, se battent comme des
chats. Toutes espèces de stratégies et de ruses leur sont
bonnes, et sous ce rapport ils se valent à peu près.

Nous capturâmes deux cents poneys, dont les Sioux
m'offrirent quelques-uns en récompense de mon aide. Le
rôle que j'avais joué en cette petite échauffourée, favorablement commenté par les chefs dans le conseil, me
classa, dès ce moment, au rang de « guerrier ». Je suppose donc que je puis dire que dans cette bataille je
gagnai mes éperons indiens.

Après avoir célébré notre victoire avec pompe et solennité, rassemblé les biens des vaincus, admiré et distribué
leurs scalps et fait tout le nécessaire pour nous couvrir
de la gloire que nous étions si bien convaincus d'avoir
acquise, nous levâmes le camp, pour nous livrer entièrement à la chasse aux buffles, les suivant dans leur
pérégrination à nombre de milles vers le nord.

Aucun ennemi n'était aux alentours pour interrompre
nos réjouissances sylvanesques, aussi en profitâmes-nous
pour faire une si grande récolte de peaux que nous eûmes
la plus grande difficulté à les transporter.

Enfin, gorgés de dépouilles, nous établîmes nos quartiers d'hiver à un endroit appelé les *Grands Bois*, place
très appréciée des Indiens à cause des bois de coton dont

l'écorce fournit aux chevaux une excellente nourriture.
Nous étions à environ cent milles de notre précédente
halte, et le long de la rivière Républicaine se trouvaient
parsemés d'autres campements des diverses tribus de
Sioux.

Notre temps se passait assez agréablement à trapper
le castor et à chasser l'élan et le cerf. Quelquefois, la
poursuite du gibier nous tenait éloignés dix ou douze
jours, et même davantage. Une autre manière de réjouissances consistait à rendre, par petits groupes, visite aux
tribus voisines et à recevoir amicalement à notre tour
les hôtes qu'elles nous envoyaient.

J'allai une fois chasser l'élan en compagnie d'une
dizaine de jeunes guerriers et restai absent douze jours.
A mon retour, je fis l'expérience de mon premier chagrin
conjugal. Nous étions chargés de gibier et je rapportais
en outre un vêtement en peau de daim garni de perles,
échangé contre plusieurs peaux à un parti d'autres Indiens rencontrés en retournant au camp. Un joli présent
destiné à Wom-bel-ee-Zee-zee, un de ceux qu'elle désirait
le plus. Il était un peu lourd et j'avais eu quelque mal
à le porter. Aussi était-ce avec un vif sentiment de joie
que je me dirigeais vers mon tepee, heureux du plaisir
que j'allais y causer ; mais quel ne fut pas mon étonnement ! je tournai et retournai en tous sens sans pouvoir
le découvrir. Enfin je demandai à quelques jeunes drôles,
qui observaient mes allées et venues, où Wom-bel-ee-
Zee-zee avait placé la tente.

— Elle est partie ! me répondent-ils en riant.

— Partie où ?

— Oh! là-bas! firent-ils en montrant du pouce, par-
dessus leur épaule, la rase campagne.

— Là-bas? Que voulez-vous dire?

Ils m'apprirent alors qu'un Indien nommé *Élan-Solide*, d'une fraction de Sioux cantonnée à quatre-vingt-

cinq milles, venu en visite au camp, avait à son départ
emmené ma femme, ma tente, mes chevaux et tout ce
qui m'appartenait.

— Alors, dis-je, regardant les quatre ou cinq piquets
encore plantés dans le sol, voici tout ce qui reste de
mon *home*, mon doux *home*.

— Oui, tout.

Je courus chez ma belle-mère demander ce que cela
signifiait : elle essaya de me persuader que ma femme

était allée voir un de ses oncles. Je feignis de la croire.

Le fait est que j'étais revenu trop tôt; car, comme je l'appris depuis, ma belle-mère avait envoyé courir après sa fille et au cas où elle eût réussi à la ramener avant mon retour, je n'aurais jamais rien su de son équipée.

Dans chaque campement indien est une tente appelée « loge des soldats ». C'est là que se réunissent la nuit les jeunes guerriers et même les vieux pour fumer, causer et tuer le temps; une sorte de club.

Toutes les squaws s'entendent pour leur faire la cuisine et, à une certaine heure, apportent leur repas. La cérémonie s'ouvre habituellement par une danse; un tambour est placé à côté et quiconque veut parler publiquement y frappe à peu près comme pour la *danse du Soleil*. Par exemple, si, dans l'excitation de la danse, un Indien veut montrer ce qu'il appelle « sa magnificence », il frappe un coup sur le tambour et donne alors, devant tous, un cheval ou n'importe quoi, à un ami ou un parent pauvre.

La danse commençait quand je parus, et, sans perdre de temps, je m'y joignis. Quand vint le moment propice et après que deux ou trois avertissements eurent été faits, je pris la baguette et donnai un grand coup sur l'instrument. En un instant tout fut silencieux, et je m'écriai d'une voix de Stentor :

— Mes amis! ma femme est partie avec Élan-Solide. Je donne mon cheval bai à Zint-Calla-Sappa (le Merle) et je romps pour toujours avec Wom-bel-ee-Zee-zee.

Il est obligatoire, comme je l'ai dit plus haut, d'accompagner d'un présent, tout appel de tambour : autrement l'appel est nul. Zint-Calla-Sappa était une vieille sorcière que je venais de remarquer dans un coin du tepee, et comme elle était très pauvre, je pensais que cet « acte de magnificence » produirait un bon effet sur mon auditoire ; tous répondirent :

— C'est bien, ami. Tu tiendras ta parole ?

— Oui, répliquai-je.

Ainsi se rompit mon union avec Wom-bel-ee-Zee-zce

et je quittai la « loge », redevenu joyeux et gai célibataire.

Cette habitude de voler les femmes est très commune chez les Indiens. Élan-Solide, fort beau garçon d'ailleurs, s'enorgueillisait de ses conquêtes. Il s'était approprié nombre de femmes, qu'il ne tardait pas à renvoyer. Wom-bel-ee-Zee-zee ne fit pas exception à la règle, car moins de deux mois après elle revenait chez sa mère.

Je lui demandai un jour comment elle avait trouvé son nouvel époux, mais elle se couvrit le visage de sa couverture et ne me répondit pas.

Je ne lui parlai plus jamais. Les jeunes gens me reprochaient de n'avoir pas poursuivi Élan-Solide pour le tuer, mais Queue-Tachetée ne me l'eût pas permis.

— Si tu le tues, me dit-il, tu auras désormais à compter avec tous ses parents, qui te poursuivront pendant des années, et qui sont si nombreux qu'ils finiront un jour ou l'autre par avoir raison de toi. Si au contraire il te tue, ce sera une source de perpétuelles et sanglantes querelles entre tous mes jeunes guerriers et ceux de sa tribu. Laisse ceci, mon fils. Il y a autant de beaux poissons dans la rivière et de buffles dans les prairies qu'il y en a jamais eu; et quantité de jolies filles qui remplaceront Wom-bel-ee-Zee-zee.

Et je m'installai confortablement sous le tepee d'Élan-Coup-Double, guerrier Brûlé, un de mes grands amis, qui me prit généreusement dans sa famille.

Au printemps de l'année suivante, les Pawneeš vinrent dans notre voisinage essayer de nous voler « nos chevaux », ce qu'ils regardaient sans doute comme rentrant dans leur bien. Ils eurent le même sort que leurs camarades, mais malheureusement nous perdîmes plusieurs de nos guerriers.

La bataille en cette occasion s'étendit sur une surface d'environ vingt milles. Je n'y étais pas, je ne puis par conséquent dire combien de Pawnees tuèrent les Sioux. Notre troupe revint fortement diminuée; mais comme l'ennemi avait disparu, la victoire fut considérée appartenant aux Sioux.

Notre mouvement belliqueux suivant fut de nous engager franchement sur la piste de guerre aux sources de la rivière Républicaine, près d'un petit cours d'eau tributaire connu sous le nom de Rickaree Fork, où, d'après informations, nous espérions avoir la chance de vider d'anciens comptes avec nos vieux ennemis. L'été gaspillé, je ne sais comment, nous arrivâmes enfin à destination au mois de septembre. Un jour, tandis que nous jouïons à la balle, quelques jeunes gens accoururent précipitamment au camp, annonçant les Pawnees.

A moins d'en avoir été témoin, il n'est pas possible de se faire une idée de l'intense agitation qui s'empare d'un village indien menacé d'une attaque. On ne peut le comparer qu'à un nid de guêpes en désordre ou à une ruche renversée.

Imaginez deux mille personnes, hommes, femmes, enfants, courant dans toutes les directions, abattant les tentes, empaquetant pêle-mêle hardes et marchandises, prêts à fuir à la moindre alerte; tandis que vingt mille chevaux arrivent sur le camp affolés et à toute vitesse, poussés à grands cris et à grands mouvements de couvertures par de jeunes garçons. Du haut d'une colline j'ai souvent assisté à ce spectacle, quelquefois non sans grand danger, et jamais dans ma carrière je n'ai vu rien de plus émouvant. Jusqu'aux chiens qui, par d'effroyables hurlements, jettent leur note dans le fracas.

On peut croire que lorsque les éclaireurs nous apportèrent cette nouvelle, il n'y eut nulle contestation à qui avait gagné la partie si soudainement interrompue. Tous les guerriers enfourchèrent leur monture, galopèrent à une petite éminence voisine et, s'y étant massés, attendirent les ordres du chef alors en commandement, Queue-Tachetée. Quand il disait : « Allez, » tous partaient dans la direction de l'ennemi, chacun s'efforçant de dépasser l'autre et d'arriver premier.

Très peu de discipline militaire ou de tactique dans ces engagements. Chacun pour soi et le diable pour tous. En approchant des Pawnees, nous reconnûmes qu'ils n'étaient guère qu'une cinquantaine armés de fusils à pierre, à canon lisse, d'arcs et de flèches.

Donc dix contre un, mais cet avantage se trouvait contre-balancé par la supériorité de leurs armes. Nous n'avions que des arcs et des flèches; mes munitions étaient épuisées, il ne me restait à moi-même qu'un de ces primitifs instruments de guerre.

Les Pawnees avaient pris position sur une éminence et, ayant constaté notre force, avaient de leurs mains et de leurs couteaux creusé des embuscades, se retranchant de telle façon qu'il devenait très difficile de les atteindre.

Nous dépensâmes toute notre tactique pour les faire sortir, mais ils étaient trop rusés pour se laisser prendre. D'un autre côté, chaque fois que nous nous mettions à leur portée, arrivait une volée qui dépêchait quelques-uns de nos jeunes héros et de nos chevaux au pays des chasses éternelles.

La petite fête finit par devenir monotone; personne ne voulait plus s'aventurer à découvert. Nous les tenions cependant encore en échec, et lancions nos flèches sur tout ce qui montrait sa tête.

Ils pensaient sans doute que lorsque nous reconnaîtrions l'impossibilité de les déloger, nous battrions en retraite et les laisserions en paix.

Mais Queue-Tachetée n'était pas un guerrier à lâcher sa proie. Il se contenta de rire et dit :

— Patientez et nous aurons leurs scalps.

Je me demandai quel pouvait être son plan; après deux ou trois jours, il me parut des plus clairs.

Un cours d'eau coulait à quelques mètres de la colline où se retranchaient les Pawnees. Ils pouvaient jouir de l'œil de sa parfaite limpidité. Quant à s'y désaltérer, autre affaire : chaque tentative d'en approcher était aussitôt arrêtée par une flèche. Nous descendions jusqu'au ruisseau, buvions à notre soif, et prenions plaisir à les braver en leur tendant de l'eau dans nos mains et en la répandant sur le sol. Ils tiraient et nous manquaient.

Cela dura des jours et des jours. Il faisait une chaleur étouffante et leurs souffrances devaient être effroyables. Quatre ou cinq se précipitaient à la fois, essayant d'atteindre le ruisseau, mais la moitié de la distance à peine parcourue, chacun recevait une douzaine de flèches.

Ainsi nous les expédiâmes jusqu'à ce qu'il n'en restât plus qu'un seul, que nous épargnâmes, afin qu'il allât raconter l'événement à ses compagnons. Le lieu de ce combat est connu sous le nom de : *crique des Pawnees*. On peut le voir marqué sur les bonnes cartes.

Quant à nous, nos pertes ne laissaient pas que d'être considérables. Beaucoup de mes amis perdirent la vie, entre autres un frère de mon épouse actuelle, et nous eûmes quantité de blessés.

Au Rickaree Fork, théâtre de cet incident, le pays est très montueux et coupé de ravins creusés par des pluies torrentielles. Le district est noté pour les tempêtes de grêle et de pluie qui fondent annuellement en juillet ou en août. Elles sont accompagnées de trombes qui inondent le sol et balayent tout.

Les Indiens, par peur de ces tornados, ne campent ni près des cours d'eau ni dans les vallées et choisissent toujours le terrain le plus élevé qu'ils peuvent trouver.

Je me souviens d'une compagnie de soldats qui, quelques années plus tard, campèrent dans un de ces bas-fonds. Pendant la nuit survint une inondation qui enleva tout, tentes, hommes et chevaux. Un grand nombre se noyèrent. Plusieurs pauvres diables furent enlevés de leur lit, portés à deux cents mètres et logés dans les branches des arbres à trente pieds du sol, où ils restèrent accrochés pendant des heures sous une effroyable grêle n'ayant pour tout vêtement que leur chemise; quelques-uns même complètement nus. Les autres, entraînés dans le tourbillon, pêle-mêle avec des poutres et des arbres déracinés par la tourmente, furent broyés, anéantis : l'on n'en retrouva même plus les traces.

Les Pawnees ont été les plus habiles voleurs de chevaux du continent américain. Que de fois ils ont conclu des traités avec les Sioux qui leur donnaient trois cents poneys comme arrhes sur leurs bonnes intentions, et après avoir quitté le camp, ils revenaient subrepticement et en volaient le double ! De là de continuelles guerres avec les autres tribus qu'ils pillaient de la même manière. Le vol est inné chez eux.

Actuellement (1888), les Pawnees, réduits à un petit nombre, ont abandonné l'état nomade et vivent de leurs propres ressources. Le gouvernement leur donne annuellement vingt dollars par tête, mais sans les rations qu'il accorde aux Sioux. Il en résulte qu'ils se sont transformés en fermiers et élèvent des chevaux, ce qui leur réussit parfaitement.

J'ai connu quelques bons chevaux venant des « réserves » des Pawnees, et je préfère leur mode d'élevage à celui de beaucoup d'autres. Chaque peuple excellant dans une industrie spéciale, les Indiens excellent dans la qualité et la vigueur de leurs montures. L'entière connaissance de tout ce qui concerne le meilleur ami de l'homme semble leur être familière dès leur naissance; par le fait, elle est innée chez eux. Cela ne peut surprendre si l'on considère leur passé. Il est un vieil aphorisme: « Prends un voleur pour prendre un voleur, » et si quelqu'un parvenait à rouler un Pawnee au sujet d'un cheval, il mériterait une pension du gouvernement des États-Unis.

CHAPITRE VII

ACHANT alors couramment la langue des Sioux, j'étais d'un grand secours aux membres de ma tribu dans les échanges avec les quelques blancs que nous rencontrions de temps à autre. Mais d'ordinaire ce n'était qu'exceptionnellement que nous nous trouvions en présence de ces commerçants errants. Ils avaient trop le respect de leur scalps pour pénétrer dans nos régions éloignées.

Cependant, dans nos courses vagabondes, nous rencontrions parfois un certain vieux, Canadien-Français, assez bien connu dans les prairies, avec qui nous troquions des peaux de buffles contre de vieux mousquets à pierre, du plomb, de la poudre, des verroteries, des couvertures, des couteaux, enfin tout ce qu'il trimbalait qui pût nous convenir.

Je continuais à vivre avec Élan-Coup-Double, qui paraissait m'affectionner de plus en plus. C'était un homme de quarante ans environ, très brave et très amou_reux de whiskey. Nous ne pouvions nous en procurer que rarement, et alors imaginez la plus abominable composition possible.

L'appeler eau-de-feu est un terme trop doux. Il était fabriqué de grains de toute espèce et si fort qu'avec ou sans eau, il enlevait la peau du gosier. J'ai vu un Indien en boire un bon coup et mourir en moins de dix minutes.

Le vieux Canadien n'emportait jamais avec lui, on le savait, plus d'un gallon de spiritueux. Il enterrait le reste en quelque endroit de lui seul connu, et, son gallon troqué, retournait à sa cachette.

Procédé fort habile, car il ôtait aux Indiens l'envie de le scalper pour un aussi mince butin, ce qui eût été tuer la poule aux œufs d'or.

Je pense que l'amitié d'Élan-Coup-Double venait de la manière dont j'obtenais le whiskey du vieux routier, En ma qualité d'homme blanc, il me le cédait de préférence aux hommes rouges et combien de fois en obtinsje pour mon ami au nez de ses compagnons qui offraient en échange des présents plus tentants que les miens. Puis le vieux chenapan s'imaginait que par mon influence je pouvais garantir sa sécurité et je l'encourageais dans sa confiance.

Je crois vraiment que je lui rendis plus d'une fois service dans ses rapports avec la tribu, car je parlais toujours en sa faveur, faisant bien comprendre que si malheur lui arrivait nous nous trouverions dans un bel embarras, sans compter qu'aucun blanc très probablement ne se hasarderait à le remplacer.

Ce fut après avoir procuré un gallon de ce fameux whiskey à Élan-Coup-Double que dans un moment de générosité, et en remerciement du service, il me proposa l'aînée de ses nièces, nommée Zint-Calla-wee-ah. Je lui répondis que je serais enchanté de la prendre, mais que je n'avais pas de chevaux.

Il ne m'en restait que deux à mon retour de cette expédition où j'avais trouvé ma femme envolée, et j'avais donné l'un à la cérémonie du divorce.

« N'importe, dit-il, nous arrangerons cela. » Et le lendemain matin je trouvais dix poneys attachés à mon tepee.

Je passai par les mêmes formalités qu'avec ma première squaw, faisant ma déclaration le long de la rivière, mais l'affaire alla plus rondement et deux jours après j'étais installé dans un tepee à moi, avec ma rougissante épouse Zint-Calla-wee-ah, une belle grande fille, d'agréable apparence, un peu épaisse, mais maigre comparée à l'autre et ornée de ses quinze ans.

Comme elle était la fille aînée, j'avais, suivant la coutume indienne, certains droits sur ses trois sœurs, dont aucune ne pouvait se marier sans mon consentement. Je jugeai préférable de simplifier la chose en réclamant tout le gynécée, ce que je fis comme galanterie à la famille.

Un mois donc après mon mariage, je pris la sœur cadette dans mon wigwam. Je trouvai si agréable de posséder une paire d'épouses, que trois mois à peine écoulés, j'augmentai mes responsabilités conjugales en m'adjugeant la troisième sœur.

La quatrième était trop petite pour l'épouser quant à présent : je la laissai donc à sa famille pour lui donner le temps de grandir un peu. Me voilà tout à fait devenu membre respectable de la communauté, pouvant rivaliser d'importance avec les chefs de la tribu, autant au point de vue de mon train de maison, que de l'ordre qui y présidait. Mes trois femmes, étant sœurs, connaissaient le caractère et les petites manies de chacune : aussi vivaient-elles en parfaite harmonie, donnant ainsi le bon exemple à la tribu.

Nous errions d'un endroit à l'autre, chassant et nous approvisionnant, jusqu'à ce qu'enfin nous arrivâmes dans le voisinage des sources de Bois-de-Coton où j'avais abandonné ma caravane pour me joindre aux Indiens.

Ce jour me paraissait éloigné d'un siècle, cinq années d'écoulées déjà, pendant lesquelles j'avais pérégriné des centaines de milles en un cercle gigantesque dont ce point formait en quelque sorte le centre.

Situé sur la rivière Platte, c'était un endroit commode et affectionné des Ogallalas et des Brûlés. Ils s'y rencontraient habituellement une fois par an, et partaient ensemble à la rencontre d'autres bandes de Sioux, pour assister aux grandes cérémonies religieuses de la danse du Soleil.

Dans ce district, la rivière Platte se divise en deux branches, celle du Nord et celle du Sud, formant un angle dont la base est occupée par Cotton-Woods-Springs, plus connu maintenant sous le nom de Macpherson. La route de Californie s'y sépare de la Platte pour suivre une ligne directe. Le torrent d'émigration au Pacifique ne roulait pas encore, car c'est seulement en 1847 que le Mexique céda ce territoire aux États-Unis.

A cette époque, une caravane était un spectacle rare dans les prairies. Celles qui s'y aventuraient se composaient de trafiquants de Hudson-Bay ou des compagnies des fourrures américaines. Ce fut donc avec une grande surprise que j'appris un matin par nos éclaireurs qu'un fort parti de blancs suivaient le bord de la rivière, s'avançant dans notre direction. Ils arrivèrent l'après-midi et campèrent à un demi-mille.

Depuis bien longtemps je n'avais vu de compatriotes tout frais de civilisation : je crus conséquemment l'occasion bonne de repolir ma langue maternelle et d'apprendre un peu ce qui se passait dans le monde. J'en parlai à Queue-Tachetée, et quelques jeunes gens, mes trois squaws et moi allâmes au *corral* avec des peaux de buffles, de daims et des mocassins. Nous fûmes bien reçus et fîmes une bonne vente. Puis je m'entretins avec quelques-uns de la caravane.

Ils me dirent qu'ils avaient quitté Florance, petite ville à quatre milles à l'ouest d'Omaha, dans le Nebraska, le 7 mai, et se dirigeaient vers la Terre Promise. Où était-elle ? Ils n'en savaient rien. Au nombre de 147 dont trois femmes et un enfant, ils étaient les avant-coureurs d'une plus forte troupe de blancs qui voulaient fonder une grande ville quelque part.

Le guide et maître des équipages se nommait Porter Rockwell, mais le chef réel de l'expédition était Brigham Young.

Je n'avais encore jamais entendu parler des Mormons. Ils me dirent qu'ils étaient les *Saints des nouveaux jours.* Je cherchai après leur auréole; n'en voyant pas, je leur dis :

— Quelle sorte de bétail est-ce?

A quoi ils répondirent :

— Nous sommes le peuple choisi de Dieu.

— Eh bien! répliquai-je, je suis bien content de vous voir, car les gens de Dieu sont ici oiseaux rares.

— Je suis le Lion du Seigneur, dit Brigham Young.

Je le regardai étonné, mais n'ajoutai pas un mot, n'étant pas en mesure de nier sa déclaration. Je pensai qu'ils étaient tous fous, et que plutôt je gagnerais notre camp avec Queue-Tachetée et mes femmes, mieux cela vaudrait.

Comme nous empaquetions lestement nos marchandises, Brigham vint à moi et me dit :

— Écoutez, étranger! avez-vous jamais été jusqu'aux Rockies?

— J'ai été jusqu'aux Collines Noires, mais jamais au delà.

Il me posa diverses questions sur la route, le genre de pays qu'ils auraient à traverser et me demanda si je voudrais les accompagner et leur montrer le chemin.

Je répliquai que, n'ayant jamais vu auparavant des gens comme eux, je préférais rester avec mes Indiens, qui me comprenaient et que je comprenais.

— Vous vous êtes donc fixé chez les Indiens?

— Ma demeure, répondis-je, est partout où j'ai mon chapeau sur la tête.

— Alors, vous pouvez aussi bien le porter dans un endroit que dans un autre. Venez donc avec nous et servez-nous de guide.

Finalement il m'offrit quarante dollars par mois pour piloter sa caravane aux Collines Noires, ou tout autre endroit où ils voudraient aller.

Je réfléchis, calculant le temps que ce voyage me prendrait, et l'occasion offerte de voir un pays nouveau; puis je consultai Queue-Tachetée qui s'efforça de me dissuader, disant que la mine de ces gens ne lui allait guère et que probablement ils me troueraient la peau. Ils n'avaient aucun genre de commerce : c'est là-dessus qu'il basait son appréciation.

Fort indécis, je regardais Brigham et ses compagnons, et ne pouvais m'empêcher de penser que ce serait acte charitable de les tirer d'embarras. Ils ressemblaient à des enfants perdus dans les plaines. Jusqu'ici leur route avait été facile, mais après la Platte ils seraient dans un terrible gâchis. Je dis enfin à Queue-Tachetée : « Ces gens-là sont mes frères blancs, ma chair et mon sang. Ils ne savent pas leur chemin. Il n'est que juste que je les accompagne au moins jusqu'au fort Laramie [1].

— Très bien, mon fils, répliqua-t-il, fais comme tu le voudras ; mais au cas où tu ne serais pas de retour à la chute des feuilles, je me mettrais à ta recherche, et si quelque malheur t'était arrivé, je réglerais le compte de ces blancs.

Là-dessus, il réunit les jeunes guerriers venus avec nous, et leur fit attentivement examiner tous les membres de la caravane de façon à pouvoir les reconnaître.

Une chose me tracassait, Zint-Calla-wee-ah et ses sœurs.

— Elles retourneront dans leur famille, dit Queue-Tachetée. Je veillerai à ce qu'on en prenne soin.

Fort mécontentes d'abord, elles se calmèrent par la promesse de toutes sortes de présents. Je leur donnai mes chevaux, une douzaine, gardant deux des meilleurs, et elles partirent contentes avec le chef.

Dans la caravane se trouvait un vieux guide nommé Léon, moitié Mexicain, moitié Indien. Le peu de confiance que lui accordaient Brigham et Rockwell était encore diminué par le fait qu'il ne parlait que très peu l'anglais. Engagé pour les piloter, il se voyait en pleine déconfiture. Le vieux drôle semblait n'avoir pas la moindre idée de la distance à parcourir, et j'imagine que ceci les ennuyait fort.

1. Distant d'environ 300 milles.

On m'expliqua l'affaire, je compris que je n'avais pas à supplanter le vieux, quant aux détails matériels, mais à agir comme homme de confiance et conseiller de la caravane.

Il ne pouvait y avoir deux guides voulant choisir chacun une direction contraire. Connaissant sur le bout du doigt le territoire jusqu'aux Collines Noires, j'instruirais Rockwell de la route à suivre, et je le laisserais s'arranger avec le Mexicain. Nous levâmes le camp le lendemain matin, et partîmes à une allure de vingt à vingt-cinq milles par jour.

CHAPITRE VIII

Avec les Mormons. — Le fort Laramie. — En route pour la Terre
Promise. — La rivière Verte. — Passage des Rockies. — Première vue du lac Salé. — Est-ce de la neige? — Établissement
de la Cité du Lac Salé. — Arrivée du contingent mexicain. —
Retour des pionniers.

Toute la caravane mormonne se composait de
vingt chariots traînés par des mules. Six bêtes
pour les plus lourdes voitures, quatre pour
les autres. Nous avions des munitions et des
fusils en abondance, un canon, des outils d'a-
griculture, une forge, du fer pour les machines
à scier, des aussières à poulies pour traverser les cours d'eau, une intendance
bien approvisionnée.

La première chose qui me frappa fut
le sermon que débitait Brigham aussitôt
que nous nous installions pour la nuit.
Il durait au moins une heure et il fallait s'asseoir en rond pour l'écouter.
Quelquefois il était suivi d'autres prêcheurs et ces

énergumènes nous tenaient deux et trois heures.

Je ne fis jamais grande attention à ces radotages. C'é-
tait toujours au sujet du Seigneur, avec lequel ils semblaient tous dans les termes les plus intimes. Je sentis
de suite que je n'étais pas assez saint, ni ne le serais
jamais assez pour appartenir à leur confrérie. Aussi
pris-je le parti de m'accroupir et de fumer et de bâtir
des châteaux en Espagne pendant le service. Cela se

terminait par des hymnes bizarres qui, en m'écorchant
les oreilles, m'arrachaient à mes rêveries.

Cette vie finit par devenir excessivement monotone,
et quand personne ne regardait, le vieux Mexicain qui
se trouva être un très brave homme, et moi, nous nous
glissions sous les roues d'un chariot et faisions notre
petite partie de cartes pendant leurs momeries.

Le service terminé, Brigham et sa bande riaient, ba-
vardaient, se livraient à une gaîté franche qui me les
faisait prendre en amitié.

Que de fois j'ai plumé Brigham aux cartes, et que de fois aussi il a pris sa revanche! Mais, en règle générale, il était très dur à battre.

Ses disciples me semblaient tous gens fort ignorants, tirés des plus basses classes. La manie religieuse les avait décidément empoignés, et je crois que sans ces interminables services de chaque jour ils se seraient battus et entre-tués. Ils m'auraient escoffié aussi facilement que chanter une hymne.

Quand nous arrivâmes au fort Laramie, j'étais déjà fait à ma nouvelle vie. Là, je rencontrai quelques Indiens de ma connaissance avec qui je festoyai deux jours pendant qu'on réparait des chariots. Brigham Young vint me demander de les escorter encore. Rockwell et lui, me dit-il, étaient fort satisfaits de moi, et craignaient ne jamais arriver à destination si je ne les guidais pas à travers le désert.

J'acceptai.

Il y avait au fort un vieux Français avec sa fille, de laquelle Brigham devint amoureux et qu'il essaya d'enrôler dans sa bande. Mais le papa y mit bon ordre.

Il est assez curieux que ce fut là que je vis pour la première fois le père de ma femme actuelle, Vieille-Fumée, alors chef des Sioux, ne pensant guère que sa fille deviendrait un jour ma légitime épouse.

Les réparations faites, nous nous mîmes en route, non sans que j'eusse envoyé un message à Queue-Tachetée, lui disant de ne pas s'inquiéter, que tout allait bien, que j'accompagnais les blancs jusqu'aux Collines Noires, et retournerais aussitôt que possible.

A Laramie, nous récoltâmes une douzaine de gens
que les Mormons persuadèrent de se joindre à eux. Ils
avaient aussi essayé de m'incorporer dans leur bande
et promis, pour mieux m'amorcer, une demi-douzaine
de femmes. Je répondis que l'idée d'un petit sérail m'allait assez, mais que je réservais pour plus tard ma déci-
sion, ayant à m'occuper, pour le moment, du bien-être
et de la sécurité de tous. Ils s'accordèrent donc à ne pas
poursuivre leur propagande et me laissèrent longtemps
tranquille.

Nous nous dirigions, par la North Platte, droit aux
Montagnes Rocheuses. A 150 ou 200 milles dans les
prairies, nous rencontrâmes des milliers de buffles.
Nous en tuâmes autant qu'il nous en fallait pour nous
approvisionner, faisant sécher la viande au soleil.

A mesure que nous avançions, se présentaient plusieurs ruisseaux et rivières. Ces ruisseaux, descendant
pour la plupart des montagnes, froids comme glace,
roulaient comme des cataractes. Quant aux rivières,
leur lit était hérissé de rochers et coupé de préci-
pices.

Traverser ces courants, trop profonds pour être passés
à gué, offrait toujours de grands dangers.

Voici de quelle façon nous procédions. Nous abattions un grand pin qu'au moyen d'une scierie primitive
nous divisions et transformions en un radeau de deux
ou trois tonnes. Pour traverser le courant, nous fixions
une grosse corde à un arbre de chaque côté de la rive;
puis, attachant une seconde corde à chaque extrémité du
bateau et une troisième à une poutre pour nous guider,

nous établissions ainsi une communication facile entre les deux bords.

Pour les larges rivières où il était impossible de jeter une corde d'une rive à l'autre, nous construisions un plus grand radeau et partant de quelque endroit commode, nous manœuvrions comme nous pouvions à l'aide de longues rames faites de jeunes pins.

Il nous fallait quelquefois quinze jours pour traverser une rivière, manière de voyager qui diffère quelque peu de la méthode actuelle.

Arrivés à la rivière Verte, la plus large que nous ayons encore rencontrée, il fallut bâtir une maison et construire un bac. En prévoyance de ceux qui viendraient après nous, nous y laissâmes cinq hommes avec l'ordre de percevoir dix dollars par chariot à passer. Ce fut plus tard une source considérable de revenus pour les Mormons, qui transportèrent de cette façon, non seulement les leurs, mais les émigrants pour la Californie.

A la rivière de l'Ours, à travers un district de lit d'alcali, nous perdîmes plusieurs têtes de bétail, par la faute des bouviers qui leur laissèrent boire l'eau empoisonnée.

Après ces solitudes inhospitalières, nous voici de nouveau dans les verdoyants pâturages des prairies, frayant notre chemin à travers des collines. Dans le lointain, les pics inaccessibles et neigeux des Montagnes Rocheuses brillaient avec toutes les couleurs de l'arc-en-ciel.

Les épreuves et les fatigues des pionniers qui ouvrent à la civilisation une contrée nouvelle n'ont jamais été appréciées à leur juste valeur. Traverser les prairies avec Brigham Young en 1847, et les traverser en 1887, sont deux choses bien différentes.

A cette époque, nulle ferme confortable où l'on pouvait se reposer, se procurer du tabac ou une bouteille de « Minnie-wah-Kah », le feu liquide du whiskey, — nulle route carrossable d'où tout obstacle est écarté, — rien qu'une perspective ininterrompue de solitude vierge.

Du haut d'un pic, embrassant du regard la plaine sans fin, je pouvais m'appliquer le dicton : « Je suis le monarque de tout ce que mon œil embrasse. » Rien dans le vaste territoire, étendu devant moi pour m'en disputer le passage, si ce n'est l'ours gris, ou son voisin le lion des montagnes.

Çà et là dans les lointains, nous apercevions une petite bande de Peaux-Rouges qui disparaissaient, presque aussi effrayés à notre vue que les oiseaux et les animaux sauvages.

Nous voyagions éclairés en avant et suivis d'une arrière-garde, observant autant que possible l'ordre militaire.

Bien que de temps à autre nous échangions quelques coups de feu avec les Indiens, nous n'en vînmes jamais sérieusement aux prises.

Avançant péniblement, rencontrant et surmontant des obstacles journaliers, nous arrivâmes au commencement de juillet au ranco de Wahsatch. Une barrière impénétrable nous coupait le chemin.

De l'étendue et de la grandeur de ces montagnes, nul ne peut se faire une idée. Elles sont d'un fantastique terrifiant. Aucun de nous n'avait jamais rien vu de semblable, et nous nous demandions ce que le sort nous réservait de l'autre côté, lorsque le paradis terrestre de la Terre Promise s'ouvrirait à notre imagination enfiévrée. J'étais atteint de la contagion, aussi anxieux qu'aucun des sectaires, de connaître les résultats de notre interminable pérégrination.

Cette nuit même, étendu sur ma couverture, je ne pouvais m'empêcher de rire en pensant à la tête qu'ils feraient si nous ne trouvions de l'autre côté que des solitudes arides semblables à celles que nous venions de traverser. Je réfléchissais à ma stupidité d'avoir quitté mes braves Indiens, désireux de plus en plus de me retrouver avec eux dans les tranquilles retraites des bois de coton de la rivière Républicaine.

Je me levai de bonne heure et partis à la pointe du jour avec une dizaine de cavaliers dans la direction du nord. Avec une troupe égale, le vieux Mexicain alla vers le sud. Après avoir chevauché pendant dix milles, nous trouvâmes un petit passage où l'on pouvait s'engager et nous revînmes porter la bonne nouvelle au camp.

Les autres avaient découvert une large trouée à quelques milles au sud, mais n'avaient pas eu le temps de l'explorer. On sut depuis que c'était le célèbre *Echo Cañon*, d'une longueur de vingt-trois milles.

Le camp levé, nous continuons notre route et arrivons de nuit à l'entrée du passage. Là, nouvelle halte pour ne poursuivre que le lendemain. Nous ne pouvions avancer que lentement, il nous fallait parfois des heures pour enlever des quartiers de roche et permettre aux chariots de rouler. Les scènes dans ces merveilleux paysages dépassaient toute description.

Enfin, nous atteignons une éminence et je n'oublierai jamais l'impression que j'éprouvai. Nous ne vîmes d'abord qu'une masse épaisse de forêt aussi loin que le regard pouvait s'étendre; puis, miroitant dans l'atmosphère, car le soleil n'avait pas encore balayé les vapeurs, une sorte de nuage noir. Nous nous assîmes, examinant pendant une grande demi-heure cet étrange spectacle. L'horizon éclairci, on découvrit que ce nuage n'était que le sommet d'un gigantesque rocher perpendiculaire s'élevant au-dessus d'un immense lac étendu devant nous.

A mesure que nous descendions, que le soleil devenait plus chaud et plus pure l'atmosphère, nous remarquions avec étonnement un ruban étincelant de neige frangeant le lac à perte de vue.

Nous nous demandions la raison de ce phénomène, ne soupçonnant guère que c'était du sel déposé sur les bords par les oscillations de la marée.

Nous entrâmes dans la plaine à quelques milles au nord de ce qui devint depuis Ogden-City. L'endroit ne plaisant pas à Brigham Young, nous poussâmes à quarante milles au sud, à l'extrémité du lac où nous campâmes.

Brigham me demanda mon opinion sur le site choisi par lui : je répondis que c'était un marais ou un étang à grenouilles. Mais il voyait plus sagement que moi sans doute, car il déclara l'endroit très fertile et celui-là même promis aux saints.

Une terre basse de tous côtés; on découvrait des milles et des milles. Mais le mieux est que l'on pouvait se procurer en abondance de l'eau douce de nombreuses sources, qui se déversaient dans le lac Salé.

Nous installâmes notre campement le 24 juillet à onze heures du matin et procédâmes immédiatement à un service religieux, qui dura plus de deux heures. Le vieux Mexicain et moi voulions prendre nos fusils et alimenter la marmite avec quelques oiseaux qui voltigeaient à notre portée, mais l'on nous obligea de rester et de prendre part, malgré nous, à la cérémonie.

Presque toute cette journée se passa en prières et en banquets, et le lendemain matin Brigham et Rockwell jalonnèrent un terrain de dix acres dont le corral forma le centre. On l'entoura d'un mur en terre sèche, et le tabernacle fut élevé sur l'emplacement même du camp. On construisit aussi un fortin pour nous protéger des Indiens ou autres ennemis.

Des éclaireurs explorèrent le pays et suivirent le bord du lac, que Brigham croyait devoir conduire à la mer comme semblait l'indiquer la marée. Mais de ce côté ses espérances et ses ambitions s'évanouirent quand plusieurs jours après vous vînmes lui dire que l'eau s'engouffrait à l'extrémité du lac dans une immense crevasse d'où elle refluait ensuite.

Un débouché sur l'océan Pacifique et Brigham se proclamait roi de l'Utah, car je l'ai entendu maintes et maintes fois discuter ce projet avec quelques-uns de ses conseillers intimes.

Nous allâmes explorer les îles. Il y en avait trois.

Dans l'une, celle au milieu du lac, nous trouvâmes
toutes sortes d'œufs d'oiseaux enterrés dans le sable,
attendant leur éclosion sous le soleil. A l'extrémité
d'une île rocheuse jaillissaient d'innombrables sources
d'eau glacée, aussi claires que le cristal, et aussi pures
de sel que s'il n'y en avait pas eu un grain à cent lieues
à la ronde.

Brigham immédiatement la consacra au service de
l'église, et l'utilisa pour élever le bétail, qu'il appelait
le troupeau de l'église. On y transporta les quelques
chevaux que nous possédions : place excellente où ils
se trouvaient à l'abri des voleurs.

A mon avis, cette île était une des places les plus
sûres du monde, et j'ai pensé souvent que si les circonstances m'obligeaient à fuir, je chercherais refuge
en cet endroit, caché au milieu des rochers du Paradis.

Nous avions emporté quantité de semences, et aussitôt le fort achevé, on se mit à défricher le terrain et à
planter des pommes de terre, du sarrasin, des navets et
autres légumes. La terre fut ensuite divisée en lots et
l'on prit des dispositions pour le gros des sectateurs de
Brigham attendus dans quelques mois. Mais ils arrivèrent plus tôt qu'on n'y comptait.

Il paraît qu'un corps de cinq cents avaient quitté les
États pour prendre part à la guerre du Mexique, et qu'à
leur arrivée au sud, cent quarante seulement furent
trouvés propres à continuer le voyage. Les trois cent
soixante autres s'en retournèrent donc, mais au lieu de
se diriger vers les États, ils marchèrent sur Laramie

avec l'intention de rejoindre les pionniers en quête de la Terre Promise.

A Laramie, ils apprirent que la caravane était passée depuis un mois. Ils suivirent donc nos traces et, à notre grande surprise, le 29 août, arrivèrent au camp. Ce fut le signal d'une série de réjouissances qui durèrent toute une semaine.

Les choses commençaient à rentrer dans l'état normal

quand surgit une surprise nouvelle, la venue soudaine des cent quarante restants, qui, dix jours après leur séparation du corps principal à Mexico, ayant trouvé la guerre finie, rebroussèrent chemin, suivant à leur tour la piste de leurs compagnons à travers les prairies.

Nous étions maintenant six cent quarante-sept, sans compter le vieux Mexicain et moi, et le camp offrait une animation de bon augure pour la naissante colonie. Brigham Young décida alors d'envoyer un détachement à Nebraska, afin de prendre des dispositions pour amener un corps important du peuple choisi. A cet effet, on en désigna quatre-vingt-douze que le vieux

Mexicain et moi devions accompagner. Brigham me demanda bien de rester, mais j'avais assez des Saints des Nouveaux Jours, et hâte de revoir mes squaws et de reprendre ma vieille vie, libre d'hypocrisie, de patenôtres, de contrainte.

Nous eûmes des adieux pathétiques, encore l'occasion d'une longue cérémonie religieuse, et je galopai hors du camp le cœur léger et la poche pleine, m'estimant trop heureux d'échapper sain et sauf de ce milieu de singulières gens.

CHAPITRE IX

ISKEY en ma gourde, je repris la route par laquelle nous étions venus, sans incident remarquable, jusqu'à la rivière Verte, où nous trouvâmes la petite troupe des cinq hommes laissés aux travaux du bac, renforcée de huit trappeurs canadiens à la solde de la Compagnie d'Hudson Bay. Ils s'étaient écartés de leur territoire de chasse habituel, à la poursuite du buffle qui les avait conduits jusque dans ce district.

Leur rencontre me fut personnellement agréable et leur racontant mon voyage avec les Mormons, ils me

demandèrent de trapper avec eux. J'avais un faible pour
ce genre de chasse dont les profits sont toujours considérables. Je pensais d'ailleurs qu'en les accompagnant
j'avais plus de chance de revoir mes Sioux qu'en
allant avec les Mormons au fort Laramie, où je pouvais
attendre des mois avant de trouver aucun indice de ma
tribu. Comme les Indiens sont toujours en mouvement,
la meilleure chance de les revoir était de suivre leur
tactique. Je mis donc les Saints dans la vraie direction,
et leur souhaitant bon voyage, je partis avec mes nouveaux amis, pour les sources de la rivière Platte.

Une curieuse circonstance que je n'appris que quarante ans plus tard, c'est que lorsque j'eus quitté mes
Mormons ils s'accostèrent, à dix milles dans la prairie,
avec le gros de ces mêmes correligionnaires qu'ils
étaient chargés d'aller chercher aux États. La caravane
se composait de 666 chariots et de plus de 2 000 personnes, hommes, femmes, enfants. Trop pressés pour
attendre le retour des pionniers, et si excités au sujet
de la Terre Promise, ils avaient aveuglément suivi les
traces de Brigham, ne sachant ni où il les conduisait,
ni ce qui pourrait advenir.

Il y eut grandes réjouissances à cette fusion, suivies
de danses et d'une orgie monstre qui durèrent toute
la nuit. Même après les années écoulées, j'enrage quand
je pense qu'éloigné seulement de vingt milles, je ne par-
ticipai pas aux ripailles et aux noces. Je suis sûr que les
Canadiens et moi nous nous en serions donné, sans
compter que nous aurions été d'un grand secours pour
effrayer une bande d'Indiens de l'Utah, qui, tandis que

l'orgie s'ébattait, pénétrèrent dans le troupeau et s'esquivèrent avec quatre-vingt-quinze chevaux. Il fallut les poursuivre pendant deux cents milles, jusqu'aux Collines Noires, pourles forcer à rendre leur butin.

En trois semaines, nous atteignîmes notre emplacement, et fîmes une chasse fructueuse de la loutre et du castor.

Mais tout notre plaisir fut gâté par la perpétuelle inquiétude des Indiens, particulièrement des Utes qui semblaient s'être approprié pour eux seuls cette partie du territoire. Nous eûmes plusieurs escarmouches avec ces derniers qui, outre qu'ils nous tracassaient de toutes façons, essayaient continuellement de voler nos chevaux. Dans tous nos petits malentendus, nous nous arrangeâmes de façon à avoir le dessus, d'autant que nous étions armés de fusils rayés, tandis qu'ils n'avaient que des flèches.

Je tuai et scalpai mon premier Ute dans une de ces bagarres. J'avais déjà décousu pas mal de Peaux-Rouges, mais jamais eu la fantaisie de scalper.

Mes Canadiens avaient pratiqué l'opération, et comme ils me traitaient de « poule mouillée », je fus piqué au vif. Je résolus donc de traiter le premier Ute que je tuerais de la manière orthodoxe. Je ne suis pas particulièrement bégueule, je l'ai dit déjà, mais ce n'est pas avec un sentiment de plaisir que je me mis à la besogne. Le résultat fut tel qu'on pouvait s'y attendre.

Je fis un terrible gâchis pour mon début. Le grand chic est de détacher habilement la peau du crâne. Cela ne doit être exécuté que d'une manière artistique, en pratiquant avec un couteau bien aiguisé une profonde incision autour de la base de la mèche roulée au poignet, puis donnant une secousse sèche. L'incision doit se faire jusqu'à l'os, sans quoi elle est inutile. Couper la peau d'une tête, c'est comme couper le cuir le plus épais.

Quand mes compagnons m'eurent minutieusement

démontré l'art d'accomplir cet exploit, j'y parvins avec la plus grande facilité.

J'avais vu maintes et maintes fois les Sioux scalper, mais jamais eu la curiosité de les observer avec assez d'attention pour acquérir la touche artistique nécessaire. La façon dont les Indiens laissent croître leurs cheveux et les nattent circulairement de la circonférence au centre, aide beaucoup mieux au déplacement de cet ornement que sur une tête de blanc. L'Indien laisse croître ses cheveux dans le but exprès de former une mèche à scalp.

Nous autres, dans les prairies, nous laissons généralement pousser les nôtres, parce que nous manquons
de coiffeurs.

Je passais des nuits à écouter les histoires de mes
compagnons sur leurs combats avec les Peaux-Rouges.
Je croyais en savoir quelque chose, mais mon expérience
n'était que jeu d'enfant, comparée à la leur, si tout ce
qu'ils racontaient était vrai, et je n'ai jamais eu depuis
aucune raison d'en douter.

Nous allions çà et là le long de la rivière, remontant
le courant, jusqu'à ce qu'enfin nous atteignîmes un emplacement bien boisé. De ce point, nous dominions
une vaste nappe d'eau, et comme nous avions plusieurs
semaines devant nous, nous construisîmes une bonne
petite hutte où nous nous installâmes aussi confortablement que le permettaient les circonstances.

Une nuit, nous causions et fumions assis autour de
notre feu, quand nous entendîmes soudainement les
broussailles craquer près de nous.

Un de la bande, un borgne, saisit son fusil et sortit.
Nuit noire, pas de lune, pas une étoile. Au bout de quelques secondes, un coup de fusil suivi d'un bruit dans
le fourré, puis plus rien.

— Camarades, nous dit le borgne, je viens de tuer un
des plus gros ours qui ait jamais rôdé de ce côté des Montagnes Neigeuses, juste entre les yeux.

Nous nous mîmes à rire. Par une nuit si noire, personne n'aurait touché un tepee à dix mètres. On fut d'accord cependant qu'il avait mis en fuite quelque gros animal.

Nous sortîmes le lendemain au point du jour pour visiter nos trappes. Je précédais les compagnons de quelques mètres, et nous étions encore tout près de la hutte lorsque je vis devant moi une masse noire. Il n'y avait pas à s'y tromper, et je criai, me jetant en arrière : « A l'ours ! à l'ours ! »

Et tous de nous précipiter sur nos fusils.

— Camarades, dit le borgne, je vous parie ma part de profits que je l'ai touché juste entre les deux yeux. Je connais mon vieux Kill-Devil (Tue-le-Diable). Il ne manque jamais son coup.

— Bon, vieux cyclope, nous ne voulons pas vous voler : ainsi ne pariez pas. Nous sortîmes là-dessus livrer bataille à messire Bruin.

— Attention, les enfants ! dis-je. Je vais jeter une pierre, et quand il sortira, ouvrez l'œil et visez bien.

Le borgne tourna la tête de côté et, clignant son œil éteint : « Gare ! cria-t-il, je vais lui coller le même atout que la nuit dernière. » — « Vous y êtes ? » On envoya une pierre dans la broussaille, mais d'ours point ne sortit.

Une seconde, une troisième pierre. Rien.

Nous décidâmes d'entrer dans le buisson ; trois pour tirer simultanément, et au cas où la bête ne serait pas abattue, le reste devait donner la seconde décharge.

La première volée partit ; rien ne remua et nous entendîmes les éclats de rire du borgne.

— Assez, garçons ! cria-t-il. Je vous ai dit que je l'avais tué hier, vous vous escrimez sur un défunt et abîmez sa peau.

Sur ce, nous marchons sur la bête, un énorme ours, tout raide et tout froid. Outre les trois balles de notre volée, une quatrième lui trouait le crâne juste entre les yeux.

Le borgne avait raison. Mais le plus remarquable est qu'il nous déclara qu'il s'était moqué de nous, car la veille il ne pouvait distinguer à un pied devant lui. Il n'avait donc pas vu l'animal, mais tiré au hasard, pour effrayer la bête quelconque qui s'approchait de nous. Le vieux cyclope fut déclaré aux voix maître tireur et reçut la peau de l'ours en souvenir de son exploit. La chair de l'animal, je n'ai pas besoin de le dire, fut savourée avec délices, et nous nous en léchâmes les pouces.

Nous continuâmes à trapper jusqu'au printemps où nous prîmes le chemin du fort Saint-Verain, alors occupé par la Compagnie des Fourrures américaines. Avec le prix des peaux, mes compagnons achetèrent du whiskey destiné à être échangé aux Indiens contre des poneys, et décidèrent de tenter la fortune dans le territoire de Wyoming, où ils comptaient les rencontrer.

Un long voyage, qui prit tout l'été et l'hiver. Nous ne nous faisions pas de bile, chassant dans les beaux jours, trappant dans la froide saison. Nos escarmouches avec des bandes errantes d'Indiens étaient assez fréquentes, mais sans engagement très sérieux. Nous nous considérions comme en une sorte de partie de plaisir, et cherchions à passer le plus agréablement possible notre temps.

Nous installions notre camp à notre fantaisie aux endroits qui nous plaisaient, et y demeurions jusqu'à ce que nous en fussions fatigués. Alors, en route pour ailleurs !

. Nous restâmes plus de trois mois en une certaine place, chassant dans tous les environs. Quelques chevaux, achetés à Saint-Verain, portaient notre matériel.

De plus, chacun de nous avait sa monture de rechange, en cas d'accident. Je ne m'étais pas associé dans les spéculations de whiskey. Je savais trop quel mal il cause aux Indiens, et si par un moyen quelconque j'avais pu renverser le sale breuvage, je l'eusse fait volontiers : environ cinquante gallons contenus dans de petits barils de la capacité d'un ou deux.

Ma part d'argent de la vente des fourrures, je l'avais dépensée en présents pour Zint-Calla-wee-ah et ses sœurs. A chacune une robe de coton, un paquet de perles, des bagues de cuivre, des fils de cuivre pour bracelets, du vermillon, des coquillages pour boucles d'oreilles, du sucre et — somptuosité des somptuosités! — du café qu'elles aimaient à la folie. J'apportais en outre des couteaux de boucher pour quelques jeunes guerriers et un gallon de whiskey pour mon vieil ami Élan-Coup-Double. Je me flattais de n'avoir oublié personne et par le fait j'avais dépensé tout l'argent que je possédais, y compris celui reçu des Mormons. Pour la tribu, en général, je réservais une provision de poudre et de plomb et quelques vieux mousquets. Bref, la charge de deux chevaux.

Souvent pendant ces longs mois, assis près du feu du bivouac, je me plaisais à me représenter la joie de mes petites femmes à mon retour, et combien ces présents augmenteraient cette joie.

La difficulté que j'éprouvais à veiller sur mes richesses m'était une source d'anxiétés constantes, bien résolu, en cas de danger, à les défendre jusqu'à la mort. J'ai toujours été fidèle à mes promesses, quelles qu'elles fussent, particulièrement avec les Indiens; j'avais promis des présents à Zint-Calla-wee-ah et à ses sœurs : je tenais ma parole, en leur apportant des trésors terrestres comme leurs yeux n'en avaient encore jamais contemplé.

Les premières bandes de Sioux que nous rencontrâmes étaient commandées par Vieux-Siffleur et Marche-sous-Terre, tous deux mes amis. Ils savaient mon excursion avec les Mormons et se montrèrent heureux de me revoir.

J'appris par eux que Queue-Tachetée se trouvait à soixante milles avec la bande d'Ogallalas à un endroit appelé Stinking-Water-Stream (la Rivière d'eau puante) et mon vieil ami Élan-Coup-Double avec mes femmes à quatre-

vingt-dix milles plus loin sur la rivière Républicaine.

Le désir de revoir mes squaws me harcelait si fort, que je partis seul avec mes chevaux, voyage un peu risqué, mais je volais avec les ailes de l'amour, et m'inquiétais peu des dangers de la route, toutes mes pensées tendues vers la cordiale réception que je *savais* m'attendre. Tout le long de ce solitaire chemin à travers les prairies, je ne cessais de me monter l'imagination sur l'enthousiasme que mon retour allait exciter et la joie que j'apportais sous une tente si longtemps vide de son bien-aimé maître.

J'atteignis les bords de la rivière Républicaine, dont je suivis le cours pendant vingt milles et j'aperçus enfin le camp des Brûlés. Les vieux tepees familiers avaient le même aspect qu'à mon départ. Je vis les mêmes chevaux attachés aux piquets; peu ou pas de changements dans la vie de mes amis.

Fouettant devant moi mes deux chevaux de bât, je trottais gaiement dans le camp, tout enfiévré à la pensée de revoir encore une fois mon *home*.

Quelques jeunes gens vinrent à moi me souhaiter une cordiale bienvenue. Je demandai mon tepee : on me l'indiqua à environ un demi-mille, tout près de celui du chef Élan-Coup-Double.

Je trottai le long de la ligne des tentes, m'arrêtant à celle du chef, pour lui rendre compte de mon retour. Mettant pied à terre, j'attachai mes chevaux, soulevai la portière et entrai.

Mon vieil ami, assis près du feu, fumait sa pipe et ses femmes ornaient de perles une jaquette de peau de daim. Élan-Coup-Double tressaillit à ma vue et, me demandant de m'asseoir à ses côtés :

— Frère, dit-il, mauvaises nouvelles pour toi.

— De mauvaises nouvelles, ami! Qu'est-ce?

— Tes femmes sont parties; un jeune guerrier les a prises.

D'abord suffoqué, je me remis assez promptement :

— Un guerrier les a prises?... toutes?

— Oui.

— Eh bien, il aura sa charge; s'il peut vivre avec elles, je puis vivre sans elles. Quand cela est-il arrivé?

— Depuis six lunes.

— Et le guerrier?

— *Homme-Long*.

— Où est-il?

— Ici, au camp. Mais qu'importe? Je te donnerai d'autres femmes, aussi bonnes, sinon meilleures. J'ai tes chevaux, ton tepee aussi. Je n'aurais pas permis qu'elles emportassent rien de ce qui t'appartient.

Inutile de récriminer, de faire des esclandres. Si mes femmes étaient parties, je ne pouvais rien. Quant à Zint-Calla-wee-ah, la pensée qu'elle me préférait *Homme-Long* — un grand escogriffe maigre, de six pieds de haut—me dégoûtait profondément; et quant à ses sœurs, je les anathématisai intérieurement et les chassai de ma pensée.

— Ami, dis-je, à mon retour au camp après mes fatigantes pérégrinations et ma longue absence, je me sentais le cœur débordant de joie. Maintenant il ne contient qu'amertume. N'importe, je te suis reconnaissant d'avoir veillé à mes intérêts. Je ne t'ai pas oublié et te rapporte un petit présent.

Je courus chercher le baril de whiskey:

— Voici quelque chose que tu aimeras.

Puis j'allai trouver Ours-Noir, un de mes intimes de la tribu, et passai la nuit sous son tepee. Le lendemain matin je retournai chez Élan-Coup-Double.

Il dormait encore, je le réveillai :

— Frère, dit-il, ton eau-de-feu m'a jeté par terre et je ne me sens pas très solide ce matin. Où as-tu couché ?

— Chez Ours-Noir. Je n'ai plus d'abri maintenant ; il m'a donné l'hospitalité.

— C'est bien. Reviens dans un instant. J'ai besoin de te parler.

Une heure après, je le trouvais mangeant avec ses femmes. Il y avait une autre squaw, la tête enveloppée d'une couverture.

— Frère, dit le chef, voici une épouse que nous te donnons.

Écartant la couverture et trouvant la fille jolie, je répondis :

— C'est bien. Va, ma chère, va tout préparer dans mon tepee.

Elle sortit avec les autres femmes, et je dis à Élan-Coup-Double :

— Qui est-elle ?

— Cong-he-Sapa-wee-ah. Elle a dix-huit ans. Je l'ai échangée à sa mère contre un cheval. Elle a déjà été mariée, et a coûté à son dernier mari cinq chevaux ; c'est ce que j'ai trouvé de mieux pour le moment. Elle possède six chevaux, elle t'apporte donc quelque chose.

— En vérité, tu es très bon pour moi, et je te suis bien obligé.

— Tu n'as besoin de passer par aucune des cérémonies ordinaires. J'ai écarté tout cela. Elle est à toi. Maintenant va et prends-en possession.

Là-dessus j'allai dans mon tepee, où je trouvai tout

assez en ordre, et Cong-he-Sapa-wee-ah m'attendant sur une peau de buffle ; je m'assis à ses côtés.

Elle ne me dit rien ; je ne lui parlai pas davantage. Je pensais : Je vais bien lui délier la langue.

Je dépaquetai mes trésors et les lui présentai :

— C'est pour toi. Fais-en ce que tu voudras.

Elle resta stupéfaite, ouvrant des yeux comme des saucières, et s'écria :

— Pour moi ! Qu'est-ce que je ferai de tout cela ?

— Ce qu'il te plaira. Tout est à toi. Je t'aime autant que ces richesses représentent d'argent. Je ne puis t'en dire plus.

J'en « pris possession », comme m'avait dit Élan-Coup-Double, puis la quittai pour distribuer à quelques amis les couteaux de boucher.

Lorsque je revins deux heures plus tard, ma squaw m'avait littéralement pris au mot : tout donné, ne gardant pas un seul objet.

Je pensai : Voilà un bon commencement. Quels que puissent être tes défauts, ma chère, personne ne t'accusera de manque de générosité.

Elle devint une excellente femme. Quoiqu'elle ne fût pas ce qu'on peut appeler une beauté, elle était prévenante et m'entoura de soins : son seul défaut était son caractère, et lorsqu'elle s'emportait, j'avais à ouvrir l'œil, car elle se jetait sur moi, couteau au poing. Je la baptisai « Molly » et c'est de ce nom qu'elle fut désormais connue dans la tribu.

CHAPITRE X

Campement sur la rivière Républicaine. — Ivrognerie chez les Brûlés. — Une mort dans la famille. — La douleur chez les Indiens. — Cong-he-Sapa-wee-ah se taille la chair. — Commisération d'Élan-Coup-Double. — Un tour aux Wajajas. — Rencontre d'un parti d'émigrants. — Nouvelles de Thomas Atkinson. — Un neveu rageur.

NSTALLÉS au printemps sur la rivière Républicaine à environ soixante milles au sud de ce qui devint depuis le Fort Kearney, nous eûmes de fameuses chasses, car le district abondait en gibier de toutes espèces. Notre tribu se composait de soixante-cinq tepecs, contenant chacun sept Indiens. Élan-Coup-Double commandait en premier, Noir-Corbeau en second. L'on me regardait comme une sorte de conseiller ou d'ami de tous deux, les avisant et les aidant dans leurs rapports avec les blancs.

A cette époque (1840), la route de Californie était ouverte et, outre de fréquentes caravanes, des malles roulaient
chaque mois sur le chemin où j'avais piloté Brigham
Young. Elles étaient tirées par six mules et accompa-

gnées par un piqueur : voyage assez dangereux que peu
entreprenaient.

Par les caravanes que nous rencontrions fréquemment,
nous entendions parler de ces diligences, et je remar-
quais qu'à chaque caravane ma tribu des Brûlés se démo-
ralisait davantage. Le whiskey devenait une nécessité,
pour laquelle ils auraient vendu leur âme ; et plus les
colons arrivaient, plus arrivaient les gallons.

Les scènes d'ivrognerie devinrent fréquentes dans nos
demeures, si paisibles autrefois, et je voyais venir le temps

prochain où je serais forcé de me joindre à quelque tribu plus sobre dont le territoire ne s'étendrait pas sur le chemin de la tentation, ou d'aller pour mon propre compte en quelque terre encore inconnue.

Ma squaw Cong-he-Sapa-wee-ah et moi nous accordions assez, à part ses accès de colères périodiques. Elle me craignait un peu cependant, et quoiqu'elle fît de furieux tapages, je ne pense pas qu'elle en serait venue aux extrémités de peur des représailles. Une bonne femme d'ailleurs, prenant soin de moi beaucoup mieux qu'aucune des anciennes. Mais attendons la fin.

Un de ses oncles, frère d'Élan-Coup-Double, qui ne faisait pas partie de notre camp, passa de vie à trépas.

Quand on en apporta la nouvelle, il y eut un terrible tohu-bohu dans la famille, et Cong-he-Sapa-wee-ah étala comme tous son chagrin. Au bout de deux nuits, fatigué de ses lamentations, j'allai dormir dans la prairie, loin de l'infernal vacarme de cris et de gémissements.

Je passai une bonne nuit et rentrai au camp le matin, dispos et prêt à soutenir une nouvelle explosion de douleur.

Je trouvai mon tepee entouré d'une grande foule. La douleur de Cong-he-Sapa-wee-ah entrait dans une crise aiguë, car je la vis occupée à distribuer tout ce que je possédais. Mes chevaux donnés et déjà partis et aussi mes effets, mes trappes à castor, mes selles, mes brides, ma poudrière, et jusqu'à mon fusil. Je ne pus supporter de le voir s'en aller ainsi et l'arrachai des mains d'une vieille. Même le tepee avait été donné à quelque brute qui savait bien qu'elle n'aurait pas dû l'accepter.

Qu'y faire ? La coutume des Indiens est de distribuer
des présents dans les deuils, et j'endossais les actes de
ma femme. Une fois donné, je ne pouvais reprendre.

J'entrai dans le tepee, m'assis et regardai ma squaw.
Sans ma colère, j'aurais ri de bon cœur. Je n'avais rien

vu de pareil. Avec un couteau de boucher, elle s'était dé-
chiqueté les cheveux, à l'exception d'une frange fort laide
qui pendait en mèches irrégulières sur sa figure. Elle
avait coupé sa robe jusqu'en haut des cuisses, et attaché
le lambeau restant à sa taille par une lanière de peau de
buffle. Les manches également coupées aux épaules laissaient ses bras nus.

Je pensais : « Te voilà fraîche, maintenant, pour la

femme d'un notable ! » Cependant je ne dis rien, me contentant de regarder. La représentation qui suivit fut de se tailler des balafres aux jambes. Elles partaient du haut de la cuisse et continuaient jusqu'à la cheville, quelques-unes d'un demi-pouce de profondeur, aussi le sang de ruisseler.

Les bras subirent la même opération, et finalement elle s'élança du tepee, fit le tour du camp, hurlant et suivie par une troupe de vieilles Furies, ramassées en route, et qui hurlaient à l'unisson.

Je me dis : « Ta, ta, ta, Cong-he-Sapa-wee-ah, tu n'étais déjà pas trop belle avant, aussi je veux être pendu si tu couches désormais avec moi avec de pareilles cuisses. » Et, prenant mon fusil, je quittai mon tepee, maintenant désolé, et allai m'asseoir sur une colline à un quart de mille du village.

J'y rêvassais depuis une heure, quand une petite fille d'Élan-Coup-Double vint me chercher de la part de son père.

J'accompagnai l'enfant dans la tente du chef.

— Assieds-toi, frère, dit-il.

Après quoi il alluma sa pipe et moi la mienne.

— Frère, continua-t-il, tu sembles abattu. Déride-toi. Le soleil a encore des rayons. Il y a des moments où tous nous nous sentons malheureux, mais le Grand Esprit nous voit et prend soin de nous. Il nourrit les petits des animaux dans les prairies et pourvoit à nos besoins.

Je me disais à part moi : « Oui, mais si j'attendais que le Grand Esprit me donne des chevaux et quelque chose à manger, je pourrais attendre longtemps. »

Il continua :

— Ta squaw a donné tes chevaux et tout ce que tu possédais ; il n'importe, tu en auras davantage. Je te donne mon cheval couleur de buffle. Va le prendre, monte-le, et si tu en veux d'autres, choisis dans mon troupeau : prends tous ceux que tu voudras, excepté les chevaux des enfants.

Je le remerciai, lui assurant qu'un seul me suffisait.

— Je pars pour Laramie, ajoutai-je. D'abord, parce que mon cœur est triste et que le changement me fera du bien. Ensuite, parce que je désire voir la tribu des Sioux de Wajaja, que je n'ai pas vue depuis longtemps et où je compte beaucoup d'amis.

— C'est bien, frère, dit-il, va, mais reviens bientôt. Tu me manqueras.

Le fait était que je voulais lâcher les Brûlés pour les raisons déjà connues, et je saisissais l'occasion. Je pris une mine d'enterrement, et le lendemain matin, j'allai, fusil à l'épaule, seller le cheval couleur de buffle et sortis solennellement du camp. Je marchai droit sur la rivière Platte, à soixante-cinq milles, et y arrivai au coucher du soleil. A ma grande joie, je trouvais le campement d'une caravane d'émigrants d'environ cinquante chariots. Mon arrivée ne parut que médiocrement leur plaire. Avec ma vieille jaquette de peau de daim et des jambières de même étoffe, j'avais un aspect des plus sauvages. Ils me prirent pour un coupeur de routes, un voleur de chevaux, ou quelque gredin de même acabit. Un blanc, à cette distance dans les prairies, suffisait pour jeter l'alarme dans une pacifique troupe d'émigrants. A cheval au milieu d'eux, aucun ne m'engageait à descendre.

Enfin un vieux me dit :

— Pourquoi ne mettez-vous pas pied à terre pour vous reposer?

— Ce n'est pas de refus, répondis-je; je viens de par-

courir une longue route et je me sens un peu fatigué.

Nous causâmes; il m'apprit qu'ils venaient de Missouri; je lui demandai s'il connaissait Thomas Atkinson.

Il le connaissait de nom. Quand je lui eus raconté que c'était mon oncle et un peu de mon histoire, il fut enchanté et me présenta à la plupart de ses compagnons. Sa femme me prépara du café, et je lui offris un morceau d'antilope tuée en chemin. Privés de viande fraîche, ce fut pour eux un vrai régal.

Ces émigrants se dirigeaient sur la Californie ; je demandai à les accompagner jusqu'à Laramie ; ils y consentirent volontiers.

— « Eh bien, leur dis-je, je vous fournirai de belle viande tous les jours. » Je tins parole. Chaque matin je partais pour la chasse et approvisionnais amplement le garde-manger pendant les trois cents milles de pays que nous traversâmes.

Quelques jours après mon arrivée dans la caravane, surgit un regrettable incident. Un colon, assez cossu, établi dans le Missouri mourut, laissant deux enfants, un garçon et une fille. Leur mère étant déjà morte, il les confia à son frère. Celui-ci avec les deux enfants, une fille de dix-sept ans et un garçon de dix-neuf, faisait partie de la caravane.

Un matin le bruit courut que la demoiselle était malade, nouvelle suivie presque aussitôt par l'annonce qu'un petit étranger venait de grossir le nombre des émigrants d'une façon inattendue. L'on se disait tout bas que l'oncle en était cause et il en résulta un joli scandale. Les hommes en plaisantaient entre eux, et les femmes, de leur côté, formaient de petits groupes où marchaient rondement les langues.

A midi, à la grande halte du dîner, au milieu du silence de la prairie, un coup de fusil retentit dans le camp. Le frère de la jeune fille venait d'occire son oncle. Nous creusâmes une fosse et y déposâmes le corps, manquant de bois pour faire un cercueil, mais nous mîmes une croix sur la tombe en fiche de consolation.

Que de fois depuis j'ai pensé à cette tragédie intime ! Le jeune homme dit aux émigrants de le pendre s'ils le jugeaient à propos, mais il fut acquitté à l'unanimité. Il avait fait, dit-il, tout ce qu'il avait cru devoir faire. Il eût agi plus sagement en forçant son oncle d'épouser sa sœur.

CHAPITRE XI

Arrivée à Laramie. — Valaundrie et Joe Jewitt. — Traversée de la rivière Platte. — Jus de tarentule. — Les Buttes du Cuir-non-Tanné. — La Fourche de la Femme-Folle. — Trafic avec les Wajajas. — Désagréments avec les Canadiens. — Weeah-Peeta-Châla. — Premier lingot d'or trouvé dans les Collines Noires. — Je rejoins les Ogallalas. — Retour chez les Brûlés. — Départ de Cong-he-Sapa-wee-ah. — Points noirs à l'horizon. — Péculat officiel. — Mécontentement des Indiens. — Calamité imminente.

Arrivé à Laramie, je pris congé de mes amis les émigrants, qui, après quelques jours de repos, continuèrent leur voyage vers l'Ouest.

Au fort, je rencontrai une troupe de Canadiens venant de trafiquer sur le Missouri et descendant au dépôt de la Compagnie des Fourrures américaines, nouvellement établi, avec l'intention d'y vendre des peaux et d'acheter des marchandises pour troquer dans le North-Dakota. Les deux chefs de la troupe, Valaundrie et Joe Jewitt, m'engagèrent comme interprète à raison de soixante-quinze dollars par mois. Cela m'allait d'autant mieux que les Indiens avec lesquels ils se proposaient de trafiquer appartenaient à la fraction Wajaja des Sioux que je désirais rencontrer.

On ne se servait pas alors de chariots pour les expé-

ditions de ce genre, mais de poneys sur lesquels on plaçait les marchandises. Nous en avions une trentaine.

Nous quittâmes le fort en octobre, et atteignîmes bientôt le nord de la Platte, où nos ennuis commencèrent. C'est de toutes les rivières d'Amérique la plus difficile à traverser. Ce n'est que sable mouvant, dangereux pour les hommes et les bêtes. Un cheval qui s'avance sur le sable d'apparence solide s'enfonce en un instant jusqu'au ventre et, si on ne lui porte immédiatement secours, s'enlize en quelques minutes. J'ai vu nombre de chevaux et cavaliers disparaître ainsi sans qu'il fût possible de leur venir en aide. Je jetais habituellement un lacet au cavalier, le tirais de sa selle et le sauvais d'abord, et je m'occupais ensuite du cheval s'il n'était pas trop enfoncé.

Que de vies j'ai sauvées de cette façon ! Et plus d'une fois l'on me rendit le même service.

Le poney indien connaît les dangers des sables mouvants et les évite d'instinct, mais le cheval américain s'y engage aveuglément.

Je vis un jour une compagnie de soldats marcher dans ces sables et disparaître un à un avec leurs chevaux sous les yeux de leurs camarades.

Nous choisîmes un endroit où la rivière n'avait guère plus d'un mille de largeur. Nous construisîmes un radeau, et y entassant nos marchandises, nous poussâmes nos chevaux dans la rivière qu'ils traversèrent à la nage. Ce passage nous prit un jour, et gens et bêtes arrivèrent au bord opposé sans encombre.

L'eau était glaciale et la quantité de « jus de tarentule » que nous dûmes absorber pour entretenir la circulation fut surprenante.

Le « jus de tarentule » se fait avec deux quarts d'alcool, quelques pêches brûlées, une carotte de tabac noir, le tout mis dans un baril où l'on verse cinq gallons d'eau. Trappeurs et Indiens raffolent de cette décoction, certainement le mélange le plus capiteux que l'on puisse imaginer. Si l'on s'enivre, l'ivresse dure une semaine entière.

Nous poussâmes vers le nord jusqu'au pied des Col-

lines Noires, aux Buttes du Cuir-non-Tanné, appellation
dont voici l'origine : Un individu faisant partie d'une
bande d'émigrants, ayant juré de tuer le premier Indien
qu'il rencontrerait, tomba sur une squaw et son enfant

Il tint parole et les dépêcha tous deux; mais il en fut
payé d'une manière inattendue. Les Indiens, découvrant
le meurtre, suivirent en masse la caravane et exigèrent,
sous peine d'un massacre général, qu'on livrât le par-
ticulier. On dut céder et ils se vengèrent du meurtrier
en l'écorchant vif.

Après avoir suivi le courant pendant quelques jours, nous traversâmes la Cheyenne, et atteignîmes en décembre Crazy Woman's Fork (la Fourche de la Folle) où les Wajajas campaient chaque hiver. Nous plantâmes nos tentes à côté des leurs jusqu'au printemps.

Mes vieux amis furent bien aises de me voir, et comme j'étais très populaire chez eux, je fus d'un grand secours dans les transactions qui profitèrent aux Canadiens plus que jamais. Ils me dupèrent en cette occasion, mais ce fut la dernière fois que je me laissai prendre.

Comme je l'ai dit, mon salaire se montait à soixante-quinze dollars par mois, mais j'avais à payer mes extras.

Lors de notre rencontre avec mes Indiens, dans le but de faciliter les opérations au mieux des intérêts des Canadiens, je donnai une ou deux petites fêtes aux chefs.

Ces fêtes, des plus modestes, consistaient en une tasse de café, une tasse de sucre, une couple de tasses de farine et une coupe de pommes séchées arrosées d'eau et cuites au four, alors luxe inouï pour les Indiens, estimé au-dessus de son poids. En fait, je vis donner plus de deux onces d'or pour une once de l'une ou l'autre de ces friandises. Le prix payé par les *traders* dans les forts était relativement élevé, mais rien en proportion de ce qu'ils le revendaient aux Peaux-Rouges.

Quand je voulus régler avec les Canadiens, je trouvai qu'ils me comptaient au prix de détail tout ce qu'ils m'avaient fourni, de sorte qu'au lieu d'avoir à toucher, je leur redevais trente dollars.

J'en fus si fort indigné que je refusai de retourner à Laramie avec eux. Ils me dirent qu'ils m'y forceraient, à quoi je ripostai qu'il leur faudrait d'abord consulter les Wajajas.

Je racontai l'affaire aux chefs qui répondirent que si les Canadiens ne filaient promptement et ne me laissaient pas libre d'agir comme bon me semblait, il leur faudrait dire pourquoi.

Aussi détalèrent-ils le lendemain matin avec leur gain mal acquis, d'un pas si rapide, que de jeunes Indiens qui sortirent pour les voir rapportèrent qu'il n'y avait déjà plus trace d'eux.

Il n'est pas sans intérêt d'ajouter quelques mots sur la manière dont on trafique avec les indigènes. Le chef ou les chefs de la caravane arrangent un tarif des prix au moyen d'une coupe, comme on l'appelle, et qui est en réalité un vase d'étain de la capacité des deux tiers d'une pinte, mesure étalon sur laquelle est basé tout calcul. Autant de coupes de café ou d'autres marchandises, autant de peaux de buffles ou d'autres animaux.

Quelques jours après le départ des Canadiens, les Wajajas levèrent le camp et allèrent à soixante-cinq milles vers les Colline Noires.

Je les y accompagnai. Ils me traitèrent très bien, et Taureau-de-Fer, le chef de la bande, m'offrit une de ses filles. Elle s'appelait Wee-ah-Pee-Tachala ou Courte-Femme; âgée de treize ans, elle me rappelait beaucoup mon premier amour, Wom-bel-ee-Zee-zee.

Nous étions dans les collines depuis quelques jours, quand un Indien me montra un fragment de quartz auquel était attaché une pépite d'environ six onces, me demandant ce qu'était ce métal jaune trouvé dans une petite crique. Ayant mis pied à terre pour boire et voyant quelque chose briller dans l'eau, il le sortit à l'aide de son couteau. Je voulais l'avoir, mais il refusa de me le donner, disant qu'il le garderait jusqu'à Laramie. Il soupçonnait que c'était de l'or, d'après ce qu'il en avait entendu dire, et rien ne put le décider à se séparer de son trésor ni à m'indiquer l'endroit où il l'avait trouvé. La pensée que de l'or gisait quelque part dans le voisinage me hantait à tel point que je ne pouvais fermer l'œil de la nuit. Je me levais et errais des heures, me creusant la tête pour savoir où l'Indien avait pu le découvrir. Je m'échappai du camp dès l'aube, explorant les environs jusqu'à tomber de fatigue, mais sans trouver un grain de la précieuse poudre. Et cependant il devait y en avoir, puisque l'Indien en avait en sa possession. Maintes et maintes fois je revins à la charge, essayant toutes mes ruses et mes fascinations pour le persuader de se défaire en ma faveur de ce morceau « d'argile jaune », comme il l'appelait. « Non, disait-il, c'est un charme. » A la chasse, je me séparai de mes compagnons et j'explorai vainement toutes les criques, convaincu qu'il y avait de l'or quelque part dans les environs, et résolu de revenir un jour et d'inspecter soigneusement le terrain.

Au mois de septembre, la tribu descendit à Laramie; je la quittai et retournai à la rivière Républicaine, où je rejoignis les Ogallalas, chez qui j'avais été originellement adopté, et alors sous le commandement de Siffleur. Ma femme, Wee-ah-Pee-Tachala, désirait fort me suivre; je lui fis comprendre qu'il valait mieux rester avec sa famille et que je serais bientôt de retour.

Le fait est que j'en avais par-dessus les épaules de cette petite apathique, indifférente à mes caresses.

Trois jeunes Wajajas m'accompagnèrent, et nous restâmes avec Siffleur pendant tout l'hiver, chassant et trappant comme devant, et nous arrangeant à tuer le temps de la façon monotone particulière à tous les Indiens. Siffleur voulait me donner une nouvelle femme : je déclinai son offre, ayant assez du conjungo.

Après six mois, je quittai les Ogallalas pour me rendre sur la rivière Républicaine, à soixante milles de là, au camp des Brûlés.

Je m'étais, en les quittant, juré de ne plus revenir, mais j'avais une grande amitié pour Élan-Coup-Double, et j'éprouvais le désir de le revoir. Jamais Indien n'eut plus grand cœur et de plus généreuses dispositions que ce chef, et je crois qu'il m'aimait plus que tout au monde.

Sa passion pour le whiskey n'était pas entièrement sa faute. Il n'y aurait même jamais songé si l'on n'avait jeté la tentation sur sa route. Les blancs causèrent la démoralisation des Indiens.

J'ai été témoin du commencement et de la fin de cette démoralisation, et je le dis solennellement ici, afin que mes paroles aient de l'écho, lorsque pour la première fois je me mêlai à eux, je les trouvai semblables à des enfants innocents et inoffensifs, et je les quittai, complètement démoralisés, grâce à cette diabolique boisson. Ils peuvent en remercier les trafiquants de race blanche, qui les volèrent de leurs épargnes durement gagnées, leur donnant en échange ce poison abominable, leur ruine et la cause des luttes qui suivirent.

Le plus grand malheur qui pouvait arriver aux Brûlés fut le passage de la route de Californie à travers leur territoire. Plus elle avançait, plus le whiskey devenait abondant. J'essayai vainement de les entraîner dans un autre district. C'était comme des phalènes autour d'une chandelle. Rien ne pouvait les éloigner.

Quand je les connus, je les trouvai bien approvisionnés en tout; maintenant c'est à peine si l'on aurait pu trouver une peau de buffle sous les tentes.

Élan-Coup-Double fut ravi de me voir, et quelque temps après mon arrivée on leva le camp pour la chasse aux buffles.

On ne chassait plus l'animal comme autrefois pour la chair, mais seulement pour la peau. C'était le talisman qui procurait la boisson, et l'ardeur que chaque membre de la tribu mettait à égorger ces animaux était digne d'une meilleure cause.

Je m'informai de mon ancienne squaw, Cong-he-Sapa-wee-ah, et j'appris qu'elle avait, peu de semaines après mon départ, convolé en nouvelles noces. Les troubles de conscience que j'aurais pu avoir à cause de mon union avec la fille des Wajajas furent donc promptement dissipés.

Je dois dire que je m'étais souvent demandé ce qu'elle était devenue, et je confesse que quand j'appris sa perfidie j'en fus d'une joie folle, souhaitant à son nouveau mari des moments aussi heureux que les miens.

Je dis à Élan-Coup-Double que je haïssais les femmes, ce qui le fit rire : « Frère, répondit-il, cela se passera, et quand ce sera passé, viens me le dire, et tu auras la

plus jolie fille de ma tribu. » Je dois ajouter que ce ne
fut pas faute d'offres si je ne convolai de nouveau, car
la plupart des pères des filles à marier m'invitaient à devenir leur gendre. Mais je persistai dans mon entête-
ment.

Notre chasse terminée dans le district de la rivière du
Gros-Salomon, nous retournâmes à la Républicaine, de
là à la Platte méridionale, pour échanger nos peaux avec
les marchands et les émigrants.

Vers cette époque arrivèrent des événements qui devaient apporter des changements dans mon futur genre
de vie. Jusqu'alors le territoire entier des prairies avait
appartenu aux Indiens ; mais comme les blancs ne ces-
saient d'affluer, le gouvernement envoya des troupes
pour les protéger et fit construire des forts, de Laramie à
Santa-Fé, au Nouveau-Mexique. Ces forts, ports de refuge le long de la route de Californie, protégeaient à la
fois les marchands et les convois.

Les Indiens prévirent leur sort et protestèrent. Le gouvernement envoya une commission pour négocier. Ils
devaient garantir la sûreté des caravanes moyennant un
subside annuel fixé à quelques milliers de dollars payés
en nature, couvertures, vêtements, étoffes de coton,
poudre, mousquets, verroteries, chaudrons, enfin tout
article qu'ils demanderaient. Ces articles furent expédiés
au fort Laramie, entrepôt général, où les diverses tribus
viendraient chercher leur part. Le gouvernement nomma
des agents et fixa tout, à la satisfaction des parties.

Ce fut le brillant côté du traité, mais la façon dont on
l'exécuta fut des plus ténébreuses.

Les agents officiels, se trouvant en possession d'une si grande quantité de marchandises de valeur, s'arrangèrent à ne livrer qu'une petite partie du subside, et vendirent le reste à leur profit.

Les Indiens n'y pouvaient rien. Quand même ils se seraient plaints, leurs réclamations n'auraient jamais atteint le quartier général à Washington. Tous les factionnaires, à commencer par le directeur de la police, s'entendaient comme larrons en foire, pour voler les pauvres diables.

Cela ne pouvait durer; les événements le prouvèrent.

Ce fut d'abord un sentiment général de colère contre les blancs. Suivant l'habitude de leur race, ils supportèrent tout en silence, mais la haine couvait sourdement et devait éclater d'une manière inattendue.

Les événements approchaient qui allaient étendre leurs ombres : des rencontres isolées commencèrent entre les blancs et les diverses tribus. Le peu d'affection qui pouvait encore exister s'était évanoui; il suffisait d'une étincelle pour mettre le feu aux poudres.

CHAPITRE XII

Établissement du fort Kearney. — L'Étincelle. — Massacre de
vingt-neuf soldats. — Queue-Tachetée en guerre. — Le général Harney à la rescousse. — Bataille de Ash-Hallow (Frêne
creux). — Interprète à Kearney. — Queue-Tachetée au fort
Leavenworth. — Nouveau fort. — Surpris par les Indiens. —
Une fuite. — La tarentule. — Je « trappe » avec Hal Gay.

E voici à l'année 1853 où le gouvernement construisit le fort Kearney,
à environ trois cents milles à l'est
du fort Laramie. Vers cette époque,
des Mormons, se rendant au lac
Salé, laissèrent sur les bords de la
Platte une de leurs vaches qui avait
les pieds malades.

Des Indiens qui passaient, manquant de viande, tuent
et mangent la vache. Quand les Mormons vinrent
chercher la bête, ils n'en trouvèrent que les os et poussèrent de tels cris que les coupables offrirent de payer le

dommage. Mais les Saints ne voulurent entendre ni explications ni excuses, et allèrent au fort rapporter le méfait au commandant avec embellissements et détails erronés, transformant l'incident en brutale attaque sur une paisible troupe d'honnêtes émigrants.

Il en résulta l'envoi d'un lieutenant, de vingt-huit hommes et d'un interprète au campement sioux, à environ douze milles au côté sud de la Platte. Le village se composait de 2 000 Peaux-Rouges, dont aucun n'était impliqué dans l'incident de la vache, et par conséquent n'en connaissait pas le premier mot. Les blancs avaient deux pièces d'artillerie du calibre de 10 et de 6, et officier, interprète, hommes, tous arrivèrent ivres sur les lieux.

Prenant position sur une colline qui dominait le village, l'officier envoya l'interprète, un sang-mêlé nommé Wyuse, avec l'ordre d'amener immédiatement le chef.

Les Indiens, ne comprenant pas ce que cela signifiait, ni pourquoi ces soldats venaient, ne firent nulle attention à l'ordre.

Nouvel envoi de l'interprète, qui signifie au chef que s'il ne se présente pas dans cinq minutes, on fera feu sur le village.

Indigné, le chef répondit qu'ils devaient tous être ivres et feraient mieux de s'en retourner au fort. Si le chef blanc désirait lui parler, il n'avait qu'à envoyer des hommes sobres qu'il pût comprendre.

Sur cette réponse, le feu commence. Le premier boulet coupe plusieurs poteaux de tepee; le suivant passe au travers d'un autre, tue un vieux chef alité et blesse plusieurs femmes.

Ce furent les deux seuls coups tirés. Les Sioux voient rouge. Ils chargent le peloton et massacrent tout.

L'interprète fuyait à cheval vers le fort ; un des In-

diens, son beau-frère, le rejoint. Wyuse lève les mains, demande grâce.

Mais l'Indien lui dit : « Beau-frère, tu as rendu mon cœur triste. Tu es venu ici avec ces soldats ivres et tu nous as attaqués tandis que nous étions en paix. Nous les avons tués tous. Maintenant je vais te tuer avec une de tes cartouches. » Et avec le revolver pris au lieutenant, il lui fit sauter la cervelle.

Les Indiens brisèrent les fourgons et essayèrent de trouer les canons à coups de fusil. J'ai vu ces canons quand on les reprit : ils portaient les marques des balles.

J'étais avec Élan-Coup-Double sur la rivière Républicaine, à cent milles au sud-est de Cottonwood-Springs, quand on nous apporta la nouvelle du massacre et l'ordre de Queue-Tachetée de prendre de suite la piste de guerre; les soldats descendaient nous attaquer et toutes les tribus devaient se concentrer autour de lui sans délai.

Motto-Awayu (l'Ours-des-Rochers) était alors le grand chef de la nation Sioux, et Petit-Tonnerre et Queue-Tachetée, les deux chefs en commandement de tous les Indiens du voisinage.

Je me consultai avec Élan-Coup-Double. Il ne demandait pas à guerroyer avec les blancs, mais à chasser et trapper en paix.

Il fut décidé que j'irais au fort Kearney, m'assurer de la véracité de ces nouvelles. Si elles étaient vraies, je resterais au fort, ne pouvant me battre contre les miens. Au cas contraire, je reviendrais aussi vite que possible. « Souviens-toi, frère, que je ne veux pas me battre; je désire que tu le dises aux soldats. » Telles furent les dernières paroles que me dit Élan-Coup-Double.

A Kearney, je sus toute l'histoire; les troupes se préparaient à marcher au secours du fort Laramie menacé.

Après le massacre, Queue-Tachetée et six de ses chefs avaient attaqué et dévalisé la malle, dispersé les lettres dans la prairie, tué conducteur et voyageurs et volé les mules.

Le général Harney sortit avec du renfort, et marcha à la recherche des Indiens.

Sur sa route, il rencontra Queue-Tachetée, à un endroit appelé Ash-Hallow (Frêne creux), à moitié chemin des deux forts. Le suivant à marches forcées, il l'obligea à se battre avant qu'il eût pu se réunir à une autre bande. Presque tous les Indiens furent tués et deux des femmes de Queue-Tachetée avec trois de ses enfants tombèrent aux mains des vainqueurs.

Si, au lieu d'être dispersés dans tout le territoire, les Indiens avaient concentré leurs forces, ils auraient pu tuer tous les blancs, soldats et colons, étant plus de vingt contre un.

Cette bataille, qui mit momentanément fin au soulèvement, n'était que le pronostic de futurs événements, uniques, peut-être, dans l'histoire du monde.

Les femmes et les enfants capturés et d'autres prisonniers furent dirigés sur le fort Kearney, où ils arrivèrent quelques jours après moi. Je les reconnus sur-le-champ, et allant droit aux squaws, je leur exprimai toute ma peine de les voir en cet état.

Comme j'étais le seul blanc du fort qui parlât le sioux, l'on me nomma interprète. Il y avait en tout vingt-cinq prisonniers, dont beaucoup grièvement blessés.

Les femmes de Queue-Tachetée me prièrent de lui écrire. J'envoyai une lettre au fort Laramie, où on la traduisit à un Sioux qui se chargea de ce message.

Le général Harney était encore à Laramie. A sa grande

surprise, dix jours après que Queue-Tachetée eut reçu ma lettre, il arriva au fort et avec deux de ses chefs se constitua prisonnier. Il demanda immédiatement le général, et marchant à lui, étendant la main, il dit :

— Homme brave aux trois étoiles, tu as capturé mes

femmes et mes enfants. Je demande à mourir avec eux. Je t'ai combattu et je t'ai combattu rudement, mais j'ai été écrasé par le nombre. Je me rends à toi, non parce que je suis battu, mais parce que tu as capturé mes femmes et mes enfants. Fais de moi ce que tu voudras, pends-moi, fusille-moi, mais laisse-moi les voir avant de mourir.

Le général répondit :

— Queue-Tachetée, je t'aime parce que tu es un brave, et je veillerai à ce que tu sois traité comme un brave doit l'être. Je vais t'envoyer à tes femmes et à tes enfants.

Il fut donc dirigé sur le fort Kearney, où je le reçus.

Il pleura comme un enfant lorsqu'il vit un de ses petits, la jambe traversée d'une balle.

Après l'entrevue avec ses femmes, j'eus avec lui une longue conversation. Je l'informai qu'on allait l'envoyer au fort Leavenworth, dans le Kansas, où il resterait prisonnier.

On le mit avec ses squaws dans un fourgon traîné par six mules. Je lui dis adieu, l'engageant à se remonter le moral et l'assurant que nous nous reverrions.

On le garda deux ans prisonnier. C'était la première fois que je le revoyais depuis le jour où je l'avais quitté pour conduire les Mormons au lac Salé. Je lui dis qu'il avait commis une grande faute de se battre contre les troupes. Il répondit qu'il n'avait nulle idée de leur nombre, croyant que ceux qui l'avaient attaqué étaient tous les blancs du monde.

L'agent du gouvernement m'offrit d'aider à la construction d'un fort plus grand et mieux aménagé et de fournir du bois de construction et de chauffage pour l'hiver. Les soldats coupaient les arbres, chargeaient les fourgons et les déchargeaient au fort. Ma besogne consistait à livrer mon chargement en bon état. Bien que notre chantier ne fût qu'à une lieue du fort, le travail était assez dangereux, car les Indiens nous attaquaient fréquemment. Un jour ils nous assaillirent et

nous mirent en fuite dans toutes les directions : « chacun pour soi », ce fut le cas. Je n'ai jamais vu de soldats
courir si vite. Ne pouvant gagner le large, je me cachai
dans un tas de troncs d'arbres que j'étais en train de
charger. Les Indiens détachèrent mon attelage et partirent avec lui.

Alors, sortant de ma cachette, je gagnai prestement le
fort, annonçant trois tués et plusieurs blessés.

Les tarentules étaient nos plus dangereux ennemis.

Quand nous coupions le bois, elles pénétraient dans
l'écorce, et avant qu'on les eût découvertes, on était
piqué ou démangé dans quelque partie du corps. Leur
passage sur la main laissait une traînée rouge enflammée, qui ne tardait pas à devenir noire, puis la chair se
tuméfiait et venait la gangrène. Je me souviens qu'un
jour, un soldat, en mettant une bûche sur ses épaules, fut
piqué au cou par un de ces reptiles. Il jeta immédiatement la bûche et se tournant vers un de ses camarades :
« Prends vite ce couteau et taille-moi un bon morceau
du cou. »

L'homme, effrayé, refuse ; mais le soldat tire son revolver : « Obéis ou je te tue. » Cela stimula notre homme
qui découpa lestement un morceau de la grosseur d'un
dollar. Le soldat en réchappa. La morsure d'une tarentule est toujours fatale, là où celle d'un serpent à son-
nettes ne l'est pas. Voici un antidote pour cette dernière
avec lequel j'ai sauvé bien des vies. Dans les prairies
croît une sorte de plante grimpante avec une gousse
assez semblable à un pois et une semence de la grosseur
de la graine de moutarde. Broyée et mise dans une

fente faite sur la morsure, elle en arrête immédiatement les effets, si le remède est appliqué tout de suite.

Je travaillai au fort jusqu'à ce qu'il fût achevé, et le quittai à la fin de 1855, pour aller trapper avec un nommé Hal Gay.

CHAPITRE XIII

HAL Gay était une sorte de garçon éveillé et sans souci, comme je les aimais pour compagnons. Nos bourses réunies, nous achetâmes des ressorts à trappes, un tepee, quelques chevaux et allâmes tenter la chance avec les castors. Je connaissais tous les cours d'eau du voisinage : nous n'avions que les castors à trouver, petit jeu qui nous demanda deux mois. Alors nous nous mîmes sérieusement à la besogne, descendant d'abord les rivières de castors, le Nez-Court, le Grand et Petit Salomon. Nous regagnâmes ensuite le nord à la Platte et de là à la Républicaine, en bas de l'Eau-Puante et du Saule-Rouge, et nous retournâmes au fort Kearney, où nous vendîmes avantageusement nos fourrures.

Une petite ville nommée Dog-Town (Ville des chiens) avait surgi pendant notre absence, à environ trois milles du fort. Deux magasins, quelques maisons d'habitation et des *saloons* de whiskey. Hal Gay et moi réunîmes notre capital et voilà un nouveau débit.

Notre baraque était la meilleure, et, joyeux drilles, nous ne tardâmes pas à avoir la plus belle clientèle. Les soldats du fort venaient chez nous, et nous eûmes l'idée d'ouvrir une salle à l'usage exclusif des officiers, avec un salon de jeu. Tous arrivaient au Perchoir des Voleurs (*the Robbers' Roost*), comme nous appelions notre établissement.

Nos concurrents s'évanouirent l'un après l'autre et nous restâmes maîtres du commerce de whiskey.

Comme nous étions sur la route de l'Est, un *provot marshal* fut envoyé du fort pour veiller à ce que nulle caravane ne sortît de la Ville des Chiens, à moins de compter cent hommes: bonne précaution contre les Indiens, dont les bandes errantes étaient constamment à la piste des petites troupes d'émigrants.

Cette mesure nous allait joliment, d'autant que le provot marshal s'entendit avec nous pour retenir les convois aussi longtemps que possible, de façon que nous puissions dépouiller les émigrants, par le jeu ou la boisson.

De ma vie, je n'eus tant d'argent; ça pleuvait. Nos affaires augmentant, nous fournîmes bientôt, suivant les

demandes : monte, poker, faro, dés, roulette, enfin tout appeau destiné à amorcer le client.

Notre établissement devint, en un mot, si achalandé que nous y adjoignîmes un grand salon de jeu, où plus d'un pauvre diable perdit non seulement son argent, mais sa vie.

Les coups de revolver devinrent si fréquents que nous dûmes faire un cimetière derrière notre maison à cent mètres dans la prairie.

Il y a, dit-on, des trucs dans tous les genres de commerce; nous ne faisions pas exception à la règle. Le nôtre consistait à attirer les émigrants, à les faire boire et jouer. Une fois entrés, nous en faisions notre affaire; mais il y en avait de timides qu'il fallait enjôler.

Voici comment nous procédions : Hal se déguisait de façon à ne pas être reconnu, allait au corral de la caravane, entrait en conversation et ramenait quelques dupes à la ville.

L'on passait « par hasard » devant le Perchoir des Voleurs, où il les invitait à boire un coup. Il les avait bientôt entraînés dans la salle de jeu, commençait à ponter et gagnait invariablement à l'aide d'une entente avec le banquier qui était à nos gages.

Après avoir raflé une pile de dollars, il recommençait à offrir des tournées, et bientôt les gogos se mettaient de la partie. Il la quittait alors, car le banquier ne manquait pas de lui donner un dollar pour aller boire, disant qu'il avait trop de veine, et que s'il continuait à gagner ainsi, il ne resterait plus rien pour les camarades.

Je n'affirme pas qu'il y avait des tricheries, mais la banque ratissait invariablement tout.

Pendant ces petites réjouissances, je servais au comptoir. C'était mon département, et j'y étais assez occupé, car plus on jouait, plus on humait le piot.

Finalement les choses devinrent si scabreuses et les coups de revolver si fréquents, que j'eus une consultation avec mon partner et lui suggérai l'idée de liquider la situation avant qu'on ne liquidât brusquement la nôtre. Il fut de mon avis ; nous cherchâmes un acheteur, et l'ayant trouvé, nous cédâmes pour sept cents dollars clientèle et marchandises.

Il y avait dans la ville un émigrant venu avec une caravane et qui était resté pour jouer. Il possédait une maison roulante, de vingt-deux pieds de long, tout à fait comme un coquet petit *shanty*, bien peinte, une

cambuse aussi confortable enfin qu'on pouvait le souhaiter. Sorti de chez nous absolument décavé, il nous la vendit ; nous la transformâmes en bar, et roulâmes sur la route entre la Ville des Chiens et le vieux chemin de la Californie sur la Platte, mieux connu depuis sous le nom de Julesburg.

C'était à environ soixante milles vers l'ouest. Nous nous attachions à toute caravane qui passait — la plus grande étant la meilleure, — puis revenions avec celle de retour. Finalement, nous nous enhardîmes à ce point que nous partions seuls tous deux au-devant des convois.

Un jour, comme nous allions joyeusement notre petit train nous ravitailler d'une nouvelle provision de whiskey, une troupe d'Indiens fondit sur nous. Nous les vîmes arriver et ne crûmes pas nécessaire d'attendre pour leur demander ce qu'ils désiraient. Coupant lestement les entraves d'un cheval, nous l'enfourchâmes et filâmes au plus vite.

Nous avions trop d'avance sur eux. Ils se contentèrent donc de s'emparer de notre whiskey et de faire flamber la baraque. En nous retournant, nous vîmes l'incendie autour duquel dansait la bande des Peaux-Rouges ivres.

Nous étions saufs heureusement, et après avoir avalé d'une haleine vingt-cinq milles, nous arrivions à Dog-Town, heureux d'avoir sauvé nos peaux.

Nous nous installâmes dans un des shanties transformés en maison meublée et vécûmes en gentlemen rentiers.

Le Perchoir des Voleurs était devenu cinquante fois aussi tempêtueux que sous notre administration. Hal et moi le fréquentions avec assiduité, tout particulièrement le salon de jeu, où nous eûmes finalement le sort de nos premiers clients, décavage complet. Nous nous arrangeâmes de façon à attendre le printemps, et entrâmes en sérieuse conversation au sujet de notre avenir.

Les affaires avec les Indiens s'étaient alors un peu améliorées autour du fort Kearney. Ne pouvant sentir

les soldats, ils avaient résolu de mettre une grande distance entre eux.

Sur ces entrefaites, un vieux Français nommé Alec
Constance, ayant appartenu longtemps à la Compagnie
américaine des Fourrures, avait eu le courage d'établir
un ranco à quarante milles ouest du fort, à l'entrée de
Plum Creek (la Crique de la Prune).

Restés sans le sou, nous nous engageâmes à raison de

soixante-dix dollars par mois pour l'aider dans ses affaires. Il nous équipa et nous envoya en des directions
différentes, Hal au camp des Ogallalas, moi chez les
Brûlés. Nous n'y fîmes pas grand'chose, car le tarif du
vieux était trop élevé, et les Indiens refusèrent de faire
des échanges. Je dis à Hal, à notre retour : « Rien à
frire avec ce vieux tondeur de cailloux. » C'était son
avis.

Fort à propos, une petite caravane de sept hommes

passa, en route pour l'Est, dans la direction du fort Leavenworth. Je me joignis à eux.

A Leavenworth, je rencontrai Majors et Russell, qui approvisionnaient pour le gouvernement tous les forts de la route de Californie.

Ils me présentèrent au général Albert Sidney Johnson, qui préparait une grande expédition vers le lac Salé, pour punir les Mormons devenus très puissants depuis les dernières dix années.

Brigham Young et ses Saints, départis de leur vieille prudence, s'étaient mis tout à coup à massacrer les émigrants n'appartenant pas à leur congrégation, à piller les convois et à tuer les voyageurs.

Quelques mots sur cette secte ne seront pas inutiles, car ils expliqueront l'obligation où fut le gouvernement d'envoyer une expédition contre eux.

En 1848, après que la découverte de la Terre Promise fut connue, le courant de l'émigration mormonne commença et ne fit que grossir jusqu'à l'époque dont je parle. Que de caravanes de pauvres créatures abusées j'ai vues poursuivant leur fatigante route à travers le grand désert avec un courage et une persévérance qui, dirigées ailleurs, eussent été dignes des plus grands éloges !

Il y avait de durs et énergiques travailleurs de tout âge ; des vieillards et des femmes cheminant péniblement, traînant des charrettes, tandis que d'autres se chargeaient de fardeaux qui auraient fait suer un mulet ; la moitié pieds nus, en sang, marchant toujours.

Les anciens prêchaient au peuple — le dimanche

surtout — et prétendaient cicatriser les blessures. Ils soutenaient l'espoir en racontant que le Christ avait souffert, était mort pour eux, et qu'ils devaient souffrir s'ils voulaient atteindre la Terre Promise.

On prenait particulièrement soin des jolies filles, on les faisait monter dans les chariots, afin qu'elles puissent servir fraîches et disposes à la fin de la journée. Les anciens se les partageaient alors.

Ils donnaient pour raison de leur polygamie que si chaque homme avait dix femmes, et chaque femme de trois à cinq enfants, ils seraient en vingt ans assez forts pour se protéger des Gentils.

Ils avaient malheureusement mal calculé leurs chances de succès.

La masse qui composait les caravanes était généralement très pauvre et très ignorante. Quelques-uns cependant appartenaient à une meilleure classe, et je me suis toujours imaginé qu'ils émigraient pour sauver leur cou de la corde.

Brigham Young, comme le flux de l'émigration allait toujours grossissant, usa de l'expédient d'attirer l'attention des États-Unis en commettant les crimes cités plus haut pour faire envoyer des troupes. Cela mettrait l'argent en circulation et fournirait à son peuple un débouché pour les grains, fourrages et autres produits.

Quelqu'ait été son premier projet de s'assurer le pouvoir sur cette partie de l'Amérique, et de la réalité de son intention de constituer une monarchie à son profit, tout s'évanouit lorsqu'il jeta ouvertement le gant au gouvernement des États-Unis.

Son peuple devenait trop nombreux, et pour sortir
de difficulté il ne vit que le précepte jésuitique : « Faire
le mal qui doit produire le bien. » Les Mormons récla-
maient à grands cris de l'épicerie, du tabac, des provisions en général ; il crut leur procurer tout cela par la
méthode adoptée. Qu'il n'eût jamais l'intention de lutter
avec les troupes, j'en suis convaincu, le connaissant trop
bien, et je le dis au général lorsque je lui fus présenté.

Ayant déjà conduit Brigham Young en 1847 à travers les prairies, mon arrivée soudaine à Leavenworth
fut regardée comme une bonne fortune par le général
Johnson. Il me demanda comme faveur toute person-
nelle d'accepter un emploi.

J'étais prêt à aller n'importe où, et à faire n'importe
quoi, accoutumé aux hauts et aux bas de la vie. Je n'é-
tais pas fâché de revoir la Cité du Lac Salé et de constater les progrès accomplis par mes ci-devant amis pendant
les dix années qu'ils avaient été livrés à leurs propres
ressources. Je sautai en conséquence sur l'offre du général de cent cinquante dollars par mois, et sortis de
son bureau dûment appointé Éclaireur de l'armée des
États-Unis avec cinquante dollars en poche et un énorme
cigare aux dents.

CHAPITRE XIV

Le domptage des mules. — En route pour l'Utah. — Un émouvant incident. — Hiver à Hams Fork. — Affamés. — Passage
des Rockies. — Arrivée au lac Salé. — Le camp Floyd.

RDRE fut donné le 14 juin 1887, à
tous ceux appelés à faire partie
de l'expédition, d'évacuer Leavenworth et de se rendre à Salt
Creek.

Il y avait à environ six milles
du fort un grand campement
d'émigrants pour l'Ouest. De
l'herbe en abondance, du bois, de l'eau en faisaient un
endroit des plus favorables. Nous y trouvâmes des
milliers de Mexicains qui chargeaient des marchandises
pour Mexico et d'autres points sur la route et la scène
était la plus animée que j'aie jamais vue.

Notre expédition consistait en deux mille soldats et
plus de deux cents fourgons, chacun tiré par six mules.

Il fallut deux ou trois semaines pour se procurer les attelages, charger les voitures, préparer les soldats au départ. L'intervalle fut utilisé par les non-combattants à dresser les mules dont plus de la moitié n'avait jamais encore été mise sous le harnais. Ce fut l'affaire des maîtres de chariots dont chacun fut responsable de trente attelages. Ils les conduisaient dans la prairie, chargeaient les fourgons de sable, puis faisaient quinze ou vingt milles au galop, arrêtaient brusquement, formaient un corral, s'installaient pour dîner, sautaient en voiture et revenaient au camp.

Après quelques jours de ce système, les mules étaient tout à fait assouplies.

Je m'amusais beaucoup à faire partie de ces « écoles de dressage », éprouvant un plaisir infini à courir dans les prairies de ce train d'enfer; pas d'allure trop rapide pour moi. Quelquefois le jeu devenait plus endiablé que nous ne l'aurions voulu, car tout un attelage s'emportait furieusement, renversant et brisant les fourgons, tuant les mules, tandis que d'autres arrachés de leur harnais galopaient pendant des milles avant qu'on parvînt à les rattraper.

Enfin, tout étant prêt, on leva le camp et nous nous mîmes en route pour notre long voyage. La saison avait été excessivement pluvieuse, les prairies étaient inondées : aussi n'avancions-nous que très lentement dans le sol détrempé. Pendant les trois premiers jours nous ne réussîmes qu'à mener la moitié des fourgons à une distance de quatre milles; les autres restèrent au camp. Progressivement nous arrivâmes à les pousser à

travers la boue et le gâchis en enfonçant jusqu'aux genoux, et atteignant enfin un terrain plus solide, nous
continuâmes notre fatigante route par le Kansas traversant nombre de cours d'eau considérablement enflés par
les pluies. A quelques-uns des plus larges, nous dûmes
abandonner toute tentative et, assis sur la rive, attendre
que les eaux aient baissé.

Nous arrivâmes de cette façon à la Platte du Sud par
le vieux passage de la Californie. Là commencèrent nos
véritables tribulations.

La neige fondue des montagnes, jointe au déborde-
ment de la rivière, rendait tout passage impossible. Nous
attendîmes plusieurs jours; mais, au lieu de diminuer, la
rivière grossissait. Nos munitions, empaquetées dans
des wagons de zinc expressément construits pour cet
objet, furent passées sur des radeaux.

Nous calfations les corps de fourgons pour empêcher
la fuite, puis nous les étayions sur des blocs pour qu'ils
ne glissent pas et attelions vingt-quatre mules à chaque
chariot. Avec quelques mules et quelques hommes
noyés nous atteignîmes la Platte du Sud.

Au fort Kearney, nous traversâmes la Ville des
Chiens. Le « provot » n'avait plus rien à faire cette fois. Le
pauvre Perchoir des Voleurs était de nouveau passé en
d'autres mains et devenu respectable. Plus de salon de
jeu. Le fort avait braqué ses canons sur lui, avec l'avis
que s'il ne fermait pas de suite, on le ferait sauter avec
ses occupants. A sa place s'élevait un hôtel confortable,
et, coup cruel pour moi! il avait changé de nom.

A vingt-deux milles de la Platte du Sud, à Ash-Hollow, nous eûmes à descendre nos fourgons de l'autre côté de la montagne, presque perpendiculaire pendant un quart de mille : travail néanmoins plus aisé que traverser la rivière.

Tout allait bien lorsque surgit un accident qui faillit nous faire perdre la tête.

Dans une des caisses de munitions, une cartouche fit

explosion, probablement par suite des cahots. La boîte en contenait un millier qui toutes sautèrent l'une après l'autre. Désarroi général, les coups partaient dans toutes les directions au milieu des éclats, des cris, des jurons.

Le conducteur du fourgon avait eu la présence d'esprit de lancer ses mules au galop dans la prairie, tandis que chacun cherchait à se garer. Les officiers essayaient vainement de faire enlever la caisse du fourgon, mais personne ne voulut se dévouer. Le conducteur, merveilleusement brave, bien que se sachant assis sur une poudrière qui pouvait à chaque seconde l'envoyer en pièces dans les airs, resta impassiblement maître de son attelage. Lorsque la dernière cartouche eut éclaté, nous courûmes à lui, mais les nerfs du pauvre diable avaient été si fort ébranlés qu'il était devenu fou. On le surnomma l'Homme Éclair-Torpille. Il se guérit, mais resta toujours un peu toqué.

Rien d'un intérêt spécial n'arriva jusqu'à ce que nous ayons atteint une longue vallée à l'extrémité de laquelle s'élève Hams Fork (la Fourche du Jambon), où, à notre consternation, nous vîmes que les Mormons s'étaient retranchés du côté de la montagne. Ils avaient non seulement élevé des parapets de quartiers de roc, mais creusé dans les lagunes une immense quantité de réservoirs où l'eau, s'ils en lâchaient les écluses, était suffisante pour noyer toute l'expédition et nous balayer des collines.

Le général Johnson, trop vieux routier pour aller se jeter tête basse dans le panneau, ordonnant un mouvement de flanc, chassa les Mormons dans la Cité du Lac Salé. Mais l'ennemi avait fortifié si solidement chaque hauteur qu'il était impossible de pénétrer sans renforts dans la vallée. Nous eûmes donc à installer nos quartiers d'hiver et attendre les renforts pour le printemps. Nous choisîmes une petite vallée fertile, bien boisée et coupée par une source de montagne, où nous n'avions pas à craindre d'attaques. Nous y plantâmes nos tentes et nous arrangeâmes le mieux possible.

Le froid vint rapidement et avec lui la neige, d'abord sur les montagnes, puis, descendant dans la vallée, elle nous enveloppa.

Nos provisions ne tardèrent pas à diminuer et nous attendions anxieusement un convoi promis depuis longtemps. Cependant personne ne pensait qu'aucun mal pouvait lui arriver ; il se composait de quatre-vingt-dix fourgons de provisions, tirés chacun par six paires de bœufs.

Mais un jour nos éclaireurs rapportèrent la fatale nouvelle : tout était perdu. Les Saints nous avaient roulés. Traversant les montagnes à notre sud-est, ils avaient intercepté le convoi sur nos derrières, brûlé les fourgons et emporté le stock.

Coup terrible : nous n'avions plus qu'à mourir de faim. M. Lot Smith fut le héros de cet épisode, et nous jurâmes une vengeance dont il se serait souvenu s'il était tombé dans nos griffes.

Comment parvînmes-nous à vivre pendant ces longs et glacials mois de l'hiver, est un chapitre de l'histoire américaine. Nos rations furent réduites de plus en plus jusqu'à ce que nous n'eûmes absolument rien à nous mettre sous la dent. Que de fois j'ai vu les soldats voler la petite ration de grains de leurs chevaux et la manger avidement ! Puis ce fut le tour des pauvres bêtes affamées à servir de pâture à leurs cavaliers qui nettoyaient leur carcasse comme des loups de montagne.

Enfin, nous vîmes arriver le terme de nos maux sous

la forme du renfort si longtemps attendu, et au printemps de 1858, nous poussâmes hardiment sur la Cité.

On ne fit nulle opposition à notre approche, fort
heureusement, car nous n'aurions jamais pu y arriver.
La lagune, en certains endroits, est à peine assez large
pour permettre à un simple attelage de passer ; et si les
Mormons l'avaient voulu, ils nous auraient écrasés en
détachant des quartiers de roc, ou noyés en lâchant leurs
écluses. Les Montagnes Rocheuses présentent, à cet endroit, une des positions naturelles les mieux fortifiées du
monde, et j'ai la conviction que les Mormons auraient
pu lutter contre toutes les troupes des États-Unis. Mais
les quelques ennemis que nous vîmes s'enfuirent comme
des oies sauvages.

Arrivés à la Cité, qui paraissait bien différente de ce
que je l'avais laissée, le général, par une inspiration di-
vine, ne nous permit pas d'entrer. Bien lui en prit, car
nous apprîmes plus tard que les Saints des Nouveaux
Jours avaient miné chaque maison de façon qu'à un
signal donné nous aurions tous volé en pièces. Pour la
deuxième fois, nous l'échappions belle. Nous reçûmes
l'ordre de nous porter à Rush Valley, à quarante milles
au sud-est du lac Salé, où nous installâmes le camp
Floyd.

Tous les Mormons avaient disparu. Nous battîmes le
pays sans en trouver un seul. Cependant, dès qu'ils
comprirent notre intention d'établir un camp permanent en nous voyant construire un fort et des barraque-
ments, ils revinrent dans la Cité et entrèrent en pour-
parlers à la suite desquels on exigea du grain et du

fourrage. Nous en prenions habituellement de cinquante à cent fourgons, et dans les petites villes du voisinage, nous nous approvisionnions d'avoine, d'orge, de blé, enfin de tout ce que nous pouvions trouver. C'était justement ce que demandaient les Mormons, car, outre qu'ils ouvraient ainsi un marché pour leurs produits, cela mettait l'argent en circulation.

Après quelques semaines, des centaines de Saints qui avaient apostasié arrivèrent en foule à notre camp, nous suppliant de les ramener dans leur pays. Le gouvernement les renvoya en Californie, leur donnant, en même temps que sa protection, des moyens de transport. Sans cette protection ils n'auraient jamais pu quitter l'Utah, car une vendetta était jurée contre les apostats, et tous ceux que l'on prenait étaient dépêchés par les « anges destructeurs ».

CHAPITRE XV

Massacre de la montagne Meadow. — Arrivée sur la scène. — Un
seul survivant. — Retour au camp Floyd. — Vie à Dobie-Town.
— Désagréable aventure. — Je tue mon premier blanc. — Fuite
à Provo-City.

ERRIBLE et émouvante époque pour
beaucoup de nous. Je réussis à
être dûment appointé maître d'é-
quipages du gouvernement, avec
un grand nombre d'attelages
sous mes ordres. Parmi les di
verses missions que j'eus à remplir, se trouva celle de
me rendre sur la scène du massacre de la montagne
Meadow avec un corps de troupe, et d'ensevelir les victimes.

Le lieu de cette boucherie était à environ quatre-vingt-
dix milles au sud du camp Floyd, sur la route de Californie, et le massacre reste une des plus grandes taches
sur les Mormons.

En voici brièvement les détails :

Une compagnie de riches émigrants quitta la Californie pour revenir aux États-Unis avec les femmes et les enfants. La caravane, particulièrement bien approvisionnée, portait des objets de luxe et des denrées que peuvent seuls se permettre des voyageurs opulents. Les Mormons leur permirent de passer par la Cité du Lac Salé sans encombre ; mais désireux de s'emparer de

leurs biens et de se venger de quelques moqueries pendant leur séjour dans la Cité, ils envoyèrent l'ordre à John D. Lee, évêque du district qu'ils devaient traverser, de les massacrer tous, hommes, femmes et enfants. L'ordre fut exécuté par les sectaires de Lee, qui, déguisés en Indiens, attaquèrent la caravane. Il y avait un petit cours d'eau à environ soixante mètres de l'endroit où les émigrants s'étaient retranchés au premier signal d'alarme.

Les faux Indiens furent d'abord repoussés, mais

prenant position sur une hauteur dominant la rivière, ils empêchèrent les émigrants d'en approcher. Tous ceux qui venaient y puiser de l'eau leur servaient de cible.

Des jeunes filles, des enfants, envoyés avec des cruches, furent tués ainsi. Cachés derrière les rocs, les Saints abattaient tout ce qui approchait. Ils les tuèrent tous les uns après les autres et devinrent maîtres de la caravane.

Nous avions, outre la mission d'enterrer les morts, celle de châtier ces coquins et pour cela les troupes ne demandaient nul encouragement. Elles avaient encore sur le cœur la saisie de nos convois et nombreux furent les anathèmes contre les cruels scélérats quand nous arrivâmes sur le théâtre de leur boucherie.

Un horrible spectacle nous y attendait. Partout des squelettes luisant au soleil et polis comme l'ivoire par les vautours et les loups. Un grand nombre gisaient dans les quelques mètres qui séparaient le ruisseau des cendres du corral; à côté des seaux et vases à eau, çà et là, sur des buissons de sauge, pendaient des tresses de cheveux de femme et des ossements étaient éparpillés.

Après avoir religieusement enseveli tout ce que nous pûmes trouver de débris humains, nous revînmes sur nos pas en nous détournant de sept ou huit milles pour nous porter sur un établissement mormon.

Le village avait été abandonné par les hommes peu soucieux de se mesurer avec nous.

A la vérité, depuis notre départ du lac Salé nous n'avions pas rencontré un seul de ces honnêtes gens.

Dans les écuries de la principale maison nous trouvâmes plusieurs belles voitures attelées, ce qui excita mes soupçons. Les femmes, prêtes à partir, portaient des vêtements de soie et de satin. La maison ne pouvait appartenir qu'à John D. Lee, évêque du district.

Personne ne voulut nous donner de renseignements; les femmes ne savaient rien, refusant nettement de nous répondre. Bien résolus à ne pas être refaits, on fouilla chaque maison, ce qui amena la découverte d'une jolie petite fille de trois ou quatre ans. Ses cheveux blonds tombaient en boucles sur ses épaules, elle paraissait vive et intelligente et d'une classe bien supérieure à celle des habitants de cette localité.

On me l'apporta; je la conduisis au commandant. Il l'assit sur ses genoux et se mit à jouer avec elle, pensant que, puisque nous ne pouvions rien tirer des femmes, nous serions peut-être plus heureux avec l'enfant.

Elle ne tarda pas à babiller tandis que nous gaminions, l'amusant de notre mieux. Quand nous eûmes gagné sa confiance, nous fîmes entrer une des femmes si élégamment habillées; l'enfant, la montrant du doigt, s'écria : « C'est la robe de maman! » Puis elle ajouta : « Les méchants Indiens sont venus et ont tué maman, papa et tante. » Nous avions donc trouvé les auteurs du crime, et les officiers durent user de toute leur autorité pour empêcher qu'on lynchât les femmes du village.

Nous espérions mettre la main sur quelques-uns de ces scélérats, et battîmes le lendemain tous les environs, mais sans succès. Nous continuâmes donc à regret notre route, emmenant avec l'enfant quelques-unes des saintes drôlesses.

Cette petite fille était la seule survivante de plus de cent personnes composant la caravane. Si elle est encore de ce monde, elle se souviendra sans doute de moi au cas où ce livre lui tomberait sous les yeux, car elle me fut confiée jusqu'à la Cité du Lac Salé où je la remis au général.

Monseigneur John D. Lee, empoigné cinq ans plus tard, fut exécuté pour ce fait d'armes et d'autres exploits.

A notre retour au camp Floyd, je repris mon emploi de conducteur d'attelage jusqu'au moment où le trésorier vint, avec une quantité d'espèces sonnantes, nous payer dix-huit mois d'arriérés. La joie de me sentir une si grosse somme fut telle que je pris sur-le-champ en dégoût mes occupations.

Juste hors du camp venait de s'élever une petite ville appelée Dobie-Town, à cause des *dobies* ou briques séchées au soleil dont les maisons étaient bâties.

Un jeune conducteur d'attelage et moi décidâmes d'y tenter la fortune.

Notre démission envoyée, nous achetâmes un shanty et ouvrîmes un *whiskey saloon*. J'étais toujours très amateur de me procurer autant d'argent que possible avec un minimum de travail, et l'expérience du Perchoir des Voleurs toute fraîche, je savais combien c'était facile.

Il y avait suffisamment de forbans, de joueurs, d'escrocs pour faire marcher notre commerce, et comme les troupes nous honoraient aussi de leur patronage, nous reconnûmes bientôt que nous étions en excellente voie. Je crois que nous aurions fait fortune si j'étais resté, mais ma mauvaise étoile se montrait toujours au zénith, et invariablement quelque incident surgissait qui m'enlevait la poire au moment de la cueillir.

Cette fois, ce fut tout à fait inattendu. Une nuit, comme je me promenais dans la rue pour respirer un peu d'air frais, je passai devant un tripot concurrent, de fort mauvaise réputation. Collant mon œil à la fenêtre pour voir comment ça marchait, je vis deux hommes, couteau tiré, penchés sur un troisième étendu sur le sol. « Bon! me dis-je, un assassinat! N'y fourrons pas le nez. » Et je gagnai promptement le large. Je n'avais pas fait dix pas qu'un des hommes sortit, et courant après moi, me demanda ce que j'avais à regarder à sa fenêtre. Je m'excusai, prétextant que je cherchais seulement un ami. Il me traita alors de toutes façons, me disant qu'il allait m'apprendre à vivre : ce qu'il fit, en s'élançant, brandissant un couteau, jurant qu'il mettrait mes tripes au vent.

Peu soucieux d'avoir une histoire, je me mis à jouer vaillamment des jambes. Il était plus alerte que moi, et voyant qu'il allait m'atteindre, je tirai mon vieux six-coups, lui criant : « Halte ou je te crève! » En même temps je m'arrêtai.

Il se jeta sur moi : je l'esquivai, déchargeant mon revolver en l'air pour bien lui montrer que je pouvais me défendre.

Il n'en parut que plus enragé, et se rua avec son couteau, comme un taureau contre une barrière.

« Diable, pensai-je, si je n'y mets bon ordre, tu vas me

réduire en chair à pâté. » Je l'ajustai alors et lui plantai un pruneau dans son « panier à pain ». Il sauta, leva les bras et tomba à la renverse avec un grognement, tandis que je lui présentais toutes mes excuses. Comme on arrivait au bruit, je décampai sans attendre ses compliments.

Je mis en deux mots mon partner au courant de l'affaire, et je déménageai.

A cette époque, on décidait aux voix le règlement de

ces petits comptes. J'ignorais le nombre de ses amis, mais un coup d'œil me fit comprendre que je n'avais pas à me fier aux miens; je me dis donc que la prudence est la meilleure moitié de la valeur, et le plus tôt j'en userais, le meilleur serait pour moi.

M'enfilant dans la nuit noire, je me dirigeai sur Provo-City, ville de Mormons, sur la rivière Jordan, et y arrivai en deux jours, harassé et pieds meurtris.

Là, je reçus un message m'annonçant que mon homme était passé de vie à trépas, et que son départ pour l'autre monde ne laissait pas de regrets.

On m'informait en même temps que j'étais déchargé de toutes poursuites et du désir général de mon retour.

Cependant je déclinai cette invitation, pensant que si je revenais, j'aurais probablement à recommencer la danse avec quelqu'un de ses copains, qui voudrait le venger, ou à être tué moi-même. La loi du six-coups était alors seule en vigueur, et les revolvers réglaient tous les genres de disputes.

CHAPITRE XVI

Rencontre avec Daniel Spencer. — Conduite de bœufs en Californie. — Désaccord dans la bande. — Séparation. — Cinq cents
milles à pied. — J'effraye une caravane. — Chez les Utes. — Un
renégat mormon en couleurs. — Nouveau départ. — La rivière
Bear.

Tous les convois du gouvernement qui traversaient en grand nombre le pays étaient, depuis quelque temps, traînés par des bœufs, car on avait épuisé la provision de mules. Ces bœufs ne valant pas la peine d'être renvoyés aux États, on les mettait en vente dans l'Utah.

Aux premiers jours du printemps de 1859, la perspective d'une chaude saison donna l'idée à un Californien, Daniel Spencer, dont je fis connaissance à Provo-City, d'acheter un grand nombre de ces bêtes pour les transporter comme viande de boucherie à San-Francisco.

Le gouvernement préférait les vendre en un stock; il en acheta trois mille, et s'occupa de trouver des bouviers pour les conduire.

Il me demanda, comme à plusieurs, de me joindre à lui. Le projet m'allait assez, mais je ne me sentais pas disposé à laisser à mon jeune partner Louis la responsabilité de notre dépôt de whiskey de Dobie.

Je lui écrivis donc pour lui faire part de mes intentions, lui demandant de liquider au meilleur prix possible et de me rejoindre de suite.

Je savais que ce voyage lui plairait; il avait à San-Francisco un oncle qu'il désirait depuis longtemps revoir.

Il vendit donc tout ce qui nous appartenait et vint me retrouver. Je le présentai à Spencer, qui le prit en la même qualité que moi, au salaire mensuel de vingt-cinq dollars tout fourni.

Vingt-cinq hommes furent engagés. Tous avaient été au service du gouvernement comme conducteurs de fourgons, et tous reçurent les mêmes appointements, à l'exception du chef d'équipe, jeune et parfait gentleman qui devait avoir quelque intérêt dans la spéculation.

Nous partîmes de Provo-Cañon, où le troupeau était rassemblé, et voyageâmes confortablement pendant quelques jours. Nous étions vingt-sept en tout, et ma première impression fut que nous passerions agréablement notre temps — une sorte de partie de plaisir — ayant affaire à de bons compagnons, que je connaissais en grande partie.

A mesure que nous nous éloignions de l'Utah cependant et bien engagés sur la route de Californie, Daniel Spencer commençait à se montrer sous son véritable jour. C'était l'homme le plus sordide que j'aie jamais rencontré. Même le vieux Français, pour qui Hal et moi avions trafiqué dans le temps, ne pouvait lui être comparé. Nous obtenions à grand'peine de quoi manger, et vivions presque aussi mal que pendant notre famine à Hams Fork.

Nous avions beau nous plaindre, nous ne recevions que d'insupportables observations et des injures. Spencer étala aussi un autre trait de son caractère, en battant quelques-uns de ceux qui lui ripostaient. Il en résulta que plusieurs le quittèrent, s'en retournant dans l'Utah avec des caravanes retour de la Californie.

Jusqu'alors il ne m'avait jamais dit un mot de travers, ne lui en ayant jamais donné l'occasion ; outre que je travaillais dur, j'étais en bons termes avec le jeune chef d'équipe.

Les discussions devenaient de plus en plus fréquentes et les hommes nous lâchaient peu à peu, de sorte que quand nous arrivâmes au gué de la rivière Humboldt, il ne restait que huit bouviers obligés de veiller jour et nuit à la garde du troupeau.

Nous avions parcouru à peu près cinq cents milles et je me demandais ce qui allait encore arriver lorsque, comme ma déveine devait me le faire prévoir, Spencer s'avisa de me prendre en grippe : pourquoi ? Je ne l'ai jamais su.

J'avais passé deux nuits de garde à la file et néanmoins travaillé tout le jour, lorsque, rentrant au camp après le lever du soleil pour faire un petit somme, je rencontrai le patron qui m'ordonna de retourner au troupeau jusqu'au déjeuner.

Je lui observai que j'étais fatigué et incapable de rien faire avant d'avoir une couple d'heures de repos. Je pouvais à peine tenir les yeux ouverts.

Il répliqua qu'il saurait bien me forcer à obéir et s'avança avec son fouet.

Je tirai mon pistolet et le visai à la tête, prêt à la première cinglade à lui brûler la cervelle.

Le chef d'équipe se précipita :

— Monsieur Spencer, cria-t-il, votre conduite à l'égard de vos hommes est honteuse. Ce garçon a toujours fait son devoir, et voilà que vous agissez avec lui comme avec les autres. Je veux que cela finisse. Il ne vous reste plus que huit hommes, et si vous ne changez de conduite, vous crèverez tout seul, car personne ne se laissera molester davantage.

Spencer, pendant ce temps, avait aussi tiré son six-coups et je guettais le moindre mouvement de façon à lui loger le premier ma balle.

Le chef d'équipe lui fit remettre son revolver, et en me tournant j'aperçus Louis, qui appuyé sur une roue de fourgon, son rifle armé, me cria : « Hardi, camarade ! je suis là. »

J'allai alors au fourgon, pris mon rifle, revins à Spencer et lui déclarai que j'entendais être réglé immédiatement.

Il répondit qu'il ne me paierait pas un centime.

— Très bien, répliquai-je : je me paierai moi-même, je vous suivrai, mettrai votre troupeau en débandade et verrai si par ce moyen je puis rentrer dans ce qui m'est dû.

Il entra dans une violente rage qui nécessita encore l'intervention du chef d'équipe.

— Il n'était que juste, disait-il, que je sois payé de mes services : j'avais travaillé honnêtement et bien, et ce n'était pas une raison parce que nous nous étions querellés que je ne reçoive pas mon salaire.

Spencer tira de mauvaise grâce une trentaine de dollars. Je les mis dans ma ceinture, attachai ma bride de crins autour de mon cou, fixai ma cartouchière, jetai mon rifle sur l'épaule, et allai serrer la main aux camarades et leur dire que je reprenais la route de la Cité du Lac Salé. Louis ne voulait pas retourner dans l'Utah, décidé à subir tout pour rejoindre son oncle en Californie.

— C'est bien, dis-je, partez, mon garçon; moi je n'ai pas d'oncle qui m'attende, et cela m'est égal d'aller n'importe où, pourvu que je sois loin de cet homme.

Spencer s'avança alors vers notre groupe et me dit :

— Qu'allez-vous faire, Nelson ? Vous n'êtes certainement pas assez fou d'imaginer que vous allez vous en retourner seul et à pied?

— Parfaitement, répondis-je.

— Mais les Indiens Pi-Utes sont très nombreux sur la route, et vous avez cinq cent cinquante bons milles à faire. C'est de la folie, d'autant que nous sommes à moitié chemin. Allons, soyez raisonnable, posez votre fusil et reprenez votre travail.

— Monsieur Spencer, dis-je, si vous avez fini votre sermon, permettez-moi de prendre un moment le crachoir. Je vous considère comme le personnage le plus déraisonnable que j'aie jamais connu. Vous ne savez apprécier les braves gens qui vous entourent que lorsque vous les perdez. Je veux vous prouver que je suis un de ces braves gens, et, notez ce que je vous dis, vous me regretterez avant peu. Il vaut beaucoup mieux nous séparer. Votre caractère est un peu trop emporté pour moi et je connais le mien, conclus-je en regardant le canon de ma carabine.

— Très bien, répliqua-t-il, après cela je n'ai plus rien à ajouter si ce n'est que je ne vous donnerai aucune provision de route.

— Oh ! voilà qui m'est bien égal ; ce que l'œil ne voit pas, l'estomac n'en sent pas le besoin. Adieu, camarades, criai-je en agitant mon chapeau. Et je partis avec une terrible envie de déjeuner, excitée soudainement par ces derniers mots.

Au bout de cinq milles, n'y pouvant plus tenir, je tirai sur un lapereau qui se jeta sur mon chemin. J'allumai un feu de broussailles de sauge, le dépouillai et le rôtis. Désaltéré à un ruisseau, je continuai ma route, tout ragaillardi à la pensée que j'étais enfin indépendant et monarque de la plaine.

Je voyageai trois jours, vivant de lièvres, d'oiseaux, de tout ce qui venait à portée de ma balle, passant mon temps le plus gaiement possible, courant, marchant, gambadant.

Tout à coup, comme je me livrais à mes excentricités de sauvage, tournant un énorme quartier de roc, je tombai sur un corral d'émigrants.

Grand brouhaha. On court dans toutes les directions ; les femmes crient, les enfants piaulent, les chiens aboient ; des hommes grimpent sur les chariots, d'autres s'embusquent dessous, tandis que deux en avant du corral me couchent en joue.

— Bonjour, étrangers ! dis-je, ôtant mon chapeau et faisant un grand salut. Vous semblez un peu excités. Que diable avez-vous ?

— Pas un pas de plus, me répond-on, ou nous te brûlons la gueule.

— Merci, répliquai-je, votre offre amicale est inutile, quoique je l'apprécie tout de même : vous m'obligerez en prévenant votre capitaine qu'un gentleman désire lui parler.

Un squatter de bonne mine vint à moi avec son fusil armé.

Je restai à ma place, appuyé sur mon rifle, prenant une pose aussi artistique que possible en face de deux gaillards me tenant au bout de leur canon, tandis que ceux dessus ou dessous les chariots me visaient de tous points.

— Étranger, criai-je, je suis un ami. Dites à vos compagnons de garder leurs balles ; il n'est pas besoin de cinquante braves pour canarder un pauvre diable perdu dans la prairie.

— Qui êtes-vous et que demandez-vous ? répliqua le squatter.

Je le lui appris en quelques mots et il me fit entrer dans le corral. Je demandai à manger.

— Vous arrivez à un mauvais moment, me répondit-on, car nous venons d'être attaqués par les Utes et nous les attendons à chaque instant.

— Je crois que vous vous trompez, répliquai-je. Je connais les Indiens dont vous parlez. Nous avons campé ici, il y a six jours ; ils nous ont laissés tranquilles. Que leur avez-vous fait ?

— Rien ; deux de mes hommes sont allés au ruisseau chercher de l'eau, et une grêle de flèches est tombée sur eux.

— Oh ! ce n'est rien, une manière à eux de s'amuser. Mais, puisque vous êtes un peu effrayés, je vous donnerais l'avis de continuer votre route aussi vite que possible. Les Utes sont une sale et traîtreuse vermine, et le plus tôt vous mettrez des milles entre eux et vous, le mieux votre troupeau se portera. Vous êtes en plein sur leur emplacement et peut-être ils n'aiment pas ça. Je vais aller leur parler, cela vous donnera l'occasion de filer à votre aise.

Ils essayèrent de m'en dissuader, me disant que j'étais fou, et m'offrirent de me prendre avec eux gratis pour la Californie ; mais je les remerciai, leur répondant que j'avais affaire à la Cité du Lac Salé.

On me donna un coup de whiskey, un biscuit : je leur souhaitai le bonjour et je partis, tandis qu'ils fouettaient leurs mules et filaient comme si le diable en personne était à leurs trousses.

Je me dirigeai droit au cours d'eau. Les Indiens,

me voyant seul, sortirent des fourrés de roseaux très
hauts en cet endroit, et se placèrent sur mon chemin.
Je continuai sans me décontenancer lorsqu'un drôle de

taille colossale me demanda, en mauvais anglais, où j'allais et si j'étais Mormon.

— Oui, je suis Mormon, répondis-je, et je vais chez
moi à la Cité du Lac Salé.

J'avais reconnu du premier coup un blanc, bien qu'il
fût peint, et deviné un de ces « anges destructeurs »

dont la mission était de tuer tout blanc n'appartenant pas à la secte, et particulièrement les apostats.

Il me fit signe de le suivre et me conduisit au travers de l'épais fourré dans une clairière qu'ils s'étaient ouverte en coupant les cannes et où se dressaient des tepees, ressemblant à des gerbes de blé entassées. Tout autour les enfants avaient creusé des trous où ils étaient couchés comme des chiens de prairie.

Nous entrâmes dans un tepee et nous assîmes sur une peau d'ours. Une squaw apporta un morceau de venaison bouilli et un gâteau de sauterelles, plat favori des Indiens, confectionné en pilant ces insectes et en les mêlant avec de la chair de cerf; ce mélange est mis en rouleaux et grillé quand on le sert.

Je remarquai que les squaws des Utes avaient un costume des plus primitifs, consistant en une étroite ceinture de peaux de taupes. Ces ceintures étaient de fort jolies nuances, noires, jaunes ou blanches.

Mon repas terminé, on m'examina sous toutes les faces et j'eus à répondre à d'innombrables questions, ce que je fis à la satisfaction de mon interlocuteur. Il ne s'ouvrit pas beaucoup lui-même et j'eus grand soin de ne pas lui laisser supposer que je découvrais ses ficelles. Je pouvais à grand'peine tenir mon sérieux devant ses efforts pour soutenir la conversation en anglais estropié et au moyen de signes. Aucun Indien que j'aie jamais vu, Pawnee, Cheyenne, Sioux ou Ute, n'avait une « balle » comme la sienne; et quant à son nez, j'aurais parié ma tête qu'il avait poussé dans le Kentucky.

Je pense que, chassé de la communauté mormonne

pour quelque crime, il était venu chercher refuge chez ces Utes, dont le nombre ne dépassait guère cinquante ou soixante.

Je lui expliquai qu'après m'être querellé je retournais sur mes pas. Il me dit que je ferais mieux d'attendre le passage d'une caravane, car j'avais une longue route devant moi, dangereuse pour un homme isolé.

Je répondis que, très désireux de retourner près de mes chères femmes, je préférais partir, d'autant qu'il pouvait se passer des mois avant que je rencontre une caravane venant de Californie et pendant ce temps je ne pouvais rien gagner pour l'entretien de celles que j'aimais si tendrement.

Par le fait, je lui contai une si lamentable histoire que, tout endurci qu'il fût, elle l'attendrit visiblement.

Finalement, il me dit qu'il m'admirait pour mes bonnes qualités et ne voulait pas me retenir. Appelant alors une de ses squaws, il me fit empaqueter quelques provisions et me souhaita bon voyage.

Me voilà donc encore en route, allant nonchalamment, jusqu'à ce que je fus hors du fourré de cannes; puis je courus à toute vitesse, et ne m'arrêtai qu'après avoir mis vingt bons milles entre moi et monsieur le chef blanc des Utes et sa bande de meurtriers. Je n'étais pas trop rassuré à la pensée qu'il pouvait se repentir de son indulgence, et se sentir posséder tout à coup d'une belle convoitise pour mon fusil, mes pistolets et mes munitions, tandis que pour ses amis mes cheveux longs et flottants offraient une attraction qui leur faisait venir l'eau à la bouche pendant ma halte dans leur camp.

Je n'ai jamais su s'ils me donnèrent la chasse, continuant pendant six jours et six nuits ma course et atteignant éventuellement un petit établissement mormon, de dix ou quinze maisons sur la rivière Bear. J'y restai une semaine, installé dans un ranco, les jambes si raidies et si enflées, que je pouvais à peine remuer. Il est vrai que j'avais fourni une assez jolie carrière, considérant le pays traversé, une distance de plus de trois cents milles, ce qui faisait une moyenne d'environ soixante milles par jour.

CHAPITRE XVII

INTY Valley, poste néfaste!
Mais avant d'en parler,
il me faut dire que, pen-
dant ma halte au ranco,
je fis la connaissance
d'un nommé Billy Ca-
meron, qui avait épousé
la fille de Joshua Alpin,
prêtre mormon. Nous fûmes bientôt au mieux et il venait
me tenir compagnie tandis que j'étais étendu sur le dos.

Il me dit que son beau-père vivait dans la Cité du Lac
Salé, que si je le désirais, il me donnerait une lettre
d'introduction et que je pourrais passer une semaine
chez lui en attendant du travail.

J'acceptai avec reconnaissance et il me donna la lettre que j'emportai, curieux de voir quelle nouvelle fortune le sort me réservait dans la moderne Jérusalem.

La distance de la Cité du Lac Salé à la rivière Bear était d'une soixantaine de milles que je fis en petites étapes. J'en avais assez d'essayer des miracles de vitesse et allais mon petit train aussi confortablement que le permettaient les circonstances. Le voyage me prit trois jours et j'arrivai tout gaillard.

Je trouvai facilement Joshua Alpin, présentai ma lettre et fus bien reçu. Le vieux et sa femme paraissaient de bonnes gens, ils m'engagèrent à rester, à me mettre à l'aise jusqu'à ce que je sois fixé. Ils avaient quelques années auparavant émigré du Texas, et l'homme était devenu un zélé Mormon et un membre très influent de l'église.

Je ne voulais pas leur être à charge et j'offris de payer mon logement et ma nourriture, mais ils n'y consentirent pas. Je me trouvais parfaitement chez eux et me décidais à y rester; mais comme ils ne voulaient pas entendre parler de paiement, je tirai un plan de façon à m'acquitter.

Le vieux aimait beaucoup le tabac : je m'arrangeais à l'en approvisionner. Le bœuf était un luxe qu'ils ne pouvaient se permettre : j'allais chez le boucher et leur en faisais apporter des tranches. Tout cela et d'autres petites choses faisaient que, quoique je ne fusse pas un logeur payant, mes comptes se trouvaient réglés.

Quant à me procurer du travail, c'était beaucoup plus difficile que je ne le pensais. Il y avait dans la Cité tant de gens comme moi, congédiés du service du gouvernement, que pour la moindre bricole offerte, vingt personnes se présentaient. J'errais depuis des semaines à la recherche de n'importe quoi, mais le n'importe quoi n'arrivait jamais.

Pendant ce temps le vieux Joshua ne cessait de me sermonner et d'essayer de me convertir au mormonisme. Selon lui, je ne pourrais jamais m'attendre à faire mon chemin dans le monde et prospérer tant que je vivrais dans les ténèbres et l'incrédulité. Je lui répétais ce que m'avait dit Élan-Coup-Double au sujet du Grand Esprit donnant à manger aux oiseaux et aux buffles et que, quelle que fût ma foi, j'aurais toujours quelque chose à me mettre sous la dent. Il sembla être du même avis que je le fus moi-même quand j'entendis Élan-Coup-Double, mais m'observa que l'homme ne doit pas vivre seulement pour manger, mais avait une autre mission à remplir : prospérer, cultiver le sol, fructifier la terre et la femme, et remplir quantité d'autres devoirs qui, réunis, se réduisaient à ma conversion au mormonisme. Il me procurerait alors plus de travail que je ne pourrais en faire, un travail facile et agréable, et ma vie ne serait plus que perpétuel bonheur et bénédiction.

— « Eh bien, Joshua, dis-je, je vais y penser et je vous ferai savoir le résultat de mes réflexions. » J'étais bien résolu, tant que j'aurais un dollar en poche, de rester indépendant de cette clique mormonne que je méprisais de tout cœur.

Enfin la chance parut me favoriser. Je rencontrai un jour A.-B. Miller, superintendant de la *Pony Express*

Agency (agence de la Poste à cheval) qui faisait alors le service de Californie. Il me dit que les Indiens Pi-Utes s'étaient répandus sur la route et avaient effrayé ses deux courriers, deux fils métis du capitaine Egon, en les prévenant que s'ils revenaient encore dans leur pays, on leur ferait leur affaire : de là plus personne pour se charger de la malle.

Miller se trouvait sous le coup d'une amende de mille dollars chaque fois qu'elle n'arrivait pas à la prochaine station, Winty Valley, distante de cent quinze milles. Tous ceux à qui il s'adressait se moquaient de lui et lui conseillaient de s'en charger lui-même. Il m'offrit deux cent cinquante dollars pour la prendre et rapporter celle qui attendait à Winty.

Je lui demandai à quoi me servirait son argent si l'on m'expédiait au royaume des taupes.

Il m'affirma que les Indiens n'avaient réellement pas l'intention de tuer, qu'ils ne me molesteraient même pas, n'en voulant qu'aux métis.

Finalement je consentis, rien que pour montrer aux autres que j'avais plus de cœur qu'eux. Et tous d'affirmer que je ne reviendrais pas.

Miller me donna un bon cheval; je partis et arrivai en temps voulu à la station. Je la trouvai en ruine et encore fumante. Les Indiens avaient tué le maître de poste, brûlé la maison, tout pillé et gagné le large.

Je ne m'attardai pas longtemps après cette découverte, mais rebroussai lestement chemin, ne m'arrêtant pas à baguenauder en route.

Comme je passais à travers quelques petits cèdres,

j'arrivais sur un Indien embusqué dans un buisson, attendant la malle.

Mon cheval le flaira et fit un écart. Il faisait en ce moment nuit noire et tout ce que je pus voir c'est l'éclair de son rifle.

Je l'échappai belle, la balle enleva une boucle de

mes cheveux et traversa mon chapeau. Je coupai le buisson, descendis vers une rivière large de trente-cinq pieds, très profonde, avec des bords très escarpés.

On y avait jeté un pont, mais une troupe d'Indiens le gardaient et tirèrent sur moi. Je tournai rapidement à gauche en amont, j'enfonçai mes éperons dans le ventre du poney qui s'élança dans la rivière. Nous voici dans l'eau profonde; je tiens bon sur ma monture et atteins sain et sauf la rive opposée.

Je saute à terre et, tirant la bride, j'essaie de faire grimper mon cheval. Il semblait comprendre notre position et, faisant un effort désespéré, réussit. Je l'enfourche, et en route! Nous avions parcouru environ trois cents mètres, lorsque tout à coup le fidèle animal chancelle et tombe mort. Qu'il ait été frappé d'une flèche ou se soit rompu un vaisseau, je ne m'arrêtai pas pour m'en assurer. Je saisis les arçons, les jetai sur mes épaules, et m'élançai dans les fourrés.

Comment je m'en tirai cette nuit-là, je n'en sais vraiment rien; j'entendais les Indiens hurler à mes trousses, et c'était à vingt milles de la Cité du Lac Salé. Je l'atteignis enfin, à demi mort de fatigue. Le lendemain cinquante hommes partirent pour rebâtir la station, mais cela ne servit à rien. L'express à cheval dut cesser de fonctionner et je fus le dernier qui ait fait un effort en ce sens.

Quand je montrai à Miller mon chapeau et la place de la boucle enlevée, il me dit en riant: «Vous avez été frisé de près, mon garçon.»

C'est tout ce que je reçus pour avoir risqué ma vie à Winty Valley; car, comme je n'avais pas réussi à rapporter la malle, je n'eus pas droit à mes dollars.

L'hiver approchait. Inutile d'aller à l'Est avant le printemps. Enfin le vieux Joshua Alpin me dit que si je voulais me laisser baptiser par lui, il m'assurerait un emploi pour trois ans.

Un certain Nathaniel Jones allait être envoyé en mission spéciale en Angleterre, et j'aurais à prendre soin de son établissement pendant son absence.

Je connaissais de réputation Jones comme un homme très à l'aise, propriétaire d'une belle maison. C'était une sorte de grand prêtre dans l'administration du gouvernement mormon.

Je pensais que cela ferait mieux mon affaire que de me morfondre tout l'hiver à bayer aux corneilles et que puisque cette place dépendait de mon baptême, je ne voyais nul inconvénient à me soumettre à cette farce. Je dis donc au vieux Joshua que j'avais enfin reconnu mes erreurs et me sentais tout préparé à m'incorporer dans l'armée du Seigneur.

Le vieux et sa femme furent ravis et l'on décida que je serais admis dans l'église le lendemain matin.

Au lever du soleil, lui et moi nous nous rendîmes à une tannerie à quelque distance de la maison. Personne autre que nous; et la cérémonie fut des plus brèves. Nous trouvâmes une citerne; nous y sautâmes tout habillés la main dans la main. Je me souviens encore de ce saut. L'eau, excessivement froide, arrivait jusqu'à la poitrine. Il marmotta alors quelques prières, me plongea la tête sous l'eau et me baptisa « Frère Nelson ».

Tout fut fini en dix minutes et je sortis grelottant et vrai Mormon. Nous retournons à la maison, changeons de vêtements, étendons les mouillés devant le feu et nous nous mettons à table pour déjeuner. Mon nom fut dûment inscrit dans un livre et envoyé à l'évêque du district qui le retourna au quartier général.

J'allais au tabernacle trois fois par semaine et deux fois le dimanche. Présenté à Nathaniel Jones, je fis le dévot, jouant le rôle d'un jeune homme sobre, sage et craignant Dieu. Personnellement, je faisais autant cas du mormonisme que d'un vieux mocassin, mais j'étais assez malin pour ne pas m'exposer à perdre une position pour laquelle j'avais failli mourir de froid.

Je dois franchement déclarer que je ne vis rien de répulsif ou de mauvais dans la religion mormonne. La seule objection que j'eus pu faire était la polygamie, et je n'étais pas particulièrement pointilleux sur ce sujet, vu mes unions multiples avec mes squaws. Mais ce qu'on peut tolérer chez des Indiennes ne peut l'être avec des blanches, du moins à mon avis.

J'ai généralement trouvé les Mormons de durs et laborieux travailleurs, se croyant dans la bonne voie. Ils ont été roulés par quelques habiles gaillards, tels que Brigham Young, Joseph Smith, Heber C. Kimball, Joseph Young et son frère, Daniel Wells, et nombre d'autres qui se sont procuré leur bien-être et engraissés aux dépens de leurs misérables dupes.

Brigham Young est certainement l'homme le plus rusé que j'aie jamais connu. Si, au lieu d'être Président de l'Utah, il l'avait été des États-Unis, son nom aurait passé à la postérité ; mais, comme beaucoup, il n'a pas atteint le but qu'il visait.

Je l'ai entendu prêcher plus de cinquante fois et je dois lui rendre cette justice de dire qu'il ne parlait pas, à l'instar de tant de prêtres, d'enfer et de damnation. Son credo consistait en ceci :

« Soyez obligeants, bons, justes pour tous ; prenez beaucoup de femmes, fécondez-les et repeuplez la terre. Enseignez cela à vos enfants, qui seront les seuls enfants

de Dieu. Nous sommes les Saints des Nouveaux Jours.
Notre salut est assuré. Amen. »

Hors du tabernacle, Brigham était un sociable et ai-

mable compagnon. Il fut très content de me revoir et
d'apprendre que j'étais enfin entré dans la communion.
Il me rappelait que dix années de ma vie avaient été
gaspillées et que si j'avais écouté ses conseils, j'occupe-

rais maintenant une haute position, comme beaucoup des premiers pionniers.

Il me questionna ensuite sur les causes de mon retour au lac Salé. Je lui dis que j'étais venu avec les troupes, et qu'immédiatement après mon arrivée, j'avais reconnu mes erreurs et profité de la première occasion pour m'en faire absoudre. J'ajoutai que pendant les dix longues années écoulées j'avais désiré maintes et maintes fois mon adoption dans l'église, et que maintenant je me sentais aussi heureux que j'avais été misérable.

Il fut content de voir que mes yeux s'étaient enfin ouverts, et il savait, la première fois qu'il me rencontra sur la Platte, que tôt ou tard je ferais partie du troupeau. Le Grand Livre disait qu'ils devaient multiplier et repeupler la terre. Il espérait donc que j'allais m'établir, prendre plusieurs femmes et suivre les préceptes divins. Je lui répliquai que c'était justement ce que je comptais faire aussitôt que je serais fixé sur mon sort.

Il me répondit qu'il me recommanderait chaudement au Frère Nathaniel Jones, et que je pouvais me considérer comme nommé. Alors il me présenta à sa fille Luna, et m'invita à venir dans sa maison aussi souvent que je le voudrais. Je l'en remerciai, et l'hiver suivant je fus souvent le voir. J'eus un grand succès près de ses femmes qui m'introduisirent chez les principales familles de l'endroit. Luna et moi devînmes intimes, et dans tous les bals j'étais son danseur ou je faisais partie de son quadrille.

Le vieux prêtre Alpin arrangea mes conditions avec Frère Nathaniel Jones. Je devais entrer chez lui comme *majordome,* avec la responsabilité de son établissement, de ses troupeaux, de ses femmes, enfin de tout ce qui lui appartenait à raison de quarante dollars par mois, et défrayé de tout; contrat pour trois ans.

Nos signatures posées, Frère Nathaniel prit ses cliques et ses claques et partit pour sa mission, tandis que j'étais dûment installé en ma nouvelle position d'ami de l'orphelin et de protecteur du beau sexe.

La nuit même du départ de Frère Jones, je fus initié à mes devoirs par la femme du vieux Joshua qui me fit bien entendre qu'aussi longtemps je me ferais aimer et maintiendrais la bonne harmonie, ma vie serait une fête perpétuelle. Je connaissais ou allais connaître les meilleures familles que fréquentaient les femmes de Frère Jones, et tout ce que l'on exigeait de moi pour me mener sur le grand chemin de la fortune était d'être actif, zélé, attentif aux intérêts de Frère Nathaniel. J'attirerais ainsi l'attention de hauts personnages qui veilleraient à ma future position.

Je promis de bien me conduire, de faire mon possible pour le bien-être et le confort des belles personnes qui m'étaient confiées, et auxquelles je fus présenté avec pompe et solennité.

CHAPITRE XVIII

ROTHER Jones possédait une habitation consistant en une masse de deux acres carrés, solide construction de deux étages, affectant la forme de la lettre L. Les écuries attenaient à la maison ; devant, s'étendait un jardin et derrière un grand pré. Frère Nathaniel avait trois épouses. L'aînée, le numéro un, s'appelait Rebecca.

C'était une matrone de quarante-cinq à cinquante ans, mère de deux filles de seize et de quatorze. Sœur Rebecca n'était pas une femme désagréable, elle me parut même assez avenante, mais avec une pointe de tristesse; était-ce de son union avec Frère Jones ou avec le mormonisme en général, c'est ce que je n'ai jamais su. Elle occupait le local de ce qu'on pourrait appeler la partie supérieure de la lettre L.

Ses filles, solides, saines et bien portantes gaillardes, étaient reléguées au second étage de la maison et disposaient de toute l'enfilade. Une des jeunes femmes de Brigham Young leur servait d'institutrice.

Le numéro deux, Sœur Mary, avait vingt-quatre ans, une taille haute et fine, des cheveux bruns, des yeux bleus et beaucoup de pâleur; en plus, un enfant d'un an. Elle habitait le milieu de l'autre aile.

Le numéro trois, Sœur Annie, jeune Anglaise de dix-huit ans, nouvelle venue au lac Salé, n'avait épousé Frère Nathaniel que cinq semaines avant son départ. Ses appartements se trouvaient au sommet de l'angle.

Quant à moi, mon quartier composé de plusieurs chambres formait l'extrémité de la lettre, près des écuries et des serres.

Chaque femme, on le voit, avait ses appartements séparés, mais communiquant tous par un corridor qui faisait le tour de la maison. Voici quels étaient les arrangements domestiques. Chaque femme à tour de rôle était chargée du ménage général pendant une semaine. Pas de servante, chacun avait à s'occuper de soi.

L'épouse de semaine me donnait la liste de tout ce

dont elle avait besoin et je devais le lui procurer. N'importe ce qu'elle demandait, elle pouvait l'obtenir par
mon intermédiaire.

A la fin de la semaine, je rassemblais les factures et
les portais au Frère William Godby, prêtre et droguiste,
et banquier de Frère Jones. Il me donnait l'argent pour
le règlement des comptes et je lui retournais les reçus.

Je débutai par la vieille dame et tout alla comme sur
des roulettes. Tout ce qu'elle demandait, je le lui oc-
troyais et la vieille chatte semblait tout à fait guillerette.
Suivant les instructions de Frère Jones, je présidais à
table; nous boustiffaillions dans les appartements de la
femme de semaine et je les maintenais en bonne humeur
en racontant un tas d'histoires comme elles n'en avaient
jamais entendu. Aussi, avant même la fin de la semaine,
je vis que je devenais très aimé des dames.

Mon travail pendant les premiers temps consistait à
faire la provision de bois pour l'hiver. Il y avait un attelage de mules, un chariot et un boguey sous ma direction. J'attelais le matin, je coupais une charge de
bois, que je rapportais pour une heure; nous dînions et
je promenais ensuite les dames dans le boguey. C'était
un élégant équipage, et la façon dont je conduisais les
mules et les faisais filer dans les rues excitait l'envie et
l'admiration de tous les Mormons de la Cité.

Nous sortions chaque jour pour faire des visites, qui
se terminaient par quelque bal dont mes dames raffo-
laient et nous rentrions à minuit. Fréquemment c'était
chez nous qu'on dansait. On ne pouvait plus se passer
de « Frère Nelson ».

Je me mettais sur mon trente-et-un et remplissais par
faitement mon rôle, faisant toujours le béat en société.

Tout allait donc très bien avec les trois femmes qui
m'aimaient comme un « frère ». Je m'arrangeais pour
avoir du bon temps et je l'eus.

Sœur Annie était ma favorite. Mes appartements tou-
chaient aux siens et je suppose que c'est grâce à cette
circonstance que je la voyais plus souvent que les autres.
La petite comptait, comme je l'ai dit, seulement dix-huit
ans. De taille moyenne, suffisamment dodue, un teint
d'albâtre, des cheveux bouclés couleur de jais et des
grands yeux noirs, jamais rien, avant ni depuis, ne me
parut plus affriolant.

J'en devins amoureux fou, et de son côté elle me
témoignait son vif penchant. A cela rien d'étonnant.
J'étais au printemps de la vie et, je m'en flatte, de pas
trop vilaine tournure. J'étais gai, elle ne demandait
qu'à rire, tandis que Rebecca rôdait toujours partout
comme si elle cherchait un dollar perdu. Sœur Mary,
morose et chagrine, souriait rarement, sinon jamais,
absorbée d'ailleurs par son baby.

Toujours le mot plaisant à la bouche, je maintenais
autant que je le pouvais la gaîté dans la maison. Bref,
sous ce point, je pense que je gagnais honnêtement mon
salaire.

Je jouissais de toute la plénitude de mon bonheur,
et j'espérais que Frère Jones ferait le plongeon pendant
la traversée à son retour d'Angleterre, ou qu'il surgirait
quelque incident qui l'empêcherait de revenir me ré-
clamer ma chère Annie, lorsqu'un beau jour, Sœur Mary

étant de semaine, la vieille Rebecca se mit en furieuse
rage et apostropha Annie à dîner sur un sujet que, si vrai
qu'il pût être, j'étais certain qu'elle ne pouvait prouver.

— Sœur Rebecca, m'écriai-je, vous ne devriez pas faire
de telles remarques sur votre sœur Annie ; c'est très mal

à vous et je suis sûr que si Frère Jones était ici, il serait
bien en colère.

Prenant mon air le plus hypocrite, je continuai :
« Et je considère ces propos sur votre chère sœur injus-
tifiables et excessivement inconvenables. » Je ne sais
qu'allait être ma péroraison, mais elle fut soudainement
interrompue par Annie, qui, me jetant un regard des
plus tendres, se leva et sauta sur Sœur Rebecca.

Je m'assis, suivant les péripéties de la lutte. Mais ré-
fléchissant que Frère Jones entendait que je fusse en son

absence maître et seigneur, je les saisis toutes deux, appelant Sœur Mary à la rescousse. Nous réussîmes après de longs efforts à les séparer, mais pas avant que Sœur Rebecca n'eût perdu une partie de son chignon et deux ou trois dents de devant.

En apparence très vertueusement indigné, je riais sous cape de la déconfiture de Rebecca. M'armant d'effronterie, je courus immédiatement chez notre guide, philosophe, ami et conseiller spirituel Frère William Godby, lui faire un récit moral et bien enjolivé de l'aventure, déclarant l'impossibilité de vivre paisiblement avec des femmes qui m'étaient confiées tant que le diable qui s'était si soudainement emparé de Sœur Rebecca ne fût exorcisé. Naturellement, je présentais Sœur Annie aussi innocente et inoffensive qu'une colombe, blâmable en rien, et n'ayant agi que pour se défendre. Finalement je priai le vieux droguiste d'examiner Sœur Rebecca et de voir ce qu'il y avait à essayer pour sa guérison.

Rebecca eut environ quatre heures de prières avec lui et dut ensuite avaler une douzaine de bouteilles de médecine verte fort puante que le vieux me dit en confidence devoir calmer ses sens.

Soit effet des sermons, soit effet des médecines, les choses semblèrent mieux aller et pendant quelques semaines nous vécûmes dans notre première harmonie. Mais je me tenais sur mes gardes, prenant grand soin de ne pas m'endormir sur le rôti. Enfin je découvris que Sœurs Rebecca et Mary avaient contracté alliance et me guettaient toutes deux pour me surprendre avec Sœur Annie. Mauvaise affaire.

Lutter contre une femme, cela m'était égal ; mais contre deux, aidées, comme je m'en aperçus, des filles de Rebecca, c'était trop.

Aussitôt pris, aussitôt pendu, je le savais, ou bien le cou coupé, enfin expédié d'une façon ou d'une autre, aussi allai-je droit à Rebecca : « Sœur, lui dis-je, vous êtes bien folle d'agir ainsi. Vous voilà vieille femme, avec deux grandes filles, et vous êtes jalouse de moi parce que j'ai plaisanté et un peu batifolé avec votre sœur Annie, qui n'est après tout qu'une gamine de deux ans seulement plus âgée que votre fille aînée. Vous devriez être plus circonspecte. Vous m'étonnez. J'ai agi de mon mieux pour vous rendre toutes heureuses et vous me récompensez en essayant de me faire tout le tort possible. J'ai résolu de vous en punir, je le ferai en vous quittant ; et quand je serai parti, vous reconnaîtrez votre erreur. Je ne puis supporter de perdre ma réputation en me laissant espionner comme vous et Sœur Mary le faites. Si vous m'aviez laissé tranquille, tout se serait bien passé et personne jamais n'aurait rien su. Maintenant je serai obligé de dire à tout le monde que votre mauvais caractère me force à partir. Vous vous apercevrez que mon successeur, quel qu'il soit, ne prendra pas pour vous le même intérêt que moi. »

Elle fut toute bouleversée quand elle vit que je comprenais ainsi mon rôle, pleura, jura qu'elle m'aimait et ne me laisserait pas partir.

— Moi aussi, répondis-je, je vous ai aimée comme un frère doit aimer, et aussi Sœur Mary.

J'eus avec celle-ci la même explication, mais elle eut une crise et gigota de telle sorte que je dus appeler Sœur Rebecca, qui la fit revenir à elle en lui jetant un baquet d'eau sur la tête.

Mais la plus terrible scène fut avec Sœur Annie; la pauvre petite pleura toutes les larmes de son corps, et je crus que son cœur allait se rompre. Elle se mit dans un coin et sanglota pendant des heures. J'essayai de la consoler, lui disant qu'une séparation était ce qu'il y avait de meilleur dans notre intérêt à tous deux.

Finalement, j'empaquetai mes hardes et eus à m'arracher littéralement de la maison, fort heureux d'en sortir avec ma peau.

Si les explications de ces dames m'avaient seulement été données avant, j'aurais su comment agir, quoiqu'il m'eût été bien difficile d'en favoriser une sans offenser les autres. Personne ne fut jamais placé dans une situation plus embarrassante que je ne l'étais avec ces trois enragées jalouses, et je suis certain que le plus sensé était de vider les lieux.

J'allai droit au vieux Godby lui déclarer l'impossibilité de rester plus longtemps avec Sœur Rebecca. Elle n'allait pas mieux, grognait et trouvait à redire à tout, rendant ses sœurs malheureuses; celles-ci, je réussissais à leur plaire, mais je sentais que, dussé-je continuer cent ans, je ne parviendrai, jamais à contenter la vieille. J'arrivai à la conclusion que la vie était trop courte pour la gaspiller en pareil effort. Bref, je me considérais comme une victime, et plutôt que de donner à Sœur Rebecca l'occasion de dire que je faisais plus d'attention à ses sœurs et à ses filles qu'à elle-même, je quittais la place.

Frère Godby exprima tout son chagrin de ma détermination, jurant qu'il avait la plus grande foi en ma pureté, et que je ne devais pas me tourmenter de ces histoires. Il avait si haute opinion de mes mérites qu'il désirait me confier son ménage pour l'administrer de même façon que celui de Frère Jones.

Godby était si occupé à construire des maisons, qu'il n'avait le temps de rien surveiller chez lui comme il le voulait. J'acceptai et je fus en conséquence installé comme une sorte d'intendant.

Le vieux bouc avait cinq femmes, toutes jeunes, de seize à vingt-cinq ans.

Son établissement marchait précisément sur le même pied que celui de Frère Jones, chaque femme prenant la semaine de service à son tour et alors tout le monde à sa table.

Je dois dire que je n'ai jamais vu personne s'arranger si bien avec cinq femmes que le vieux Godby. Pendant les quatre mois que je suis resté chez lui, pas un mot de dispute. Tout entier à mon travail, je n'osais faire attention à aucune d'elles.

Frère William, d'ailleurs, avait toujours un œil ouvert et ne me perdait pas de cet œil.

Je tombais de Charybde en Scylla, sous le rapport de l'espionnage du moins, et cela m'ennuyait fort. Quelquefois, quand je croyais le vieux pendard occupé à ses constructions, il surgissait tout à coup de quelque coin de la maison où, je crois, il se cachait souvent des heures pour me guetter.

Je me tenais cependant toujours sur mes gardes et personne ne pouvait avoir une conduite plus honorable et plus franche que la mienne. Chat échaudé craint l'eau froide. Les choses allaient donc si bien chez le vieux papa Godby, comme je l'appelais, que je crois que j'y aurais vécu des années, et même jusqu'à la mort du vieux, et alors peut-être aurais-je épousé ses femmes, si ma mauvaise étoile n'avait brillé de nouveau juste au moment où je n'en avais pas besoin.

Un hôtel de *gentils* s'était élevé dans la ville, et parmi les servantes se trouvait une jolie petite Anglaise dont je devins fort amoureux. Nous sortions ensemble et faisions nos réflexions sur les Mormons.

Je ne lui avais jamais dit que j'appartenais à la bande : en fait, je jurais que je les haïssais autant qu'elle les haïssait elle-même. Mais un dimanche soir, comme nous nous promenions dans un jardin, nous nous mîmes à batifoler. Le propriétaire qui nous guettait nous surprit *flagrante delicto* et courut prévenir Frère Godby.

Un joli coup pour ma réputation ! Moi un pieux chanteur de psaumes, un jeune et béatifié Mormon ! Adieu mes bonnes notes : je me réveillai dans mon iniquité mise à nu. « John, mon garçon, me dis-je, il faut vous hâter de chercher un autre coin de ciel avant qu'on ne découvre encore d'autres pots aux roses à votre actif. » En conséquence je me mis en quête de quelqu'un qui allait quelque part, ou voulait faire n'importe quoi,

que je puisse accompagner, pour déguerpir au plus
vite.

Pas affaire facile, les apostats étaient activement
surveillés par les « anges destructeurs », et, à moins
d'une escorte du gouvernement, ceux qui manifes-
taient leur intention de lâcher les Saints risquaient leur
tête.

Nombre d'hommes, de femmes, d'enfants avaient été
massacrés en essayant de s'échapper du paradis mormon sans qu'on eût jamais découvert les meurtriers. Je
connaissais, néanmoins, les inspirateurs de ces crimes :
c'étaient Pater Rockwell, qui me connaissait lui aussi,
Bill Hickmann et son fils, All Huntington, Lot Huntington, J.-C. Luice, et d'autres. Je ne tenais donc pas
à ce qu'on sût que je cherchais d'autres rivages.

Je rencontrai enfin un nommé Pete Dotson, vieil affréteur, qui chargeait trente-trois voitures de farine
pour Denver, premier envoi de farine, paraît-il, qui ait
encore quitté la Cité du Lac Salé ; et comme c'était le
début de ce qui devint par la suite un grand commerce,
cela attirait une certaine attention.

Je m'engageai comme aide-maître de chariot, et il fut
convenu secrètement que je rejoindrais la caravane le
lendemain de son départ.

Je parus indifférent quand le cortège se mit en route
et, avec une foule de Mormons, je lui souhaitai bonne
chance et heureux voyage.

Puis je retournai chez le Frère Godby et passai
anxieusement le jour et la nuit. Je n'étais plus en faveur maintenant, tous les sourires de jadis s'étaient

changés en renfrognements. Même les gentilles petites femmes me tournaient le dos.

Le lendemain, bien avant l'aube, je me levai, envoyai un adieu mental à tout ce qui m'entourait, et filai aussi vite que possible après la caravane. Je rencontrai deux ou trois personnes de connaissance qui me demandè-rent où je courais en telle hâte ; je leur répondis que je portais de la médecine à un malade de la part de Frère Godby.

Arrivé à l'embouchure d'Echo Cañon, je m'arrêtai pour reprendre haleine et là, aussi solennellement que si je l'avais pris au sérieux, j'abjurai pour toujours le mormonisme. J'en avais vraiment assez. Jetant un der-nier regard sur la Cité où j'avais eu autant d'amuse-ment que la plupart des autres, je remontai la machine et doublai le Cañon aussi vite que mes jambes me le permettaient.

CHAPITRE XIX

A moitié chemin du Cañon, à environ douze milles de son embouchure, je rejoignis mes nouveaux compagnons. Ils avaient corrallé pour la nuit et se préparaient au départ. Je fis honneur au déjeuner après ma longue course et, un peu fatigué, je me fourrai dans un chariot et y restai la plus grande partie de la journée. Acte de prudence.

Pendant deux jours, je fus assailli de la crainte que quelques anges destructeurs ayant vent de mon départ ne se mettent à mes trousses pour m'occire, dans la louable intention de sauver mon âme.

Aussi restai-je sur le qui-vive, déterminé à vendre chèrement ma vie.

Nous étions trente-trois, tous « gentils » à ce que nous pensions et désireux d'être loin de l'Utah ; mais, par le fait, il y avait parmi nous trois Mormons, voleurs de troupeaux, qui s'étaient joints à nous pour voler nos bêtes. Je ne les connaissais pas et leur étais également inconnu. Ils *travaillaient* avec le concours de quelques associés qui nous suivaient à une prudente distance. Nous avions fort affaire pour traverser les montagnes et étions très fatigués quand la nuit venait. La seconde nuit, tandis que j'étais couché sous l'un des chariots, j'entendis entre ces trois gaillards une petite conversation qui excita mon attention et me mit le nez dans le pot aux roses.

Ils avaient combiné qu'à leurs gardes de nuit leurs camarades viendraient s'emparer des bêtes par petits groupes, de façon à laisser croire qu'elles s'étaient égarées. Un signal donné dans le jour préviendrait du moment opportun.

Je racontai l'histoire à cinq des plus solides gaillards et nous décidâmes d'envoyer un coureur en toute hâte à Pete Dotson resté à la Cité du Lac Salé pour rassembler d'autres bêtes qui n'étaient pas prêtes au départ de la caravane.

Nous continuâmes deux jours encore, car je tenais à

mettre avant d'agir le plus de distance possible entre la Cité et nous, puis l'on commanda mes trois coquins de garde. Nous fîmes comme si nous ne nous doutions de rien, mais je doublai la garde des chariots.

Vers une heure du matin, moi et mes cinq camarades, armés de nos rifles, nous rampâmes à l'endroit où se tenaient les Mormons. Ils avaient évidemment donné le signal, car bientôt quatre hommes arrivèrent à cheval sur le troupeau, choisirent huit ou neuf bêtes, et les chassèrent devant eux.

— « Feu! » criai-je. Et les six coups partirent à la fois. A cause de l'obscurité et de la distance, nous ne tuâmes personne, mais un de leurs chevaux et un homme furent atteints. On s'en empara : il dévoila tout le complot.

Mes trois coquins furent placés sous bonne garde jusqu'au lendemain matin où arriva Dotson. On les jugea et on les condamna à travailler gratis jusqu'à Denver, fusils et pistolets enlevés, avec menace, si l'un d'eux mettait la main sur une arme, de le fusiller séance tenante.

Quant au blessé qui n'en avait pas pour longtemps, nous nous arrangeâmes à le tenir en vie pendant deux ou trois jours et le réexpédiâmes par une caravane allant à la Cité du Lac Salé.

Nous avions quitté cette ville le 15 octobre et l'hiver enveloppait déjà les montagnes avec une neige si épaisse en certains endroits que nous avions à nous escrimer pendant des heures pour déblayer le chemin.

Enfin nous atteignons les bords de la Platte du Nord et y campons. Notre troupeau trouvait à paître sur la pente de là montagne, sous la garde de deux Danois de notre bande. Un d'eux, avec un fusil de chasse, nous tuait des coqs de bruyère pour le souper.

Tandis qu'il allait çà et là, un œil sur le troupeau et l'autre sur le gibier, il tomba tout à coup sur un gros ours et, dans son effroi, tira. Le plomb fit une simple piqûre à l'ours qui s'élança sur lui, l'étreignit, le coucha par terre, le couvrit de branches et de feuilles. Après quoi, il alla boire à une mare, préparation apéritive pour dîner du Danois.

Je saisis mon rifle et avec deux ou trois hommes m'avançai vers M. Bruin. Nous n'avions pu porter secours au pauvre diable expédié si rapidement, mais nous voulions tuer l'ours : aussi, tandis qu'il se dandinait près de la mare, quelques balles mirent pour jamais fin à ses dandinements.

Nous tirâmes alors le compagnon de dessous ses branches fort étonnés de le trouver encore en vie. Porté au camp, il avala du whiskey, et on le frictionna de la tête aux pieds. Le lendemain il se tenait debout, et huit jours après reprenait sa besogne.

J'aurais bien cru qu'il avait tous les os brisés, mais il devait être bâti de métal. Quoi qu'il en fût, nous le regardâmes comme une parfaite merveille, car si quelqu'un devait rendre l'âme, c'était lui assurément.

Le gibier abondait et nous nous en payions chaque fois qu'il tombait à portée de nos balles.

A vingt-cinq milles avant Denver est le fort Saint-Verain, où nous arrivâmes sains et saufs.

Là, quelques conducteurs volèrent au store des

tranches de jambon, du sucre et du café qu'ils échangèrent contre du whiskey à un Canadien-Français.

Là-dessus grande *soulographie* et conséquence, grand branle-bas dans le campement. Des coups de pistolet partaient dans toutes les directions, mais le lendemain matin, quand on voulut ramasser les morts, on ne trouva personne de tué.

Dans les premiers jours de décembre nous arrivâmes à Denver, une centaine de baraques de l'aspect le plus misérable. C'était le quartier général des mineurs qui se rendaient aux Montagnes Rocheuses, et la localité ne faisait que de naître. Il y avait là une jolie collection. Je croyais avoir vu pas mal de coquins, mais ceux-ci surpassaient tous ceux de ma connaissance.

Je m'installai dans la hutte de meilleure apparence — Denver hotel ; — j'allumai ma pipe et réfléchis à ce que j'allais faire. Riche d'à peu près quinze cents dollars, la plus grande somme que j'eusse jamais possédée en bien propre, je roulai plusieurs projets dans ma tête et finalement m'arrêtai à celui d'aller à Charleston voir si mes parents étaient encore de ce monde. Depuis mon départ de chez mon oncle, je n'avais plus jamais entendu parler de personne de ma famille.

Jugeant ce projet très louable, je ne voulus pas perdre de temps pour le mettre à exécution.

D'abord je me rendis à un magasin de confection, tenu par un juif, et achetai deux complets du dernier genre, bottes, chapeau et tout.

Mon costume, jusqu'ici, ne s'était composé que de peaux de daim et de mocassins. Ensuite j'achetai des robes de buffle pour ma mère, un complet en peau de daim brodé de perles pour mon père, et d'autres présents pour ceux de mes parents dont je pouvais me souvenir. Pour moi-même, je m'offris une belle montre en or, qui se trouva subséquemment être de cuivre, et qui me coûta soixante-quinze dollars. Je fis peigner et pommader mes cheveux qui tombaient en longues boucles sur mes épaules, appareiller ma barbe, et, tout de neuf attifé, je flânai par les rues en bottes étroites — ce qui me gênait passablement, — m'imaginant être un parfait spécimen de dandysme. Je m'informai des moyens de communication les plus rapides pour gagner la rivière Missouri.

Un nommé Bill Martin, venu avec une caravane de trente chariots de provisions, s'en retournait à vide à Omaha chercher de nouvelles marchandises. Il utilisait ses chariots en les remplissant de voyageurs à raison de vingt-cinq dollars par tête, nourriture comprise.

Il restait justement une place ; je la payai promptement, courus à l'hôtel, empaquetai mes trésors, les chargeai dans une voiture, et la caravane se mit en route.

Nous arrivâmes rapidement à la Platte du Sud, au point de jonction, près de l'établissement militaire. Là, un des conducteurs fut congédié pour ivrognerie, et Bill Martin fit tous ses efforts pour lui trouver un remplaçant parmi les voyageurs. Mais le temps était si terriblement froid qu'il ne trouva pas de volontaire. Enfin, comme il était question d'abandonner le fourgon, je m'en chargeai à condition que les vingt-cinq dollars payés me seraient rendus et que j'en recevrais autant à Omaha.

Je saisis donc les brides et nous allâmes gaiement.

Nombre de rancos bordaient la route, et partout où nous pouvions nous coucher, nous n'y manquions pas. Les colons nous prenaient un quart de dollar par tête. Nous apportions nos couvertures et nous allongions sur le plancher, où nous trouvions de la place, aussi longtemps que nous rencontrions un toit pour nous protéger du froid et de la neige. Deux d'entre nous dormaient dans chaque fourgon — pauvre abri quand il est ouvert — et nous faisions toujours notre possible pour « corraller » la nuit près d'un shanty, si pauvre qu'il fût.

Un jour, ne me sentant pas à mon aise, pris de froid à l'intérieur, je ne pus diriger l'attelage. Je priai mon *bunkey*, ou compagnon de voyage, de conduire à ma place, et allai m'étendre dans un autre chariot où il y avait un poêle portatif. Nous étions à environ un demi-mille de mon fourgon, lorsqu'on vint me dire que mon bunkey s'était arrêté pour boire à un petit cabaret, laissant l'attelage à la porte.

Les mules, pensant qu'elles pouvaient en faire autant, étaient allées à la rivière voisine, traînant la voiture sur la glace et renversant tout le bazar.

Malade comme je l'étais, je me traînai dehors et trouvai mules et voiture dans quatre pieds d'eau et figées dans la glace. Me mettant à l'œuvre avec l'aide de mes compagnons, je parvins à les tirer, mais je fus moi-même mouillé jusqu'aux os. Il n'y avait maintenant point autre chose à faire que de boire un coup de whiskey.

On me tendit un gobelet plein que je vidai d'un trait.

Soit à cause de l'état de faiblesse où je me trouvais, soit pour toute autre raison, cette lampée fit son effet. Je devins aussi fou qu'aucun lunatique sur la face du globe.

Je savais parfaitement bien ce que je faisais, mais ne pouvais m'en empêcher.

Nous nous arretâmes environ trois heures à ce cabaret et sortîmes par une nuit noire, pour rejoindre le reste de la caravane, mes compagnons tous ivres morts.

Je faisais tous mes efforts pour avancer, mais plus j'essayais, plus l'attelage semblait ralentir. Je ne sais si ce fut leur bain forcé ou leur longue attente sous le froid qui rendait les mules malades, mais elles s'arrê-

tèrent soudain à mi-côte d'une colline. J'eus beau les
flatter, les fouetter, tempêter : elles ne remuaient pas.
Mes compagnons ronflaient dans le fourgon, absolument indifférents à ce qui se passait. Finalement, je
pensai que puisque les mules n'obéissaient pas au

fouet, elles seraient plus dociles au couteau. Je me
traînai donc derrière une pour lui donner une petite
entaille. Soit que j'eusse glissé ou frappé trop fort, mon
couteau entra jusqu'au manche, et la mule tomba du
coup, le sang jaillissant comme d'un robinet.

Je mis mes mains pour essayer de l'arrêter, jusqu'à
ce que j'en fus inondé.

« Voilà qui va bien, » pensai-je. « Inutile de continuer. » Je ne pouvais traîner la bête morte hors du
chemin ; et quant à mes compagnons, tout ce que j'en

obtenais, c'était de sourds grognements quand j'essayais de les secouer.

Abandonnant le chariot, j'allai à l'endroit où la caravane avait « corrallé »; l'on me demanda où était l'attelage. Je dis que j'avais tué tout le monde et comme mon aspect annonçait quelque chose d'insolite, on envoya à la découverte. En attendant, on se saisit de ma personne, de mes pistolets et je fus jeté dans une baraque solidement verrouillée, avec un factionnaîre armé d'un fusil chargé à la porte.

Je ne sais comment je passai la nuit. J'ai un vague souvenir d'avoir sacré et juré que je massacrerais toute la caravane. Aussi me donna-t-on à entendre qu'en arrivant à Kearney, je serais livré aux autorités pour avoir assassiné une mule. Cela m'inquiétait fort; je bus un autre coup pour noyer mon chagrin. Incomplètement revenu des effets des libations de la veille, ce stimulant additionnel me lança de nouveau dans les vignes du Seigneur.

J'allai trouver Miller pour lui offrir de lui payer sa mule. Il refusa tout paiement, disant que les camarades lui en avaient offert deux cents dollars, qu'il avait repoussés, déterminé qu'il était à me livrer à la justice pour mon abominable cruauté.

Bien décidé à ne pas me laisser prendre vivant, j'allai retrouver mes camarades. Mon bunkey, en me rendant mes pistolets, me promit de veiller à ce qui m'appartenait et de me le restituer au Canada, où je m'arrangerais pour le rencontrer; et disant adieu aux quelques amis qui se trouvaient là par hasard, je décampai résolu à me cacher jusqu'au départ de la caravane. Je n'étais pas loin quand le maître des fourgons courut après moi, et me cria : « Arrêtez. Vous êtes mon prisonnier, je veux vous garder et vous livrer à la justice, comme je vous en ai prévenu. »

— Bon ! répliquai-je; si je suis votre prisonnier, il faut me prendre. Me voici. Empoignez-moi si vous pouvez.

Il tira un revolver Smith et Weston, me menaçant de tirer si je faisais un pas.

Regardant la frêle arme, je me mis à rire :

— Tire, lui-dis-je. Je me moque de ton joujou.

Sur ce, il commence le feu et décharge sur moi ses six coups sans m'atteindre.

Au même moment, un grand juif hollandais accourait armé d'une fourche. Cela donna du cœur au « singe », qui dit : « Si tu ne te rends pas immédiatement, je te tue. » Je lui répliquai : « Décampe ou tu es mort. » Il essaya de me saisir. Je lui envoyai alors dans l'épaule une prune qui le roula par terre.

Le juif laissa tomber sa fourche et battit lestement en retraite. Inutile de m'attarder là, je pouvais avoir toute la bande sur le dos : aussi je me précipitai vers la rivière, comptant la traverser sur la glace. Mais je sentis qu'elle ne pouvait me porter.

En cet endroit, elle est large d'un mille avec des profondeurs de distance en distance. Brisant la glace à mesure que j'avançais, nageant et prenant pied, j'atteins enfin le bord opposé, complètement harassé. Quelques minutes d'arrêt et je reprends ma course. Il faisait un froid horrible et le vent soufflait terriblement. Mes vêtements se gelaient sur moi, mais j'allais toujours.

Enfin, après une marche de quarante milles, j'arrive à un ranco juste en face du fort Kearney, tenu par un nommé John Young.

Je lui raconte tout et il me jure le secret jusqu'à ce que j'aie trouvé l'occasion de partir. Je lui promets de bien le payer et comme preuve de mes intentions, je lui donne une pièce d'or de vingt dollars et mon gilet de peau de daim. Il me prête des effets secs, et m'installe aussi bien qu'il peut.

CHAPITRE XX

ʀ j'étais depuis trois jours chez John Young,
lorsqu'un petit chariot avec trois
hommes s'arrêta au ranco. Je m'esquivai dans une armoire, ce que je
faisais toujours quand un étranger
se montrait. Dans ma cachette, je
crus reconnaître la voix d'un des
hommes, et plus j'écoutais, plus je
me convainquais qu'elle appartenait à quelqu'un de connaissance,
quoique je ne pusse le nommer. Enfin la curiosité l'em-

porta sur la prudence et je frappai la porte du pied
jusqu'à ce qu'on m'ouvrît. Mes deux hommes étaient
des conducteurs que j'avais connus à la Cité du Lac
Salé et qui en revenaient.

Je leur fis le récit de mes malheurs et ils s'offrirent de
me prendre avec eux, et de me descendre à Omaha, si

je le désirais : c'était justement mon affaire. Aussi,
disant adieu à John Young, je montai dans leur voiture, que chauffait un petit poêle, et nous voilà en
route.

Ils avaient entendu parler de mon escapade au fort
Kearney et me dirent que ma dernière caravane y attendait que la neige fût passée.

Le troisième jour, le coche de Kearney à Omaha nous
rejoignit, et dedans, le juif hollandais. Il ne pouvait me
voir, couché que j'étais dans l'intérieur du fourgon, re-

gardant par un trou de la bâche. Quand le coche fut près de notre attelage, le juif cria à mon camarade : « Avez-vous rencontré un piéton sur la route ? » Et il lui fit une description de ma personne.

—Oui, répliqua mon copain, nous l'avons vu.

J'avais, pendant ce temps, mis une paire de pistolets à ma ceinture et, me montrant, je répondis moi-même. Le coche était plein de voyageurs, parmi lesquels nombre de femmes.

— Me voici, dis-je, seigneur juif de Hollande. Que me voulez vous ?

— Vous arrêter.

— Ah ! ah. Je vous attends.

Ce disant, je sautai du chariot sur la route et, armant mes deux six-coups : « Descends me prendre. »

Dans son mouvement pour sortir du coche, il me tourna le dos ; je le laissai descendre jusqu'à la roue de devant :

—Je crois, mon ami, que vous êtes allé assez loin, lui dis-je ; il est temps de stopper.

— Attention ! lui cria le conducteur.

Regardant par-dessus son épaule, il vit les canons de mes pistolets braqués sur lui et en un clin d'œil regrimpait sur son siège.

Les femmes dans l'intérieur commençaient à crier.

— Mes bonnes dames, dis-je, ne vous effrayez pas. Je

ne vous ferai pas de mal. Je n'ai de compte à régler qu'avec ce flandrin de youtre.

— Je vous attraperai à Omaha, riposta-t-il, et nous réglerons.

— Très bien. Si vous m'attrapez à Omaha, vous n'aurez plus besoin de me rattraper une autre fois. Un avis que je vous donne dans votre intérêt.

Le coche partit et je n'ai plus jamais vu depuis cet aimable gentleman.

Une semaine après, nous étions à destination et installés dans un hôtel où pendant deux jours nous menâmes joyeuse vie. Puis mes amis continuèrent leur voyage.

Toutes mes bonnes résolutions de revoir le *home* étaient maintenant évanouies, et je décidai d'attendre tranquillement la caravane où je pourrais voir mon bunkey et reprendre mes bagages.

Dans l'hôtel, je fis connaissance d'un vieux fermier nommé Keats, dont le ranco se trouvait à environ six milles d'Omaha, dans la prairie. Il me demanda de rester avec lui. Maison sur la grande route, toutes les voitures venant de Kearney passaient devant.

Vers le dixième jour, la caravane arrive. Nous la laissons passer ; puis, sautant dans un chariot, nous entrons dans la ville derrière elle.

Nous marchions, le fermier et moi, dans la rue principale, lorsque nous nous croisons avec le maître de fourgons J'allai droit à lui, et, à ma surprise, il sourit :

— Eh bien! John, comment allez-vous? dit-il.

J'ouvrais l'œil, m'attendant à une balle.

Je lui dis : « Si vous n'aviez pas tiré sur moi, je ne vous aurais pas fait cela, » désignant son bras qu'il portait en écharpe.

— C'est un peu de ma faute, répliqua-t-il. Je n'avais nullement l'intention de tirer sur vous, si ce n'est pour vous effrayer, et je ne savais pas que vous aviez un pistolet; vous n'avez fait que ce que j'aurais probablement fait moi-même en pareil cas. On m'a raconté la cause de tous ces ennuis, et vous n'êtes pas tant à blâmer que je le croyais. Votre coup cependant a failli me régler mon compte. Mais le docteur m'a dit qu'avant peu je serais rétabli. Je ne vous en veux pas. Venez boire un coup, qui, je l'espère, ne nous fera de mal ni à l'un ni à l'autre.

Cette façon d'agir m'interloquait, et lui, le vieux fermier et moi, allâmes boire et causer.

Je m'informai de mon bunkey et j'appris qu'aussitôt l'arrivée de la caravane il s'était ostensiblement mis à ma recherche.

Je quittai le maître de fourgons, en excellents termes. Nous n'eûmes plus jamais de querelles et partout où nous nous rencontrâmes, nous ne manquions pas de causer, verre en main, de notre petit démêlé.

Quant à mon bunkey, tous mes efforts pour le trouver échouèrent. Il avait traversé la rivière Iowa avec cinq cents dollars de mon argent, mes vêtements neufs, et d'autres objets. Je n'ai jamais plus entendu parler de lui.

Je restai un mois avec le vieux fermier Keats, sa famille composée de grands fils et de six filles dont la plus jeune âgée de quinze ans était fort à mon goût. Nous nous amusions assez bien au ranco et donnions par semaine trois bals, auxquels on invitait les gens d'alentour, et je payais les violons.

A ce métier, ma bourse fut bientôt à sec; j'allai alors à Florance, à quelques milles d'Omaha, point de départ des Mormons, couper du bois de stère à raison de deux dollars et demi la corde. Une corde se compose de bois de charpente de la longueur de quatre pieds et empilés en un tas de quatre pieds de haut sur quatre de long. Je pouvais faire au plus une corde et demie par jour, occupation fort au-dessous de ma dernière méthode de gagner sans grand'peine un bel et bon argent : aussi l'abandonnai-je après six semaines de dure besogne.

Un jour, à Omaha, je rencontrai un homme avec cinq ou six attelages de bœufs, qui demandait un conducteur. Il se rendait au fort Desmoines, dans l'Iowa, à quelque cent soixante milles, acheter de la farine pour la transporter à Denver et la vendre aux mineurs de Pike's Peak, Buckskin Jo's Gulch, etc., etc. Il m'offrait vingt dollars avec la nourriture, et j'acceptai. Il y avait en outre quatre conducteurs payés et une douzaine d'hommes qui avaient coupé du bois comme moi et voulaient aller aux mines. Ils ne recevaient aucune solde, mais simplement des rations.

Ayant tué une antilope, je fus exempt de conduire des attelages et nommé en place chasseur de la caravane, que

j'approvisionnai de viande pendant le reste du voyage.
Le patron me prêta un cheval, et je revécus ma bonne
vieille vie d'autrefois, dont personne ne savait rien, car
je ne soufflais jamais mot sur ce que j'étais ou avais été.

A Denver, nous ne trouvâmes pas à nous défaire de

notre farine; il fallut aller à Buckskin Jo's Gulch, à six
journées plus loin, à travers les montagnes. Là le patron
bâtit une maison qu'il transforma en magasin et en une
sorte d'hôtel. J'y restai jusqu'à ce que tout fût prêt et
bien aménagé; puis je partis tenter la fortune à la chasse
à l'or.

L'endroit était plein de tous les chenapans de la
création, jouant tous le même jeu. Je m'attendais à

trouver l'or accroché aux arbres, d'après ce que j'avais entendu dire et vu dans les tripots où les mineurs arrivaient avec des sacs gonflés de pépites qu'ils jetaient sur la table comme ils eussent fait de cailloux. Dans ma parfaite innocence, je croyais que je n'aurais qu'à me baisser pour en prendre. Mais quand j'entrais dans la carrière, je fus profondément déçu.

J'allai à un endroit où une soixantaine d'hommes travaillaient à une mine, et demandai si le patron avait besoin de quelqu'un. La réponse fut négative. J'allai à d'autres. Tout était plein. Enfin, au fond de la carrière, je trouvai un individu, assis sur un rocher, surveillant des ouvriers hissant du quartz sur une montagne au moyen de sacs de peaux de bœufs attachés à une corde.

— Êtes-vous le maître de cette fouille? dis-je à l'homme.

— J'imagine que oui.

— Avez-vous besoin d'un ouvrier?

— Ça dépend. Que savez-vous faire?

— Un peu de tout.

— Eh bien! il me faut deux hommes.

— Pour quelle besogne?

Montrant la colline :

— Pour extraire le quartz.

Je regardai la colline et ceux qui travaillaient, et remarquai qu'ils suaient sang et eau rien qu'à tirer les sacs vides. La colline, presque perpendiculaire, avec ses marches taillées, semblait aussi raide qu'une échelle.

— Combien payez-vous pour cette sorte de travail?

— Deux dollars et demi.

— Merci. Bonjour. Ça ne fait pas mon affaire!

Et je retournai chez mon ami l'entrepositaire lui proposer d'approvisionner son hôtel de gibier de toute espèce à 10 cents la livre, à condition qu'il me vendît son vieux fusil pour quatre dollars. Le bois en avait été cassé et raccommodé avec de la peau brute, mais je savais comment m'en servir.

Il consentit, et le lendemain je commençai mon métier d'approvisionneur. J'avais parcouru environ un mille quand un cerf à queue noire tomba sous ma balle. Il pesait cent quarante livres et je l'emportai sur mes épaules.

Chaque jour je me mettais en chasse et tuais plus que je ne pouvais porter. Mon homme me prêta une mule et de cette façon je rapportai de trois à six cerfs par jour, jusqu'à ce qu'enfin les provisions dépassèrent les demandes.

Mon ami s'arrangea alors avec l'unique boucher de la place pour qu'il prît autant de viande qu'on pourrait lui en fournir à raison de 5 cents au-dessus de mon prix de contrat.

Bonne affaire pour moi, mais au bout de la semaine, ils crièrent tous deux : « Arrêtez! Assez! »

La venaison arrivait en telle abondance que tout le monde s'en gorgeait.

Je me faisais une moyenne de vingt dollars par jour et trouvais cette occupation beaucoup plus agréable que celle de hisser des caisses en haut d'une colline.

Les nuits se passaient à jouer mes gains. Quelquefois je gagnais, mais très rarement. Lorsqu'il y avait trop de viande en stock, je me reposais.

Finalement, on me prévint qu'on ne pourrait en prendre plus de cent trente livres par jour.

Je me décidai à lâcher le jeu et à épargner mon argent jusqu'à ce que j'eusse amassé de quoi retourner à Denver et m'embarquer dans quelque autre affaire. Je tins religieusement parole et quand j'eus économisé trois cents dollars, abandonnant la chasse, je dis adieu à mes amis et le fusil sur l'épaule, je cheminai jusqu'au « Trou de Gloire ».

CHAPITRE XXI

Les *desperados* à Denver. — Les nouvelles des Montagnes Rocheuses. — Une aventure à la halle de Denver. — J'en ai assez. — Le ranco d'Ackley. — J'aspire à la liberté. — Encore les Bois de Coton. — Chez Billy Hill's. — Première rencontre avec Dan Slade. — Histoire de Jules Berg. — Rasé de près. — Un brave Anglais. — Mort de Billy Hill's. — Départ.

ENVER, à cette époque, était une vraie fournaise. Plein de tripots, de tavernes, et un joyeux endroit pour les assassinats. Pas d'autre loi que celle du revolver, et le luron qui avait tué le plus de ses semblables était le plus considéré.

J'allais vivre en rentier dans une pension bourgeoise, et comme je ne trouvais aucune besogne à ma convenance, je passais mon temps à traîner de droite et de

gauche, principalement à Pike's Peak où je vis pendre
et fusiller pas mal de gens. C'était chose ordinaire de
trouver quatre ou cinq pendus se balancer au vent du
matin. A Denver particulièrement, surtout sur le pont
du Cherry, jeté sur la crique de ce nom. On faisait mon-

ter le pèlerin sur le parapet auquel on avait attaché une
corde, et un nœud coulant au cou, il sautait bon gré
mal gré dans l'éternité.

Ces exécutions se faisaient sous les auspices d'un
comité de vigilance composé d'un groupe de paisibles
mineurs qui prenaient la loi en main pour leur propre
protection. Tous les entrepositaires faisaient partie de
cette organisation formée pour mettre un frein aux excès
des *desperados*.

Au cours de mes flâneries, je vis plus de cent cinquante de ces gentlemen expédiés de la sorte. Impossible de s'imaginer une plus grande agglomération de gredins. Ils finirent cependant par recevoir une leçon qui les fit réfléchir.

Un journal, le premier, les *Nouvelles des Montagnes Rocheuses,* parut pendant mon séjour à Denver. Le numéro de lancement, plein de virulents articles contre les joueurs et les repris de justice en général, soutenait, par le fait, les intérêts du comité de vigilance, de la loi et de l'ordre. L'atelier de composition était installé dans un shanty, et les typographes ne travaillaient qu'avec leur revolver et leur fusil à deux coups à portée de la main. J'en vis tuer trois pendant qu'ils faisaient tranquillement leur besogne.

Le directeur, nommé Byers, ne se montrait jamais dehors quand paraissaient ses articles. Les bandits ne le perdaient pas de vue, et aussitôt qu'il faisait mine de sortir, une demi-douzaine de balles arrivaient lui dire bonjour. Il subit cet état de siège jusqu'à ce que le comité de vigilance nettoyât la bande. Il devint par la suite un haut personnage, très riche et sénateur.

Voici un exemple de l'état de désordre où se trouvait la ville :

J'entrai un soir, par hasard, dans Denver Hall, la plus grande salle de jeu de l'endroit. Elle était remplie et presque tout le monde ivre. Je me promenais çà et là, regardant jouer, lorsque tout à coup un remue-ménage éclate. Un coup de pistolet est tiré et un joueur tué sur sa chaise. Bagarre générale. On ferme les portes, on

éteint les lumières, et les décharges commencent. Bouteilles et gobelets volent dans toutes les directions. Je
me réfugie dans un coin, ne voulant pas prendre part à
la bataille, mais je reçois un gobelet sur l'œil qui me
renverse et me fait perdre connaissance pendant quelques minutes.

Quand je revins à moi, les balles sifflaient de plus
belle.

Pensant le temps venu de m'en mêler, je hurlai :
« Servez-moi des cartes. »

Il faisait noir comme dans un four, et au premier mot,
au moindre mouvement on tirait dans la direction d'où
venait le bruit. Je n'eus pas plutôt crié que cinq ou
six coups partirent à la fois. Les balles frappaient le mur
au-dessus de ma tête et autour de moi. Je me glissai
sous un banc pendant le reste de la bagarre qui dura
plus d'un quart d'heure, jusqu'à ce que la porte fût en-
foncée du dehors. Chacun alors de gagner à grande
poussée la rue ; plusieurs même sautèrent par les fenêtres
brisées à coups de chaise. Je restai sous mon banc jusqu'à ce que la foule fût un peu évacuée. Je cherchai
alors à tâtons mon chemin, autant que me le permettait
le sang qui m'inondait la face, et j'allai au plus vite me
faire panser chez un droguiste d'où l'on me reconduisit
à mon logis. Pendant la nuit, je réfléchis que Denver n'était pas tout à fait le lieu qui me convenait, et
je résolus de décamper à la première occasion. Dans
cette bagarre, on ramassa dix-sept morts et trente-
cinq blessés. La dispute commença au sujet d'un jeu de
monte. Un joueur qui perdait se mit à tirer des coups de

revolver dans les lampes, et, pendant ce petit sport, tua un homme en face de lui : d'où la danse. Il se passa plus d'une semaine avant que je ne pusse enlever le bandage de mon œil et sortir. Après trois jours de démarches, je m'engageai dans une caravane qui, ayant apporté des provisions d'Omaha, retournait au ravitaillement. Je n'avais aucune intention arrêtée sur le but de mon voyage, mais j'avais hâte de ne plus être trouvé ni à Denver ni dans son voisinage.

A Platte River, à environ neuf milles au-dessus du passage de la Californie, nous nous arrêtâmes à une sorte d'hôtel-magasin tenu par un nommé Ackley et appelé Ranco d'Ackley. Ces stations, installées tout le long de la route, servent de refuge aux voyageurs la nuit, particulièrement pendant les mois d'hiver.

Je m'entretins avec Ackley, qui me demanda si je voudrais l'aider à tenir son établissement.

J'acceptai à raison de quarante dollars par mois, et dès le lendemain matin, tandis que les autres continuaient leur voyage, je me mis à mes nouvelles fonctions.

La maison, faite de mottes de gazon avec des fenêtres en bois, et un toit de bâtons de sapins recouverts de terre sèche, se composait de trois chambres : la buvette, une chambre à coucher de seize pieds carrés et la cuisine ; salle à manger de même dimension. Nous avions des écuries pour cent vingt-cinq chevaux et derrière le bâtiment un corral où il y avait place pour soixante fourgons, avec une meule à foin et un grenier à grains. Sur l'un des côtés du corral s'étendait un long hangar, où les émigrants pouvaient dormir et faire leur cuisine.

Mes fonctions consistaient à m'occuper des émigrants, à leur indiquer leurs quartiers respectifs, à leur vendre ce dont ils avaient besoin.

Le reste du temps j'étais occupé, derrière le comp-

toir, à mélanger et servir les liquides-à tout venant.

Ceci se passait en 1862. Les Indiens étaient alors très favorablement disposés et venaient au ranco faire des échanges, acheter des provisions et du whiskey, campant quelquefois près de nous plusieurs semaines consécutives. Je rencontrais nombre de mes anciens amis et nous passions d'heureux moments, causant du vieux temps.

13.

Les Cheyennes nous rendaient principalement visite, et parmi eux un vieux chef nommé Friday (Vendredi), qui chassait pour nous et nous approvisionnait de viande d'antilope et de buffle. Nous faisions beaucoup d'argent pour ce vieux chef en revendant sa viande aux émigrants. On lui rendait fidèlement son compte, mais il nous revenait toujours en échange de whiskey et de marchandises qu'on lui faisait bien payer.

J'adorais ce genre de vie, et comme j'étais au mieux avec Ackley, le temps passait fort agréablement.

Après trois mois, cependant, j'éprouvai le besoin de changer d'air. Je regardais au loin dans les prairies, souhaitant de m'y trouver. J'enviais même le vieux Vendredi, qui allait et venait suivant sa fantaisie, tandis que j'étais attaché comme un cheval aux entraves.

Enfin, n'y tenant plus, je déclarai à Ackley qu'il me fallait le quitter, car la vie d'intérieur ne me convenait pas.

Il m'offrit cinquante dollars par mois, si je consentais à rester, me disant qu'il m'aimait beaucoup et ne trouverait personne pour me remplacer.

C'était, ma foi, fort flatteur, mais je lui répondis que j'étais bien fâché de le quitter, mais cette vie stationnaire me rendait fou. Croyant que j'exigeais une plus forte somme, il me pria de fixer mes conditions, n'ayant rien à me refuser.

— Non, Ackley, répliquai-je : vous m'avez parfaitement traité. Je n'ai jamais rencontré personne que j'aime mieux que vous ; mais il faut que je parte, car ma vie est là-bas. — Et je lui montrais la prairie. — Quand je suis venu ici, je pensais pouvoir me fixer; le vieil instinct a repris le dessus : je dois partir.

Nous nous séparâmes les meilleurs amis du monde. Il avait deux hommes employés à haler du bois : je ne le laissais donc pas seul. Je me mis en route avec une caravane que j'accompagnai jusqu'à la Platte aux sources des Bois de Coton.

A deux milles et demi des sources s'élevait un autre ranco appartenant à un nommé Billy Hill's, endroit semblable à celui que je venais de quitter et où justement on avait besoin d'un homme qui fît dans l'établissement ce que j'avais fait chez Ackley.

Je me trouvais maintenant dans mon vieux territoire, toujours si plein d'attraits pour moi. Les Sioux campaient tout autour dans le district, et je pensais qu'autant valait accepter ce qu'on m'offrait, en attendant mieux. En tous cas, je savais que je rencontrerais mes Indiens qui viendraient certainement trafiquer au ranco, et je m'arrangeai avec le vieux Billy à raison de vingt-cinq dollars par mois.

Au bout d'un mois il prit ses attelages et partit chercher des approvisionnements à Omaha, me laissant la direction de la cambuse.

Resté seul, j'imaginai de former un corps de police indienne pour ma propre protection. Quelques Brûlés, sous les chefs Corbeau-de-Fer et Ventre-de-Chien, se trouvaient à ce moment au ranco : je les connaissais et je m'arrangeai avec eux moyennant un petit présent de café et de sucre, pour veiller à ce que je ne sois pas molesté.

Un jour arriva du fort Kearney un coche avec une

demi-douzaine de forbans, parmi lesquels un très re-marquable scélérat nommé Dan Slade, un des plus fameux coupeurs de route du pays, ayant plus de meurtre sur la conscience qu'aucun bandit du territoire.

Il était agent divisionnaire ou superintendant d'un district de cent milles de la Overland Stage Company.

Oiseaux de même plume s'assemblent et il était bien connu que Slade avait sous ses ordres la plus belle collection de coquins de la ligne.

Il avait une haine incroyable contre les Français-Ca-nadiens, dont beaucoup se trouvaient le long de la route aux stations postales, et il avait juré de les chasser tous du pays.

Il commença l'opération par fusiller ceux qu'il ren-contrait, rendant ainsi la vie impossible aux autres. Rien à dire. Il était dans son propre district, et, comme chef, réglait les affaires comme il l'entendait.

Après s'être assez bien amusé à l'autre bout de la li-gne, il arrivait à l'extrémité orientale de la Vieille-Cali-fornie, où habitait une de ses bêtes noires, un vieux bonhomme paisible et rangé, nommé Jules Berg.

Il vivait dans le pays depuis quelque temps et s'était fait un troupeau de cent cinquante têtes de bétail qu'il venait de vendre sur la Platte du Nord. Il regagnait son ranco avec son argent dans un sac de cuir attaché à l'arçon de sa selle.

Slade et ses huit ou neuf chenapans, ivres comme d'habitude, attendaient le retour du vieux. Dès qu'il arriva, ils se jetèrent sur lui, l'attachèrent à un poteau du corral derrière le ranco.

Puis Slade avec son couteau lui coupe une oreille, la met dans sa poche, et s'en va boire avec sa bande.

Quelque temps après, ils reviennent voir leur victime, l'injurient, lui crachent au visage, le maltraitent : après quoi Slade lui coupe l'autre oreille qu'il place dans son autre poche, et nouvelle visite au gallon de whiskey.

Jules leur demandait en vain de le détacher, offrant de se battre contre tous.

Ils reviennent encore et commencent un autre genre de torture, tirant des coups de fusil sur ses bras, ses jambes, sur toutes les parties charnues sans en atteindre aucune de vitale.

Après ce petit divertissement, et ayant prolongé son agonie jusqu'à ce qu'ils fussent fatigués, ils prirent leurs revolvers et tirèrent une volée sur le misérable. Puis ils s'emparèrent de son argent, détruisirent dans le ranco tout ce qu'ils ne pouvaient emporter, et décampèrent.

En mémoire du pauvre diable, la ville qui s'éleva à cet endroit fut appelée Julesburg.

Slade et sa bande continuèrent leur série de crimes, assassinant une trentaine de personnes, de la façon la plus lâche et la plus cruelle, toujours huit ou neuf contre un.

Je ne les connaissais pas lorsqu'ils arrivèrent au ranco de Billy Hill's ; mais entendant le bruit du coche, je sortis promptement les boissons et les étalai sur le zinc.

Slade, grand drôle aux petits yeux de loup, descendit le premier et, venant droit au comptoir, y appuya les coudes et, me regardant en face, me dit d'un ton insolent et provocateur :

— Me connaissez-vous ?

— Ma foi, non.

— Je suis l'homme qui a tué le Bon Dieu.

Je lui tendis la main :

— Comment allez-vous, monsieur l'assassin du Bon Dieu ?

Lui et ses compagnons étant à moitié ivres, le meilleur plan était de les mettre en bonne humeur.

Cependant, lâchant ma main, il prit une carafe de whiskey et me la lança à la tête.

Je parai le coup de mon bras gauche et reçus la carafe sur le coude. Faisant un pas en arrière, je saisis un vieux fusil à deux coups dont on avait rogné les canons, ce qui le transformait en une sorte de long pistolet, je le visai à la tête et tirai. Heureusement pour lui, un de ses sacripants fit dévier le canon et la charge de vingt-quatre chevrotines alla crever le toit du shanty, y faisant un trou de la largeur d'une assiette.

Cela parut le calmer un instant; il se recula et me regarda longuement.

J'avais le doigt sur l'autre détente, prêt à faire feu au moindre geste.

Ses amis s'interposèrent.

— Arrêtez, garçon ! C'était pour rire.

— Si c'est votre façon de rire, elle ne me va guère, répliquai-je.

On fit la paix, l'on but une tournée; mais ce n'était pas fini.

Arrive sur ces entrefaites un émigrant anglais, et tandis qu'il descend de son chariot, Slade s'empare d'un poids de quatre livres posé sur le comptoir près des balances et l'envoie par la fenêtre sur la tête de l'émigrant, que, heureusement, il manqua.

L'Anglais, qui n'avait pas froid aux yeux, se retourne, et, se trouvant en face de huit hommes, sort son rifle du fourgon, marche sur le shanty et ajuste Slade :

— C'est vous qui m'avez lancé ce poids ? dit-il.

Slade répondit que c'était par plaisanterie et les autres l'excusèrent, priant l'Anglais de n'y pas faire attention.

Il y consentit, à condition que Slade n'entreprendrait pas de « l'embêter » davantage. On le lui promit et je le fis entrer dans la cuisine avec sa femme qui l'accompagnait.

Slade et ses coquins nous débarrassèrent quelque temps après, pour aller à deux milles et demi de là, au ranco d'un Canadien nommé Toefield.

Ils le chassèrent de chez lui, cassèrent tout, puis partirent, l'avertissant qu'ils reviendraient dans une semaine et le tueraient s'ils le retrouvaient là.

Bref, ils en firent tant qu'ils durent quitter le district.

Slade fut envoyé plus loin dans l'Ouest, où il commit de telles atrocités que la Compagnie des Routes dut le renvoyer.

Avec quatorze de sa bande, il se rendit à Virginia-City (Montana), et organisa une troupe de plus de soixante coupeurs de route. Le comité de vigilance les poursuivit, attrapa Slade et vingt-sept de ses hommes, et les envoya se balancer en compagnie dans l'espace.

La femme de Slade, apprenant la capture de son mari, saute sur un cheval, fait quarante milles en toute vitesse, et arrive cinq minutes après la pendaison.

Son intention était de le tuer d'un coup de revolver pour lui éviter la corde.

Elle valait mieux que lui et j'appris plus tard qu'elle tua trois des hommes qui aidèrent à le pendre. Elle dut finalement quitter le pays pour sauver sa propre peau.

Le vieux Billy était absent depuis vingt jours, et tout marchait bien au ranco, lorsque la nouvelle arriva qu'il avait été tué dans une dispute en traversant le Hoop-Fork sur un bac, près d'Omaha.

Sa femme et son frère vinrent peu de temps après prendre possession du ranco. Ces gens me déplurent et le lendemain je fis mon petit paquet et quittai la maison.

CHAPITRE XXII

Tout droit au campement de mes amis les Brûlés, c'est où je me dirigeai sans hésitation ; heureux de me revoir, ils me firent un chaleureux accueil. Au bout de quelques jours, les chefs, désirant m'être agréables et me remercier de quelques services rendus pendant mon séjour au ranco, me conseillèrent de prendre femme. Je ne m'y opposai pas et l'on me trouva une orpheline de dix-sept ans pour laquelle je donnai à son frère un fusil à deux coups, de la verroterie, du café, du lard, tout cela représentant quelques dollars. J'envoyai au ranco quelques effets que la veuve de Billy Hill's lui confectionna. Je dépensai en outre soixante-quinze dollars pour le tepee que je voulus aussi somptueux que les plus riches du camp.

Un mariage chez les Indiens, comme je l'ai déjà expliqué, n'est valable que lorsqu'un cheval change de main et par cela consacre l'union.

Aucun transfert de ce genre n'ayant eu lieu, mon alliance n'avait nul caractère légal suivant les us et coutumes des Sioux.

Cependant, comme le frère de la demoiselle ne fit aucune objection, je ne crus pas devoir me montrer plus pointilleux.

Nous nous établîmes donc d'une façon fort confortable et tout alla parfaitement pendant un mois, mais m'étant absenté vingt-quatre heures, pour aller voir un ami, à vingt milles de là, je trouvai à mon retour ma squaw disparue avec les provisions, le tepee, tout enfin, enlevée par un jeune guerrier.

Furieux, j'allai dans tous les tepees à la recherche de mes gaillards, leur infliger une petite correction; mais pas si bêtes de se laisser prendre, ils avaient gagné la prairie et je ne les revis jamais plus.

Mes amis les chefs me plaignirent sincèrement, me disant qu'il y avait encore des poissons dans la rivière et que je ferais mieux de chercher une autre squaw que de me tourmenter pour de semblables bagatelles.

Suivant leur avis, le lendemain soir à huit heures j'avais mon affaire. Elle s'appelait Hu-pa-Sap-pah-wee-ah (la Femme à l'Anneau noir). Vingt-deux ans, veuve d'un soldat du fort Laramie, elle en avait un marmot. Je lui donnai couvertures, étoffes bleues, verroterie, achetai un autre tepee et l'y installai en lui lisant les règles et ordonnances de l'établissement. Elle me promit d'être sage et nous fûmes fort heureux au début. Mais ce bonheur ne dura pas, car au bout de quelques semaines sa mère et le reste de sa famille me demandèrent de les prendre chez moi. Je leur répondis qu'en épousant la fille, je ne comptais pas épouser toute la nation des Sioux, et refusai net. La discorde entra dès lors dans le camp :

ce que voyant, je pliai ma tente et renvoyai ma squaw à ses parents, lui disant que j'avais trouvé du travail ailleurs et lui promettant de fréquentes visites.

Indécis d'abord, je me souvins que deux frères, nommés Gilman, avaient installé un ranco sur la route à quinze milles vers l'est, et j'allai leur offrir mes services.

Jumeaux de trente ans environ et de haute taille, l'un, John, un gros et solide gaillard, était le contraire de son frère Ferry, mince et long comme une latte. Leur ranco, un des plus grands de la ligne, n'était pas encore achevé. Je m'engageai à l'essai pour un mois. Mêmes fonctions que chez Billy Hill's, aux appointements de quinze dollars : une misère! Mais je savais qu'ils augmenteraient bientôt.

Nous avions une écurie pour cent soixante-quinze chevaux, un grand corral pour de nombreux émigrants. Le trafic allait bien; des voitures sillonnaient continuellement la route et il passait des milliers d'émigrants pour la Californie.

Au bout d'une dizaine de jours nous fûmes bien installés et les affaires allèrent rondement. A la fin du premier mois je reçus vingt-cinq dollars au lieu de quinze, et avant la fin du troisième ma paye montait à soixante-cinq dollars. Mon augmentation de valeur ne venait pas seulement de mes aptitudes à faire manœuvrer la boîte, mais les Gilman avaient découvert que ma connaissance de l'indien leur était fort utile et ils désiraient me garder.

Trois mois après mon arrivée, ils obtinrent la fourniture des poteaux télégraphiques pour la ligne de Californie qu'on ouvrait, des poteaux de cèdre, fort abondant dans les cañons à cinq milles du ranco.

Avec huit hommes et quelques chariots, j'abattais et empilais les bois le long de la route.

Vers une heure j'avais fini et une autre besogne commençait : servir émigrants et voyageurs.

Deux fois par semaine, je courais au campement indien voir ma femme et lui porter sucre, cafés et autres douceurs. Un jour, arrivant avec un énorme paquet de friandises, j'appris qu'elle avait disparu avec un guerrier. Toujours la même histoire. Sans femme encore une fois !

Deux ou trois coups de whiskey me remirent d'aplomb et je retournai à mon service, maudissant plus que jamais le sexe perfide.

Pendant l'hiver, je partis avec deux fourgons pour le compte des Gilman et me rendis à la crique du Gros-Dindon (*Big Turkey Creek*), à environ cent cinquante milles. J'y trouvai les Ogallalas, les Brûlés et quelques Cheyennes, et parmi eux mes vieux amis Queue-Tachetée sorti de prison et Élan-Coup-Double, bien heureux de me revoir. Je passai trois mois fort agréables et revins au ranco, tout mon stock vendu, avec un chargement de fourrures.

J'avais, je crois, 475 peaux des meilleurs buffles, payées un dollar et quart et revendues cinq ; 2 000 langues de buffles séchées, achetées 36 cents la douzaine et revendues vingt-quatre dollars aux émigrants ; et d'autres peaux et cuirs bruts. Mes patrons enchantés n'en pouvaient croire leurs yeux en voyant mes richesses ; ils augmentèrent immédiatement mon salaire, me firent présent d'un cheval tout harnaché et m'élevèrent au rang de contremaître de leur établissement.

Au printemps de 1863, le gouvernement décida la construction d'un fort à *Cottonwood Spring*, qui reçut le nom de Fort Macpherson. Les Gilman obtinrent l'adjudication des travaux dont j'eus la surveillance.

L'hiver suivant, je fus encore envoyé chez les Indiens aux appointements de cinq dollars par jour. J'avais deux fourgons tirés chacun par six paires de bœufs, et deux hommes pour m'aider. Nous allâmes sur la rivière Républicaine, où nous trouvâmes une fraction des Cheyennes.

Arrivés dans leur campement, ils voulurent nous forcer à accepter leurs prix, le quart des nôtres, et, sur notre refus, déclarèrent qu'ils n'achèteraient rien et que nous n'irions pas ailleurs. Ils nous firent garder militairement par des sentinelles pendant une semaine, au bout de laquelle je parvins à arranger les choses avec leur chef, Antilope-Blanc, lui offrant un festin de pommes cuites au four mélangées de riz et accompagnées de café chaud. Il fut gagné par une telle somptuosité et les opérations se firent, mais d'une façon moins satisfaisante qu'à ma dernière expédition : aussi je résolus de ne plus venir déranger les Cheyennes dans leurs prix.

Pendant l'été de 1864, je profitai de la morte saison au ranco, pour rendre visite aux Ogallalas, alors dans la crique de la Prairie du Chien (*Prairie Dog Creek*), à cent trente milles, où je restai deux mois et où je fis la connaissance de ma femme actuelle.

C'était la fille de Vieille-Fumée, chef des Mauvaises-Faces, fraction des Ogallalas. Elle avait vingt-trois ans, une petite fille de cinq ans, d'un premier mari, un métis, qu'une morsure de tarentule avait envoyé rejoindre ses pères.

J'eus un béguin pour elle et je me dis qu'elle ferait mon affaire. Elle était jolie, propre, paraissait d'un bon naturel, et toujours à la besogne. Elle s'appelait Op-an-Gee-wee-ah, la femme Élan-Jaune.

Elle vivait avec ses deux frères, Loup-Solitaire et Couverture-Trouée. Ils consentirent à me la donner et l'on convint que, puisque je comptais revenir l'hiver avec un stock de marchandises, le mariage se ferait à cette époque.

L'hiver arrivé, je quittai le ranco avec mes chariots et deux hommes et ne perdis pas de temps pour ouvrir les négociations. Il me fallut appeler toute ma diplomatie à mon aide. Op-an-Gee-wee-ah étant la fille d'un grand chef, sa famille en exigeait un haut-prix et comme on me croyait propriétaire du stock que j'apportais, c'était à qui m'arracherait des plumes : aussi dus-je fumer une quantité considérable de pipes en conseil, avant que les conditions ne fussent définitivement arrêtées.

Enfin je donnai à Loup-Solitaire le cheval magique, emblème du mariage *bonâ fide*, et aux autres divers présents. Elle avait neuf frères; on peut s'imaginer si mes écus dansèrent; plus de deux cent cinquante dollars firent le saut.

Je ne pensais guère alors que cette alliance serait définitive. J'installai mon tepee près de celui de Loup-Solitaire et l'hiver coula doucement. Mes hommes et moi trafiquions avec les tribus de passage et le reste du temps s'écoulait aussi gaiement que possible. Op-an-Gee-wee-ah, ou plutôt Jennie comme je la baptisai, comprenait à merveille mes goûts. Le commerce de son premier mari avait adouci les angles de sa nature et l'avait rendu familière aux habitudes et coutumes des blancs. Elle préparait les repas, s'occupait de mes deux hommes dont la tente était plantée près de la nôtre, et chaque fois que nous sortions ensemble, c'étaient de vrais pique-niques.

Cette belle vie ne devait pas durer. Quelque anicroche arrivait toujours au moment où je commençais à

goûter le bien-être et comme j'y pensais le moins.

Un matin de février, une bande de Cheyennes arrive au village, chargée de butin de toute nature. Je vis du coup que cela provenait d'un pillage de blancs et qu'il allait en résulter une prise d'armes générale.

Connaissant le caractère des Indiens et sachant avec quelle facilité une tribu en entraîne une autre, je pensais que ce que j'avais de mieux à faire était de décamper pendant que ma peau tenait encore à mes os. Mais craignant d'être arrêté par les Cheyennes, je persuadai à Loup-Solitaire de me donner une escorte de Sioux pour me conduire avec mes chariots au ranco. Il y consentit. Et laissant Jennie à la charge de ses frères, mes hommes et moi poussâmes en toute hâte nos fourgons au ranco des Gilman.

On y connaissait déjà l'équipée des Cheyennes. Ils brûlaient les fermes, massacraient les colons, et les soldats leur donnaient en vain la chasse. Cela dura plusieurs semaines. Enfin les soldats, dans leur ardeur les ayant poursuivis jusque chez les Sioux et incapables de distinguer un Indien d'un autre, tuèrent une bande de Sioux pour une bande de Cheyennes. La nation entière des Sioux se leva.

Voilà donc, dans le territoire que nous habitions, trente mille Indiens sur la piste de guerre. Il était dangereux de rester au ranco; aussi gagnâmes-nous le fort avec la plus grande partie de nos marchandises.

Situation fort précaire. On était au milieu de la guerre de rébellion et le gouvernement ne pouvait disposer d'aucune de ses troupes pour garnisonner les forts de la route de Californie. Les Indiens, par conséquent, tinrent bon contre les soldats qui, quoique bien armés et bien équipés, avaient à faire face à un ennemi supérieur en nombre. Trouvant que ma connaissance du pays et de la langue des Sioux pouvait être d'une grande utilité, le major O'Brien, commandant du fort Macpherson, me nomma éclaireur, guide et interprète.

Les Indiens coupaient les fils télégraphiques, attaquaient les rancos et nous ne pouvions rien pour les en empêcher.

La poignée de soldats, environ 3oo hommes, étaient occupés à garder la route du fort Kearney à l'est, distant de quatre-vingt-quinze milles, et du fort Sedgwick à l'ouest, à environ soixante-cinq. Chacun contenait une compagnie qui ne pouvait nous aider, ayant elle-même à protéger son fort.

Les émigrants arrivaient encore, et notre service consistait à les escorter du

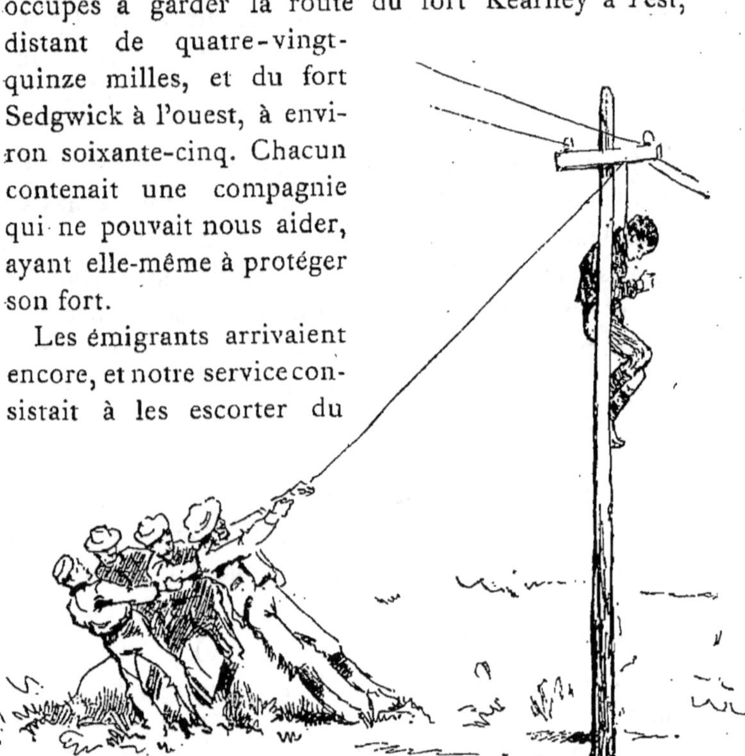

Kearney au Macpherson. Il en venait aussi en grand nombre de Denver. Au fort Macpherson, on les rassemblait jusqu'à ce qu'il y eût au moins cent chariots et deux ou trois cents hommes, et alors on se mettait en route.

Deux ans s'écoulèrent ainsi, les troupes ne faisant guère que tenir les Indiens à distance. Je rompais la monotonie de ma vie en portant de temps en temps des dépêches au fort Hayes, dans le Kansas, à environ trois cents milles.

Dans une de mes courses à Hayes, j'arrivai juste à temps pour participer au lynch d'un jeune drôle qui m'attendait pour me voler, un desperado de dix-neuf ans, déjà plusieurs fois meurtrier. Mon cheval et mes dépêches, c'est tout ce qu'il aurait eu de moi. Ca ne valait pas grand'chose : cependant, pour une raison quelconque, il voulait s'en emparer. Heureusement on le prit le matin même de mon arrivée et comme je traversais la place au galop, on le conduisait à un poteau télégraphique. Ma venue ajouta un surcroît d'intérêt à la scène et on me demanda d'assister à son départ pour un monde meilleur, ce que je fis avec grand plaisir, prêtant même mon concours pour l'y expédier.

On lui mit au cou une corde, qu'on passa par dessus les isolateurs; on le fit monter à une échelle, qu'on renversa d'un coup de pied; plusieurs mains de bonne volonté le hissèrent et il gigota dans l'espace.

Manière un peu imparfaite, mais efficace, quoique moins expéditive que celle pratiquée en prison.

Maintes et maintes fois j'ai risqué ma peau en portant ces dépêches dont personne autre n'eût voulu se charger.

Les Indiens, je pouvais les éviter et en tous cas j'étais prêt à la défense; mais ces coupe-jarrets, chassés

des « settlements » qui regardaient tout blanc comme
leur ennemi naturel, tiraient sur moi pour leur simple
amusement et m'auraient tué s'ils avaient pu pour le
seul plaisir de tuer.

CHAPITRE XXIII

NOPINÉE mais bien venue fut la paix conclue en 1866, avec les Sioux et les
Cheyennes au fort Laramie et les
échanges reprirent leur cours.

Cette fois je partis en association avec les Gilman, ayant pour
moi un fourgon, six paires de
bœufs et mon stock, le tout valant
3 275 dollars, qu'ils m'avaient
avancés.

Je rencontrai les Indiens au sud à Medecine-Creek, à

dix-huit milles du fort Macpherson. J'y trouvai ma squaw, qui me présenta une fille déjà âgée de plus d'un an.

Nous fûmes heureux de nous revoir et je la pris, ainsi que l'enfant. Les Indiens ne s'arrêtèrent pas, devant

rəjoindre à la rivière Républicaine une grande bande
de Sioux venant du sud. On convient que je les suivrais
et qu'on camperait à l'embouchure de la rivière Eau-
Puante, à cent cinquante milles. En plein hiver, nous
avions souvent plus de trois pieds de neige et une grande
difficulté pour avancer. Souvent j'avais à travailler
toute la journée pour frayer un passage ; et quand la nuit
venait, nous n'avions pas fait plus d'un mille.

Ma caravane se composait de six personnes : ma squaw
et l'enfant, moi, deux conducteurs et un petit Indien de
dix ans que j'avais adopté et baptisé « Jo ».

Je me rappellerai toujours cet hiver, le plus froid que
j'aie jamais vu. Dans un ravin, nous passâmes un jour au
milieu de plus de trois cents cadavres de buffles gelés,
Quelques-uns encore debout, d'autres appuyés en tas.
Tous rigides et durs comme du roc. Je fournissais notre
garde-manger de cerfs et d'élans que je trouvais dans
des trous de neige.

La neige disparut soudainement en février, mais les
cours d'eau avaient grossi et il fallait attendre longtemps sur les bords avant de pouvoir passer.

Un jour mon petit Indien qui veillait sur une colline
revint en courant dans le camp nous dire qu'une troupe
de Peaux-Rouges approchait.

Nous avions à peine fait nos préparatifs qu'ils nous
enveloppèrent. C'étaient des Cheyennes (*Dog Soldiers*),
au nombre de soixante-quinze, venant du sud du Kansas, où ils s'étaient battus avec les troupes d'hommes de
couleur, envoyés pour protéger cette partie du territoire.

Eux se rendaient à la Platte pour intercepter les caravanes allant de Denver à Julesburg.

Nous n'avions nullement l'intention de nous mesurer avec eux, mais nous étions prêts à ouvrir la danse.

Jennie alla leur parler, car ils la connaissaient et lui dirent qu'ils ne savaient rien du traité de paix et étaient encore sur la piste de guerre.

Comme le chef cependant exprimait le désir de me voir, elle lui fit déposer ses armes et l'introduisit dans notre tepee.

Il entra, sa couverture sur la tête, à la mode indienne. Je me tenais au milieu du tepee, rifle au poing, à ma droite les deux conducteurs également armés et derrière l'enfant, un revolver à six coups dans chaque main.

Quand le chef enleva sa couverture, je reconnus Antilope-Blanc, dans le camp de qui je m'étais imprudemment aventuré quelque temps auparavant.

Comme il était brave et de grande influence dans sa tribu, je lui présentai le calumet de paix, mais il refusa de le prendre.

Jennie lui donna du café et de la viande, après quoi il fit signe qu'il reviendrait bientôt et alla rejoindre les siens. Il parlait très mal le sioux et la conversation ne se faisait guère que par signes.

Nous ne savions pas encore comment tourneraient les choses et nous nous hâtions de charger toutes nos armes et de disposer des munitions à portée de notre main, lorsque, regardant hors de la tente, je vis plusieurs guerriers descendus près de la rivière, où paissaient nos bœufs, et en tuer les deux plus gras.

Ils préparaient le même sort aux autres quand Antilope-Blanc intervint.

Pensant que les moyens conciliatoires étaient les meilleurs, je dis à Jennie de leur préparer un repas composé de pommes sèches, cuites dans du sucre, de farine, du café chaud et du pain.

Je donnai trois paires de couvertures pour les chefs

et à chaque homme du tabac et un couteau de boucher. Puis je leur fis un speech, leur demandant pourquoi ils voulaient me voler et me tuer, leur faisant bien comprendre qu'ils auraient maille à partir avec toute la nation Sioux. Les Ogallalas, leur dis-je, n'étaient pas loin, et si nous étions en quoi que ce fût molestés, ils auraient à en répondre : les parents de ma squaw très nombreux leur donneraient du fil à retordre.

Tandis que nous discutions, un grand bruit s'éleva, et voilà Loup-Solitaire, le frère de Jennie, qui entre en scène avec vingt-cinq guerriers. S'ils étaient tombés du ciel, ils n'auraient pu arriver à moment plus opportun.

Inquiet de ne pas nous voir arriver, il venait à notre rencontre. Il arrangea bientôt l'affaire avec Antilope-Blanc et insista pour qu'on me remboursât le dommage causé.

Je reçus deux mules et quelques peaux de buffles, ce qui me compensait largement.

Nous partîmes le lendemain et ne nous arrêtâmes plus qu'au camp des Sioux; mais je tombai de la poêle à frire dans le feu.

Il paraît que les Cheyennes, à notre départ, continuèrent leur route vers Denver, et deux jours après tombèrent sur un peloton de cavalerie allant au sud du Kansas avec des dépêches de Colorado. Un combat s'engagea et tous les soldats furent tués.

Nous ignorions cette aventure, quand un corps de cavalerie se montra tout à coup. Il avait suivi le premier de près et était arrivé sur les morts. Se croyant sur la piste des Cheyennes, ils avaient marché sur la nôtre et arrivaient sur nos talons, dans la ferme conviction que nous étions les auteurs du massacre.

Loup-Solitaire envoya vingt guerriers pour savoir ce que voulaient les soldats, et en même temps il faisait prisonniers Jennie, moi, mes deux hommes et le petit Jo, nous mettant sous bonne garde. Puis une heure après, comme les soldats étaient à six milles du village, il m'envoya à six milles du côté opposé; mais, quelle que fût son intention, il en changea bientôt pour me rappeler comme interprète. En même temps tous s'étaient embusqués pour recevoir de bonne façon les troupes.

J'enfourchai un cheval :

— Laissez-moi parler au chef, dis-je aux Indiens, et lui expliquer l'affaire avant qu'il ne tombe dans votre embuscade.

Ils répondirent :

— Va, si tu veux; mais souviens-toi que si les blancs avancent, nous les saignons jusqu'au dernier.

L'escadron déjà en ligne pour charger comptait 80 hommes, avec une pièce de campagne sous le commandement du capitaine Egan.

Les Indiens comptaient 1 500 guerriers. J'attache un chiffon blanc au bout d'un bâton et galope entre les forces ennemies. Les soldats me mettent en joue, je vais quand même. Ils me reconnaissent enfin, et galopant vers Egan, je lui explique l'affaire, le prévenant que s'il ne rebroussait immédiatement chemin, ils seraient tués jusqu'au dernier.

— Ils sont assez nombreux, ajoutai-je, pour vous assommer avec des bâtons, sans tirer un coup de fusil.

— Bon, dit-il, j'ai bien envie de lâcher mes hommes sur ces diables rouges, Nelson.

— Capitaine Egan, je vous ai prévenu de l'exacte situation. Si vous préférez sacrifier votre vie et celle de vos hommes, je n'ai plus qu'à me taire.

Il réfléchit un moment, puis donna l'ordre du départ.

Je revins au camp où les Indiens me firent prisonnier, pour me railler de la couardise de mes frères les blancs.

Ils voulaient m'enlever mes pistolets, mais Élan-Coup

Double, arrivant sur ces entrefaites, déclara qu'il tuerait le premier qui toucherait un cheveu de ma tête.

On me donna pour ma femme, mes deux hommes et moi un tepee, où l'on nous garda six longs mois sans nous permettre de sortir du camp.

Enfin, sans autre préambule, on vint me dire que je pouvais m'en aller.

Je ne me le fis pas répéter et déguerpis avec armes et bagages.

Arrivés au fort Macpherson, à cent cinquante milles,

nous trouvâmes tout au plus mal. Bien que la paix fût conclue, les Indiens seuls venus au fort Laramie la prenaient au sérieux; les autres restaient sous l'impression que la guerre devait continuer.

Les settlers hésitaient à retourner à leurs rancos, de crainte des bandes de maraudeurs. Quant à moi, m'étant, tout compte réglé avec les Gilman, trouvé en bénéfice de quelques centaines de dollars, je repris, ne voyant rien de mieux à faire, mon emploi d'éclaireur, guide et interprète, accompagnant les hommes qui, sous une escorte, allaient relever les poteaux de télégraphe que les Indiens s'amusaient à abattre.

Tout à coup, sans raison, que je sache, autre que mécontentement général, la nation entière des Sioux se mit sur la piste de guerre, et l'on vit arriver au fort tous les settlers qui abandonnaient leurs fermes et leurs stocks, perdant ainsi des milliers de dollars.. De près comme de loin, le pays se soulevait. Dans le Kansas et le Nebraska, les Peaux-Rouges traquaient et massacraient tous les blancs et pillaient les habitations, s'imaginant que s'ils parvenaient à les chasser du pays, ils pourraient vivre en paix comme jadis.

Le fort Macpherson regorgeait de fugitifs, et beaucoup campaient sous ses murs.

Tout trafic, à l'exception des grandes caravanes de trois à quatre cents chariots avec au moins un millier d'hommes, était interrompu.

Les troupes renforçaient tous les blockhaus le long des routes. Rien qu'à Macpherson on comptait 5oo cavaliers et 25o fantassins. Cette place devint le point central d'où devait partir une expédition. Les États envoyèrent des troupes principalement composées de volontaires, prisonniers sudistes, qui saisissaient cette occasion d'échapper à la captivité. On eut bientôt 2 700 hommes, cavalerie en majorité, deux canons et deux escadrons d'éclaireurs pawnees sous les ordres du major North. Un Anglais, confédéré prisonnier sur parole, le colonel Brown, commandait la colonne.

Les Sioux sont la plus puissante et la plus guerrière nation des tribus indiennes, ceux qui ont coûté aux États-Unis le plus d'argent et de tracas.

Je connaissais leurs lieux de campement en été comme en hiver et savais exactement où les trouver en toute saison. Ce fut le secret de mes succès avec les troupes des États-Unis, secret que ne soupçonna aucun des généraux qui m'employèrent et qui me regardaient comme une merveille d'intelligence, lorsque, sans le moindre indice apparent, je conduisais les soldats à l'endroit précis.

Un guide à la frontière a une grande responsabilité. Sa vie est non seulement en jeu, mais celle des centaines ou des milliers de gens qu'il conduit. Je connais des cas où la plus légère erreur de jugement causa le massacre de plusieurs centaines de personnes. Les événements se succèdent si rapidement dans ces sortes de guerres qu'un guide doit être sans cesse sur le qui-vive, et connaître par intuition l'état du pays d'alentour. Le plus petit signe, invisible à un œil inexpérimenté, suffit à un bon guide pour lui indiquer l'ennemi.

Chaque Indien tué dans l'Ouest coûte au gouverne-

ment un million de dollars. Tels sont les chiffres cons-
tatés par les autorités à Washington, lorsqu'on commença à dresser le bilan. La difficulté d'atteindre
l'ennemi, difficulté due à l'immense étendue de pays
qu'on était obligé de battre, occasionnait cette énorme
dépense.

Mais je reviens à l'expédition. Nous campions sur la
rivière Républicaine et attendions patiemment que les
Indiens vinssent se faire tuer.

Je n'étais pas payé pour donner des avis, mais pour
répondre aux questions ; aussi, ne m'aventurai-je pas à
exprimer mon opinion au colonel Brown sur ce qu'il
avait à faire, mais avant peu je reconnus que l'expédition
était une réédition de l'histoire de l'aveugle conduisant un
compère. Mon vieux cheval en savait plus long que le
colonel et par le fait que tous les officiers. Chacun avait
son idée qu'il demandait à mettre à exécution. Je riais
dans ma barbe, attendant les événements.

Enfin le colonel s'impatienta, pas un Indien paraissait. Je savais très bien qu'eût-il attendu longtemps il n'en
aurait pas vu le nez d'un. Ils nous sentaient à cinquante
milles à la ronde et prenaient grand soin de mettre de
l'air entre eux et nous.

Comme beaucoup d'autres, le commandant, qui était
colonel du 13e Volontaires du Missouri, aspirait à s'en
revenir couvert de frais lauriers, et comme les Indiens
ne voulaient pas venir à lui, il offrit une récompense
de mille dollars de sa poche à quiconque découvrirait
un de leurs villages.

C'était un trop bel appât pour ne pas tenter les convoitises, aussi nombre d'imprudents partirent à la découverte; ils ne revinrent jamais plus.

Enfin le colonel s'adressa à moi, me promettant tout ce que je voudrais si je parvenais à découvrir un village. Je répondis que je ne demanderais rien en cas de réussite, mais que s'il voulait me donner un certain cheval

de course du Kentucky, je croyais pouvoir le mettre en voie de tanner le cuir aux Peaux-Rouges.

On me donna le cheval.

Ce cheval, le colonel le montait à la bataille de Shalo, et l'on racontait dans le camp qu'il s'était à cette occasion emballé emportant son maître qui n'était revenu à son régiment qu'au bout de trois jours.

Grand, osseux en apparence, doux comme une gazelle, on m'avait dit qu'il s'emportait et c'est ce qui m'avait tenté. Mettre son nez dans un village indien et s'esquiver promptement n'est pas chose aussi facile qu'on le croit généralement dans les corps expéditionnaires, d'autant que l'on a déjà parcouru trente ou quarante milles, tandis que les Peaux-Rouges qui vous donnent la chasse ont des montures fraîches.

Je demandai quelques cavaliers de bonne volonté, mais le seul qui se présenta fut le lieutenant Beldon.

Avec cet officier et deux éclaireurs Cherokees je partis.

Beldon, jeune homme de vingt-cinq ans, alerte et de bonne mine, avait une grande confiance en moi. Je l'avais connu au fort et nous allions souvent chasser la plume et le poil.

Nous suivîmes les bords de la rivière, nous cachant le jour et voyageant la nuit. Après cinq jours, n'ayant pas trouvé traces d'Indiens, nous nous décidâmes à aller reconnaître le lendemain la crique de Nez-Court. Avant de partir nous envoyâmes nos métis tuer un buffle gras, pensant que nous ferions bien de commencer la journée par un bon déjeuner.

Après une longue attente, l'estomac creux, nous nous inquiétâmes et décidâmes d'aller voir ce que devenaient nos Cherokees.

Je n'avais pas encore monté le coureur du colonel, le réservant comme cheval de rechange : je résolus donc de l'essayer ce matin, laissant l'autre au camp.

Après avoir chevauché quelque temps, nous gravîmes une petite éminence pour examiner les environs. Je pris ma lunette de campagne et en ce moment quelques corbeaux s'envolèrent. Je dis à Beldon :

— Voilà qui annonce les Indiens. Qu'en pensez-vous?

Comme je parlais, plusieurs coups de feu retentissent. Regardant du côté de la crique de Nez-Court, je vis les deux métis galopant à toute vitesse de notre côté, poursuivis par une bande. Nous éperonnons nos chevaux et parcourons à leur rencontre une distance d'au moins trois milles. Les Cherokees nous faisaient signe d'arrêter. Beldon s'arrête, mais ma bride n'était pas en place ou il était arrivé je ne sais quoi, car, bien que tirant les rênes de toutes mes forces, mon cheval continue son train. La brute sentait son sang du Sud en ébullition, et n'avait pas apparemment oublié la bataille de Shalo.

Je tire si fort que la bride se rompt, et voilà les Indiens en face de moi, cinquante au moins, tous Sioux et Cheyennes.

Me voyant charger sur eux, ils croient l'armée derrière moi, et, faisant demi-tour, s'enfuient au plus vite tandis que je continue mon train d'enfer, faisant tous mes efforts pour arrêter et poussant sur tous les tons des cris et des hurlements.

Les Indiens couraient toujours; mais chaque enjambée me rapprochait d'eux et me mettait un frisson dans le dos. Heureusement pour moi, ils s'étaient dispersés en tournant, et chacun ne songeait qu'à sa peau.

Nous avions dévoré un mille de cette façon, lorsque je dépasse le premier Indien. Il oblique à droite. En un instant je dépasse le second qui évolue de même et me voici près du troisième. Levant ma carabine Spencer, je lui envoie un coup sur la tête qui le renverse de son cheval, lequel continue à charger à mes côtés.

Je le dépasse bientôt, et je dépasse aussi le reste des Indiens, dont les balles commencent à siffler à mes oreilles; mais, poursuivant ma furieuse carrière, je suis après deux milles hors de leur portée. J'ai atteint maintenant la crique et me voici sur un village installé de l'autre côté. Je n'aurais pu dire où j'allais, car des deux rives de grands arbres arrêtaient la vue. J'aperçois un étroit passage, mon cheval s'y engage.

Mon intrusion est si soudaine que me voici dans le village avant que les indigènes aient eu le temps de sortir de leurs huttes. La seule personne que je vois est un vieillard qui se dresse devant moi, épaule son fusil et tire. Un écart et la balle passa.

Le village traversé, j'arrive au pied d'une colline. Échappé aux Indiens et pour le moment hors de danger, je pensai qu'il était temps de faire cesser ce petit sport. Maître Kentucky n'aimait pas du tout la montée et commençait visiblement à ralentir, je lui flanquai mes éperons au ventre.

A chaque signe d'arrêt, je lui taillais une éraflure qui le faisait bondir à dix mètres, et ainsi jusqu'à ce qu'il trébuchât, épuisé. Je pense qu'il avait oublié la bataille de Shalo et était tout à fait repentant : je sautai alors à terre et, prenant les rênes brisées, je les lui attachai aux mâchoires.

Je n'ai jamais vu cheval si complètement dompté. Nous avions dévoré plus de cinq milles avec une incroyable rapidité et je ne sais quel était le plus fatigué des deux. Une furieuse envie me prenait de lui faire sauter la cervelle pour le tour qu'il m'avait joué. Deux raisons m'en empêchèrent : la première, la détonation aurait attiré les Indiens ; la seconde, quand je voulus charger, je ne trouvai que les canons. J'avais cassé la crosse sur la tête de l'Indien.

Voilà qui était sérieux : aussi je pensai qu'il me fallait arpenter lestement le terrain. Après avoir donné à la sale bête quelques minutes de repos, je l'enfourchai et redescendis à un mille au-dessus du village, exécutant un mouvement de flanc qui me ramena au point culminant où Beldon et les deux métis avaient pris position et tenaient les Indiens à distance.

Ceux-ci se demandaient où pouvait être l'armée, ne supposant pas un instant que nous étions seuls.

S'ils l'avaient su, quels beaux scalps pris sur nos têtes !

— Holà ! John ! me cria Beldon. Est-ce vous ou votre ombre ?

— Moi, répliquai-je. J'ai toujours cette chance de tomber dans un guêpier.

— Que diable comptiez-vous faire en courant comme un fou dans un tel danger ? Vous avez donc le diable au corps ? Vous vous croyez sans doute à l'épreuve de la balle ? vous apercevrez votre erreur quelque jour.

— Vous admettrez tout de même ma veine, dis-je en recevant dans ma selle une balle qui fit exécuter à mon cheval un bond à me désarçonner.

En ce moment nos deux métis tiraient et nous vîmes deux ou trois Indiens soutenir un des leurs sur son poney.

Ils chargèrent jusqu'à moitié chemin de la colline, firent volte-face et galopèrent autour, trop prudents pour pousser plus haut.

Chaque fois qu'ils répétaient cette évolution nous leur envoyions une volée qui en démolissait quelques-uns; alors plusieurs partirent au galop, évidemment pour chercher du renfort.

Il était grand temps de lâcher prise, d'autant plus que nos munitions s'épuisaient : aussi prîmes-nous aussi vivement le galop vers notre tente.

Les deux métis avaient tué une vache et la dépouillaient quand ils furent attaqués.

Nous n'avions plus le temps de songer à manger et nous allâmes rapidement le reste du jour et toute la nuit, n'osant nous arrêter : les Indiens nous suivaient forts de leur nombre, comptant nous expédier après notre dernière cartouche.

Enfin nous atteignons un lieu de ravitaillement que nous avions fermé dans un bois de coton à six milles au-dessous de Medecine-Lake-Creek. Nous renouvelons nos munitions et y restons deux jours, livrant d'incessants combats. Après avoir détruit tout ce que nous ne pouvions emporter, nous poussâmes en avant.

Il neigeait et ventait horriblement, et le froid était tel que nous étions presque gelés sur nos selles.

Arrivés la nuit à la petite crique du Castor, nous pûmes enfin allumer du feu, tandis que les Indiens nous canardaient d'une colline voisine, mais nous étions résolus à nous chauffer coûte que coûte.

J'avais un morceau de foie de buffle, pendu à mon arçon, gelé de telle sorte que nous fûmes obligés de le casser pour l'en détacher. Lorsqu'il fut cuit, deux faisaient la garde et tiraient pendant que les deux autres mangeaient. Nos ennemis étaient quinze contre nous quatre. Le reste était parti épuisé.

Notre repas fini, nous remontons à cheval, toujours suivis et canardés par les Indiens, qui, au bout de six milles, se décidèrent enfin à nous lâcher. J'en fus très heureux pour mon compte, car, avec ma carabine cassée, j'aurais fait triste figure s'il avait fallu en venir aux mains.

Le lendemain nous vîmes arriver un troupeau de buffles, en compagnie d'un cheval de cavalerie.

Par nos cris et nos gesticulations, nous détournons la tête de colonne avant qu'elle ne tombe sur nous et attrapons au lacet le cheval au passage.

Quelques heures plus tard nous entrions demi-morts au camp et, sur le rapport que nous n'avions trouvé aucun village important, le colonel décida de remonter la rivière Républicaine jusqu'à environ quatre-vingt-cinq milles, de traverser la Platte, puis de redescendre sur le fort Macpherson.

Le cheval saisi au lasso appartenait à un sous-officier

de cavalerie du 12ᵉ régiment du Missouri, qui, envoyé
en reconnaissance avec trois hommes, avait été surpris
par les Indiens. Les hommes furent tués et le maréchal
des logis, renversé de. son cheval, parvint à se cacher
dans un amas de neige et quelques jours après rentra
sain et sauf au camp.

CHAPITRE XXIV

Révolte au camp. — Attentat sur le colonel Brown. — Une escar-
mouche à Medecine-Creek. — Retour au fort Macpherson. —
Arrivée du général Bradley. — Je pars comme éclaireur avec
l'expédition. — J'attrape un poney. — Ce qui s'ensuit. — Alarme.
— Danger. — Victoire. — Dispute avec le lieutenant Whaling.
— Le baril vidé. — Retour au quartier général. — Rapport
contre moi.

AGONS, chariots, muni-
tions étaient prêts, mais
quand le colonel an-
nonça son intention de
retourner au fort Mac-
pherson *via* Platte, il sou-
leva un grand méconten-
tement dans le camp,
aussi bien chez les offi-
ciers que chez les soldats. De toute façon l'expédition
était un échec et d'autant plus que la saison était intem-
pestive. Donc, le soir même, au mess, quand le colonel

se futre tiré, les officiers prirent la résolution de ne pas exécuter les ordres.

Mon ami le lieutenant Beldon se faisait remarquer parmi les mécontents; il en voulait particulièrement au colonel de ce qu'il appelait son égoïsme à vouloir obliger les troupes à entreprendre un semblable voyage.

Nous étions campés sur un fond sablonneux et le lieutenant Beldon, de complicité avec quelques camarades, ne voyant d'autre façon de sortir d'embarras que de se débarrasser du colonel, plaça un obus de dix livres sous son lit avec une traînée de poudre qu'on devait allumer du dehors. Mais la traînée ne s'alluma pas et le lendemain matin le colonel se leva frais et dispos.

Je ne sus rien de l'affaire que de longs mois après et ne pouvais croire Beldon capable d'un acte aussi diabolique; mais deux ans plus tard, comme nous nous trouvions au même endroit, il découvrit au moyen de son couteau l'obus enterré dans le sable. Il doit être encore à la même place et si le colonel Brown est vivant, il peut aller le déterrer : ce sera pour lui un intéressant souvenir.

Beldon était un bel officier, brave comme l'acier et superbe tireur; mais il se mettait toujours en de mauvaises histoires, et finalement il fut tué par un Indien à Standing Rock Agency, sur le Missouri, tandis qu'il buvait à une crique.

Le moment arriva de lever le camp pour la Platte. Les tentes pliées, les fourgons chargés, on commanda : « Marche ! »

Mais, à la grande surprise du colonel, les troupes refusèrent de se mouvoir. Il donna l'ordre à l'artillerie, composée d'hommes du Sud, de faire feu sur les mutins ; on prévint les artilleurs que s'ils tiraient, on les attacherait à la bouche de leurs canons.

Ne tenant nullement à voler en pièces, ils cédèrent. Il s'ensuivit que le colonel dut se résoudre à donner l'ordre de retourner directement au fort Macpherson, et nous partîmes aussi maussades qu'on peut se l'imaginer.

La cause principale du mécontentement était le dénûment des hommes ; ils avaient pour la plupart les pieds et les mains presque gelés, et une nourriture insuffisante, car les convois depuis quelque temps n'arrivaient plus.

La troisième nuit, à Medecine-Creek, à dix-huit milles du fort, nous fûmes surpris par un parti d'Indiens qui pénétrèrent dans le camp, coupèrent les entraves de nos chevaux, tandis qu'une autre bande faisait diversion en tirant sur nous du haut d'une colline. Nos éclaireurs pawnees, cependant, réussirent à entourer les bêtes avant qu'on ne les enlevât. On se battit pendant une demi-heure et les Peaux-Rouges s'éclipsèrent nous laissant en paix.

Ce furent les seuls lauriers que le colonel Brown recueillit dans cette campagne.

Nous arrivâmes le lendemain au fort, et le soir même je vis le colonel recevoir une belle tripotée d'un simple soldat à qui il avait donné permission de le « rosser » s'il le pouvait.

Ce petit incident sembla effacer tous les griefs des hommes qui rendirent à leur chef leurs bonnes grâces, mais il montre le genre de relations qui existait alors entre les soldats et leurs officiers.

Peu après notre retour, toutes ces troupes furent rappelées au fort Leavenworth, d'où on les renvoya dans leurs foyers.

Ma squaw, pendant ce temps, vivait avec ses frères

dans le Nord. Il y avait une entente tacite entre nous que pendant la paix elle vivrait avec moi, et avec sa famille pendant la guerre. Séparée d'elle avant de rejoindre l'expédition, je n'en avais plus entendu parler.

Pendant les mois de printemps et d'été, on ne fit rien au fort au delà de la routine ordinaire.

On se battait généralement tout le long de la route, mais personne ne songeait à organiser quoi que ce soit avant l'automne. C'est alors que le général Bradley pa-

rut pour organiser une expédition d'une façon enten-
due.

Quinze cents hommes partis du fort à la fin de septembre restèrent dehors tout l'hiver.

J'agissais encore en qualité de guide principal, d'éclaireur et interprète. Je conduisis d'abord la colonne à
Thick Wood Creek, à six milles sud des Fourches de la
rivière Républicaine et à quatre-vingt-six du fort Mac-

pherson. Là, il nous fallut attendre provisions et fourrage. Pendant ce temps, je prenais d'ordinaire quatre
hommes et je fournissais le général et la troupe de viande
fraîche. Les Indiens pullulaient dans ce district et nous
nous battions journellement.

On m'envoya avec un peloton de cavalerie pour éclai-
rer à quelques milles autour du camp ; et un jour, comme
j'étais en avant du peloton, j'aperçus près de la rivière
quelques poneys et deux grandes mules égarés. Je pensai que je pouvais aussi bien m'offrir un poney ; mais
lorsque je m'approchai pour jeter mon lasso, ils s'enfuirent, et je courus après, je ne sais jusqu'où.

Excité par la chasse, je ne m'arrêtai que lorsque mon cheval commença à haleter et à souffler comme un marsouin. Je jugeai qu'il était temps de l'arrêter et, avisant un haut monticule, je le gravis et cherchai des yeux les troupes. Mais je n'en vis trace. J'avais dû m'écarter d'une douzaine de milles.

Mettant pied à terre, j'entravai mon cheval et bourrai ma pipe.

Il y avait bien dix minutes que j'étais étendu sur le dos, suivant des yeux les blanches spirales, quand je crus apercevoir à peu de distance, au bord d'une ravine desséchée, un objet qui disparut aussitôt.

Pendant quelques instants je regardai attentivement; mais, pensant que ce ne pouvait être que quelque oiseau, je n'y pensai plus.

Peu de temps après, jetant les yeux autour de moi, je vis quelque chose qui éveilla mon attention.

Du côté où se trouvait mon cheval, le vent, en poussant devant lui le sable, avait creusé un véritable bassin dont les bords avaient bien vingt-cinq pieds de haut.

Je remarquai, au côté sud de ce bassin, une sorte de voie naturelle, en dos d'âne, qui descendait jusqu'au fond en pente douce, et juste assez large pour livrer passage à un cheval.

J'examinais cette singulière configuration du terrain, quand tout à coup je vois trois Indiens m'observer. Stupéfait, je reste sans mouvement, me demandant ce que je devais faire. Ma pipe s'échappe de ma bouche et mon chapeau se dresse sur ma tête. J'essaie en vain de l'affermir : mes cheveux raidis le poussaient; jamais

depuis je n'ai éprouvé pareille frousse. Et voici vingt-
deux autres Indiens qui sortent du ravin, où ils étaient
cachés avec leurs chevaux.

Je crois bien que je vais y passer, et cependant le point
que j'occupe est une véritable forteresse et je suis bien
armé. Rappelant mon énergie, je commence les opérations. Je mets tout d'abord mon cheval à l'abri ; puis,
détachant les arçons, je place sur le sol, à portée de
ma main, toutes mes cartouches. Je suis prêt enfin, et,
saisissant ma carabine, je grimpe jusqu'au point le plus
culminant, d'où je peux voir tout ce qui se passe.

Cependant les Indiens se montrent avec leurs chevaux
et se débarrassent de leurs couvertures et de leurs jambières. Ils se préparent évidemment à me scalper. Je fais
signe à l'un d'eux de venir me parler ; il s'approche à
portée de la voix et me demande qui je suis et ce que je
fais. Je le lui dis.

— Où sont donc les soldats que tu as accompagnés
dans la matinée ? dit-il en dialecte sioux.

— Ils sont bien loin, là-bas, répondis-je en montrant la
direction où je les avais quittés.

— Voilà cinq jours que nous te guettons, et nous te
tenons enfin, reprend-il. Il y a longtemps que nous cher-
chons à te prendre. Ne vois-tu pas mes hommes qui sont
là, prêts à te scalper ?

— Parbleu, dis-je gaiement, je les vois bien ; êtes-vous
des Sioux ou des Cheyennes ?

— Des Cheyennes. Nous nous trouvions dans ton
camp, sur le Castor, quand ton beau-frère, Loup-Solitaire, nous a empêchés de te crever la peau. Mais il

n'est plus là, Cha-sha-sha-Opoggéo, pour fourrer son nez dans ce qui ne le regarde pas.

Je fis un mouvement en entendant prononcer mon nom, mais j'affectai d'être calme tout en restant aimable, et lui répondis :

— Je suis bien aise que mon ami ne m'ait pas oublié. Il vient vraiment de faire un très joli discours. Je ne lui demande qu'une grâce : après m'avoir tué, qu'il indique à ma squaw, Élan-Jaune, sœur de Nuage-Rouge, l'endroit où se trouveront mes os, car je sais qu'elle ne voudrait pas les laisser sans sépulture.

— Tu crois me fléchir et obtenir ta grâce en invoquant le nom de ta femme et de ses parents, répondit l'Indien : mais trêve de paroles, en voilà assez !

— Très bien, cher ami ; puisque tu es si sûr de ton affaire, viens-y, nous allons rire. J'ai récolté dans le temps pas mal de vos scalps. Prends bien garde que le tien n'augmente ma collection.

Furieux de mes plaisanteries, il me montra le poing et rejoignit ses compagnons en me criant qu'il me donnerait tout à l'heure de ses nouvelles.

— Va-t'en, meurt-de-faim, efflanqué ! hurlai-je. Ose seulement obscurcir ma ligne de tir, et les vautours auront ta carcasse, ou je ne m'appelle pas Cha-sha-sha-Opoggéo !

Trois de ces vauriens alors enfourchèrent leurs chevaux, tournèrent trois fois en cercle autour de leurs camarades, puis fondirent sur moi, le grand efflanqué en tête sur un fort cheval américain, sans doute volé quelque part.

Il n'avait qu'une lance avec laquelle il espérait me clouer au sol.

J'attendis qu'il fût à bonne portée, et, ajustant, je cassai la tête à son cheval qui s'effondra sur lui, brisant sa lance.

Il chercha à se dégager, mais sans me presser je fis feu et lui envoyai dans le dos une balle qui le mit hors d'embarras. Les autres tournèrent bride et allèrent rendre compte à leur camarade du succès de leur tentative. Quelques-uns, profitant pour se dissimuler de tous les accidents de terrain, essayèrent de ramper vers le mort. Ils y réussirent, mais, craignant de se montrer, ils cherchèrent à dégager le cadavre au moyen d'un lasso. C'est alors que j'eus beau jeu : chaque fois que je voyais une tête ou une main, j'envoyais un pruneau. Leurs efforts restant sans succès, ils se retirèrent pour tenir conseil en fumant une pipe. Il résulta de cette délibération que l'un d'eux, armé d'une carabine, fut se poster sur une colline pour m'ajuster de là sans danger. Pendant qu'il se glissait à son poste, je ne le quittai pas des yeux ; mais, pour lui donner le change, je feignis de regarder d'un autre côté, et, me retournant soudain, je lui envoyai en plein ventre une balle qui lui donna sa feuille de route pour les terrains de chasse du grand Manitou.

Après ce beau résultat, autre conseil au calumet se terminant par un temps de galop de trois sacripants à l'endroit où gisait leur camarade. Au moment où l'un d'eux mettait pied à terre, je tuai son cheval et en abattis un autre portant son cavalier. Ce coup double me remplit

de joie, d'autant plus que je vis mes trois lurons se relever vivement, et, sautant à l'unisson sur le dernier cheval, se mettre promptement hors de portée. Je saluai ces
messieurs de deux coups de feu d'adieu qui restèrent
malheureusement sans effet.

Nouvelle consultation, à la suite de laquelle ils essayèrent de se glisser sous le monticule pour me déco-
cher des flèches à un angle de 45 degrés, pensant qu'ils
pourraient ainsi m'atteindre ; mais j'esquivai les atouts,
et ils durent renoncer à ce stratagème. Pendant ces
manœuvres autour de la butte, j'abattis un autre cheval,
ce qui faisait quatre chevaux et deux hommes hors de
combat.

Après une demi-heure au moins de cet exercice, ils
déguerpirent subitement, me laissant maître de la forteresse.

Je me félicitai de ce résultat et, me sentant aussi d'a-
plomb que possible, je grimpai au sommet de ma butte
et leur envoyai encore quelques balles qui, autant que
j'en pus juger, n'atteignirent personne..

Me voici donc seul avec les cadavres des deux Indiens et des chevaux; mais les morts ne me font pas
peur, surtout lorsqu'ils sont tombés de ma main.

Tout d'abord j'allai examiner le grand diable à longues jambes. Celui-là était bien mort et déjà raide.

— Ah ! mon bel ami, murmurai-je, tu voulais donc
me prendre ma chevelure ! Eh bien, c'est moi qui aurai
la tienne.

Et, sans plus de façon, aiguisant mon couteau sur ma
chemise en peau de daim, je le dépouillai, selon toutes

les règles de l'art, de son appendice capillaire. Puis,
m'emparant de la bride d'argent du cheval américain,
je descendis la colline et allai trouver son compagnon
d'infortune.

A en juger par ses traits horriblement contractés, le
camarade avait dû se tordre longtemps dans des souffrances atroces. Je le dépouillai de ses trophées et retournai à mon fort.

Je jugeai qu'il était temps de fumer une pipe, ce que je

fis en reprenant mon monologue interrompu d'une façon si malhonnête.

Un instant après, je me levai pour examiner mon
cheval. Il piaffait et rongeait son frein, comme pour me
dire : « Eh bien ! tu es un joli coco de me laisser ainsi,
tu ferais bien mieux de me retirer cette flèche de la peau. »
En effet, une des flèches tirées en l'air s'était fixée dans
sa cuisse.

Je la retirai en ramenant la peau sur la blessure et
arrêtai le sang aussi bien que je pus ; puis j'attachai
mes trophées à l'arçon de ma selle et, enfourchant ma
monture, je m'éloignai dans une direction opposée à
celle qu'avaient prise les Peaux-Rouges.

Je ne retrouvai ma compagnie qu'à deux heures du matin.

La sentinelle du camp m'arrêta et réveilla le lieutenant, qui sortit dans une rage horrible, jurant et pestant contre moi.

A ce moment, ce qu'il me fallait, c'était une tasse de café et du biscuit, et non un sermon de la part d'un cadet de l'École du West-Point. Il s'ensuivit une altercation et un échange d'observations peu polies. D'abord, j'essayai d'entrer dans des explications, mais comme il ne voulait rien entendre, je lui rendis injure pour injure. Cette petite querelle dura plusieurs jours.

Cet aimable gentleman était le lieutenant Whaling, du 3e régiment de cavalerie, un véritable ivrogne, grand amateur de whiskey. En quittant le camp du quartier général, il en avait emporté, de l'intendance, un baril de deux gallons destiné, selon lui, aux malades ; mais ce whiskey ne servit qu'à le stimuler pour jurer et pester. Il avait enfermé ce baril dans le coffre de l'ambulance et gardait la clef dans sa poche.

Les soldats enrageaient de le voir toujours boire, sans jamais pouvoir le faire eux-mêmes : aussi, cette nuit, après qu'il eut fini de me molester et se fut couché, quelqu'un brisa la caisse, on en retira le baril et chacun prit sa rasade. J'eus ma part et, ma foi ! après ma dure journée, elle fut la bien venue. Le baril vide fut placé devant sa tente, avec ces mots à la craie : « Fragile. »

Il y eut de beaux cris le lendemain matin. Récompense de cinquante dollars à qui donnerait des indications sur le voleur de whiskey : naturellement,

tout le monde fut muet. Il se vengea en faisant pivoter
la compagnie sac au dos, le jour avant le départ, examinant les chevaux pendant la route, et sous le moindre
prétexte démontant le cavalier et lui faisant porter sa
selle.

J'ai toujours été étonné qu'il n'ait pas reçu *acciden-
tellement* quelque prune.

Il me menaça de m'attacher à un fourgon et de me

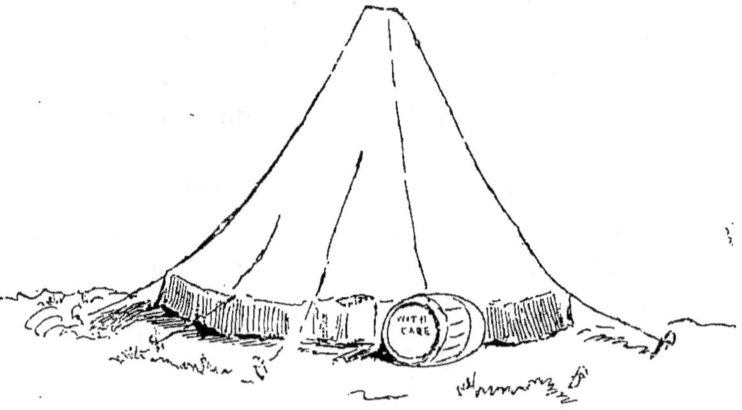

forcer à marcher; mais je l'en défiai, lui promettant
bien qu'au premier essai de ce genre, j'enverrais sa cervelle en l'air et m'ornerais la ceinture d'une belle boucle
de ses cheveux châtains.

Là-dessus il déclare qu'il va me mettre aux fers, qu'il
me traduira devant une cour martiale pour indiscipline
et insolence envers un officier.

Je lui dis que je respectais son rang et ses épaulettes,
mais méprisais profondément sa personne, ne pouvant
respecter un homme qui ne se respectait pas lui-même.

Le résultat de cette petite conversation fut l'ordre de me considérer aux arrêts, ce dont je me moquais comme de l'an quarante.

Cependant, avant de partir, il reprit son calme, fit ses excuses et me demanda d'être amis comme devant.

J'y consentis, à condition qu'il ne se mêlerait plus de mes affaires, et il comprit bien que ma situation me donnait le droit d'agir comme bon me semblait après avoir reçu les instructions du général.

Quand nous arrivâmes au camp, il demanda au général Bradley quelle sorte de sauvage j'étais, l'ayant menacé de le tuer et de le scalper.

— Que lui avez-vous donc fait, répliqua celui-ci, pour qu'il vous ait tenu ce langage ?

Il raconta l'histoire à sa manière ; mais le général répondit que j'étais un brave homme, qu'il m'aimait et m'appréciait hautement, car je connaissais le pays mieux que les Indiens eux-mêmes ; finalement, qu'il entendait que ses officiers me traitassent avec égard, seule façon d'obtenir tout de moi.

Après cette entrevue, M. le lieutenant fut toujours fort poli.

CHAPITRE XXV

NVARIABLE règle, quand je guidais une expédition dans les prairies, si le commandant me questionnait sur l'emplacement du bois et de l'eau, j'exagérais plutôt que diminuais la distance; quand gens et bêtes traversent un pays inconnu, affamés, altérés, harassés, on est, en effet, disposé à trouver la route plus longue qu'elle ne l'est réellement.

Dans le district où nous nous trouvions, les cours d'eau couraient de l'est à l'ouest et tous les vingt milles environ on rencontrait une rivière plus considérable, claire comme le cristal et abondante en poissons; nous choisissions généralement ces endroits pour nos campements. Entre les cours d'eau se trouvaient des rangées de collines qui mouvementaient terriblement le pays et, jointes aux ruisseaux et rivières, augmentaient les difficultés du chemin et le rendaient, sans un bon guide, impossible aux fourgons, d'autant plus que nous étions harcelés par les Indiens qui, profitant pour se dissimuler de tous les accidents du sol, cherchaient à enlever nos convois. Souvent, tandis que nos voitures avançaient, deux compagnies bataillaient tout le jour sur les flancs.

Une nuit, quand tout paraissait tranquille, les Peaux-Rouges rampèrent jusqu'à une de nos sentinelles, la tuèrent, pénétrèrent dans le camp, coupèrent les entraves des bêtes, tirèrent sur les tentes et partirent avec des chevaux. Leur audace incroyable et leurs ruses nous tenaient constamment en alerte.

Une autre fois à neuf heures du soir, on sonne le boute-selle : tout le monde saute à cheval.

— Nelson, me dit le général, prenez deux pelotons et allez au South Fork de Rickaree. Savez-vous où c'est?

— Oui, monsieur, à peu près à cent milles.

— C'est cela. Des soldats du Sud y sont assiégés. Je viens de l'apprendre par l'un d'eux qui a réussi à s'échapper. Il faut les sauver. Faites le plus vite possible. Je compte sur votre prudence et votre bravoure,

Nous partîmes grand train et arrivâmes le lendemain matin vers dix heures. Le lieutenant-colonel Forsyth et cinquante éclaireurs se battaient depuis sept jours et sept nuits, sans vivres, contre trois mille Indiens qui heureusement venaient de se retirer.

Un horrible spectacle s'offrait à nous. Le parti d'éclaireurs s'était retranché dans un petit bois de coton.

Sur les cinquante hommes dont se composait le détachement quarante tués ou blessés. Le lieu était couvert de cadavres de blancs, de masses d'Indiens, de chevaux encore attachés aux arbres du bois, où avait eu lieu la surprise.

Trois autres détachements arrivèrent bientôt. Nous remîmes les survivants à l'un d'eux et avec les autres nous poursuivîmes les Peaux-Rouges qu'en quatre jours nous eûmes atteints.

Après examen de leur dernier campement, j'estimai leur nombre à quatre mille.

N'étant que deux cent cinquante, nous ne pouvions engager l'attaque et retournâmes au quartier général rendre compte de notre mission.

Après quelques évolutions, ordre fut donné de prendre la route du fort Macpherson.

Un jour, non loin de notre destination, je chevauchais seul comme de coutume en tête de la colonne lorsque j'entendis tout à coup une voix dire à mes côtés :

« Nelson, gare à la balle ! »

Nous étions en ce moment au milieu d'une plaine. J'arrête brusquement mon cheval. Je regarde autour de moi : personne.

— Eh bien! Nelson, me dit le général, arrivant au galop, quoi de nouveau?

— Je ne sais, général, répondis-je, mais j'ai entendu une voix.

— Une voix! Que disait-elle?

— « Nelson, gare à la balle! »
Il partit d'un éclat de rire.

— Oh! s'exclama-t-il, quelle superstition!

— Superstition ou non, général, avec votre permis-

sion, je préfère aller à l'arrière-garde. J'ai eu déjà deux ou trois avertissements dans ma vie, et j'ai appris à ne pas en rire.

— Très bien, allez à l'arrière-garde, si bon vous semble; je vais rester à votre place et nous verrons si j'ai la déveine d'attraper la balle à vous destinée.

Nous arrivâmes sains et saufs, et il me plaisanta fort; mais je gardai mon sérieux. Je ne pouvais m'ôter le son de cette voix de la tête, elle me hanta tout le jour.

Le soir j'allai avec quelques camarades à la station n° 280 sur la ligne du railway de l'Union Pacific alors

16.

en construction le long de la route de Californie, du côté nord de la rivière que l'on traversait sur un ponton.

J'entrai dans une salle pleine d'ouvriers de la ligne. Je cause, je bois quelques verres et je demande un lit. Je me sentais fatigué, ayant été en selle pendant une partie de la journée, et je me prélassais à l'idée de faire un bon somme dans un lit, ce qui ne m'était arrivé depuis bien longtemps.

Je dormais depuis environ une heure, lorsque la voix

d'un petit trompette qui nous accompagnait me réveille :

— Nelson, Nelson ! A moi !

Je saute hors du lit, descends en toute hâte. Un des hommes du chemin de fer avait frappé l'enfant à la tête de la crosse de son revolver. L'homme était là ; je lui dis :

— Attendez un moment : je vais vous régler votre compte.

Je retourne prendre mes pistolets, et redescendant :

— Vous êtes un lâche d'avoir frappé cet enfant. Si vous voulez une affaire, adressez-vous à moi.

Là-dessus, il tire son revolver et me loge une balle dans la jambe.

Je l'ajuste, mais un individu derrière moi donna une secousse à mon bras qui envoie la balle au plafond.

Un deuxième coup, même résultat : après quoi ma jambe fléchit et je tombe.

On me ramasse et l'on me porte à l'ambulance où les docteurs réussirent à m'extraire ma balle.

La voix n'avait donc pas menti. J'eus cette fois plus de lit que je n'en demandais, car il me fallut rester trois longs mois allongé sur le dos, sans faire un mouvement.

Une paix de courte durée permit à ma squaw Jennie de descendre au sud avec une tribu de Sioux et de venir me voir au fort. Elle avait augmenté mes responsabilités de chef de famille, car elle m'apportait un baby qu'elle me présenta comme l'héritier de la fortune des Nelson.

— Très bien, ma mignonne, lui dis-je; si tu continues de la sorte, il me faudra toute une prairie pour entretenir ma famille.

Cependant j'étais fort aise de la revoir, car elle pouvait me soigner et m'être utile en plus d'un point.

Le recteur du fort n'avait pas manqué de venir me harceler à l'hôpital, et avait fini par presque me convaincre que j'étais le plus grand scélérat de la terre. Mais il fallait le voir lorsque Jennie arriva : il leva les mains au ciel en signe de pieuse horreur, et son horreur fut au comble quand il apprit que j'étais marié selon la coutume indienne et avais échangé ma femme contre un cheval.

C'était un méthodiste du nom de John Robinson, et dès ce jour il ne me laissa pas une minute de repos, me répétant sans cesse que je devais épouser Jennie et en faire une honnête femme.

Je lui répondis qu'elle était cent fois plus honnête

que toutes les blanches des environs du fort, que je pouvais me fier à elle en tout et lui faire faire n'importe quoi, depuis scalper un Pawnee jusqu'à confectionner une galette, que quant au mariage, je l'avais dûment épousée selon la loi des Sioux et ne voyais pas ce qu'il lui fallait de plus.

— A l'église, malheureux ! vous marier à l'église !

— Très bien, dis-je, si ça vous amuse et ne me fait pas de mal : vous pouvez arranger cela à votre mode. En tous cas ce sera une farce, car Jennie n'y comprendra pas un traître mot.

Il vint nous chercher dans un chariot pour nous conduire à la chapelle, où, après nous avoir fait son boniment, il déclara la cérémonie achevée.

Je traduisis le tout à Jennie qui pouffa de rire et pensa que c'était un drôle de vieux bonhomme.

Ce n'est que plus tard que je découvris qu'il n'y avait pas de quoi rire, du moins en ce qui me concernait, car je ne pouvais plus maintenant me marier avec une blanche. Ce fut peut-être pour le mieux, et je doute qu'aucune blanche ait consenti à vivre avec moi. Le vieux sacripant de méthodiste m'avisa de ne plus appeler Jennie « ma squaw », mais « ma femme », ce que je prenais grand soin de faire en sa présence, car il ne manquait pas, en cas d'oubli, de me débiter un sermon.

Des bandes d'Indiens étaient encore sur la « piste de guerre », mais pis que cela, des bandes de mineurs désappointés revenaient de Pike's Peak aux États, entraient de force dans les rancos, faisant main basse sur tout.

Le commandant organisa un escadron de milice pour faire la chasse aux maraudeurs. Tous ceux qui furent surpris étaient conduits au fort et gardés jusqu'à ce qu'ils eussent payé trois fois la valeur des objets volés.

J'en ai vu arriver avec leurs chariots chargés de

fruits secs, de whiskey, même de fourneaux, de lits, de chaises, de machines à faucher. Les propriétaires les attendaient au fort avec la note à payer; s'ils n'avaient pas d'argent, le commandant leur enlevait leurs rapines et le faisait jeter dans la prairie.

Il y avait au fort un éclaireur nommé Bill Cody. Je le connaissais depuis 1857, époque où il conduisait des attelages le long de la route. Nous étions d'excellents amis, et à moi, il devait une grande partie de sa connaissance du pays.

Il me demanda un jour si je voulais l'accompagner dans une petite excursion à travers la prairie; incapable encore de marcher, je pouvais néanmoins me tenir en selle.

J'y consentis; nous avions déjà fait au moins soixante-dix milles lorsqu'un cerf bondit devant nous. Nous sautons de cheval et tirons à la fois.

Le cerf tombe, mais la détonation effraye nos chevaux, qui partent comme si le diable les montait.

Cody les poursuit pendant plusieurs milles, mais, obligé d'y renoncer, revient où il m'avait laissé allongé, dans l'impossibilité de faire un pas.

Un petit cours d'eau coulait à environ cinq cents mètres; Cody m'y porte, non sans s'être arrêté plusieurs fois pour reprendre haleine, car j'étais une bonne charge, et, après m'avoir déposé sur l'herbe, il va chercher le cerf, puis des broussailles, pour le feu. Il découpe le cerf, et j'en cuis un bon morceau, tandis qu'il se repose.

Notre position n'était pas brillante et nous causâmes

longtemps sur le parti à prendre. De petites bandes
d'Indiens battaient la plaine en tous sens, et, privés
de nos chevaux, nous avions peu de chance de leur
échapper.

Rien autre à faire que d'aller chercher deux montures
au fort et de venir me reprendre. Nous fumâmes jus-

qu'à la tombée de la nuit, moment du départ de
Cody.

Je n'oublierai jamais son dernier mot quand il se mit
en marche pour cette fatigante route de soixante-dix
milles.

— Au revoir, mon vieux! Tenez bien la place jusqu'à
mon retour.

Je dois avouer que je me sentis fort malheureux quand son pas se perdit dans le lointain. Je restai plusieurs heures sans bouger, écoutant les moindres frémissements, saisissant mon fusil chaque fois que j'entendais un léger bruit qui, je le savais trop, pouvait être celui d'un animal venant boire à la source ou celui d'un Indien rampant pour me tuer.

Entretenant mon feu aussi bas que possible, pour qu'on n'en pût apercevoir le reflet, je restai éveillé sondant les ténèbres.

Vers le milieu de la nuit, ma jambe, enflammée par notre longue course, me fit horriblement souffrir. Était-ce cela ou l'état de mes nerfs surexcités, mais je me demandais ce qu'il adviendrait de moi si Cody était attaqué et tué avant d'atteindre le fort.

J'en avais une sueur froide. Je ne suis certes pas un lâche et j'ai la coutume de voir le côté gai des choses, mais cette pensée ne cessa de m'obséder pendant cette longue et désagréable veille.

Enfin l'aube pointa et je tombai pendant plusieurs heures dans un sommeil agité et lourd. J'alimentai mon feu à mon réveil, déjeunai d'une tranche de cerf et rampai boire un coup au ruisseau.

Je passai une partie du jour à cuire et à manger mon cerf. Je ne me souviens pas m'être autant gorgé. Je l'essayais de toutes façons et je déclare qu'il était partout succulent et délicieux. Vers le soir, ma provision de bois commence à s'épuiser et mon inquiétude à revenir.

C'était le moment où Cody eût dû reparaître.

Les heures s'écoulaient et se consumait mon dernier morceau de bois. Je me hâtai d'y griller aussi promptement que possible une tranche de cerf, ma dernière bouchée avant qu'un secours m'arrivât s'il m'en arrivait jamais, quand je crus entendre retentir au loin une voix dans le grand silence de la nuit.

J'écoute de toutes mes oreilles et bientôt le souffle des prairies m'apporta le mot : « Nel-s-o-o-o-on. »

Et je pousse un hurlement qu'on dut entendre à six milles à la ronde. Une grande clameur me convainquit que Cody ne venait pas seul à ma recherche. Après vingt minutes d'appels et de réponses, ils arrivent au nombre de six, tous copains, ayant sauté en selle pour venir à ma rescousse.

Cody était trop fatigué pour être de la partie. Il avait parcouru la distance avec une incroyable rapidité et se trouvait sur les dents.

Il leur avait donné l'exacte direction, mais, égarés dans l'obscurité, ils avaient crié longtemps avant que mon premier appel les eût mis dans le droit chemin.

Le feu flamba bientôt et le reste du cerf cuit à point fut particulièrement bien venu. Et le lendemain matin nous partîmes pour le fort, moi sur un cheval qu'on m'avait amené.

J'eus grand soin de ne plus m'aventurer avec Bill Cody dans de nouvelles excursions avant que ma jambe ne fût en bon état, car cette escapade recula ma guérison de plusieurs semaines et me fit rentrer à l'hôpital.

Quelques jours après nos chevaux arrivèrent au galop

au fort, ayant encore au dos des débris de leur selle. Ils s'en étaient donnés à cœur joie dans la plaine et je ne m'explique pas comment les Indiens ne s'en sont pas emparés.

CHAPITRE XXVI

La garde du ranco des Gilman. — Fenaison difficile. — Un tour à
Nebraska. — Mort du premier-né. — En prison. — Expédition
du général Duncan. — La squaw abandonnée dans les prairies.
— Nommé maître des transports à Omaha. — Reconnu Indien
par un traité du gouvernement. — Retour à la tribu. — Échange
de whiskey contre des chevaux. — Bataille au camp. — Fuite.
— Trente-deux passent l'arme à gauche.

ma sortie de l'hôpital, je restai quelques
semaines au fort, jusqu'à complet réta-
blissement. On avait donné à
un fournisseur de fourrages, du
nom de Gilman, un régiment de
cavalerie pour protéger son ranco. Les soldats y firent de fortes
tranchées, puis rentrèrent au fort.
J'allai m'offrir aux Gilman qui
me prirent pour garder la ferme,
où on avait mis quantité de bêtes, comptant que les Indiens seraient chassés de la route.

Il fut arrangé que j'occuperais l'habitation avec ma femme et mes enfants pendant trois mois, après lesquels le commandant jugeait qu'il pourrait repousser les Indiens dans les prairies. Nous prîmes nos cliques et nos claques et partîmes avec une escorte. Les soldats nous quittèrent, ne revenant que de temps en temps quand ils avaient besoin de quelque chose.

Je m'installai dans un fortin, à quarante pas du ranco, et qui consistait en une pièce circulaire de douze pieds de diamètre, creusée dans le sol avec un passage souterrain communiquant aux écuries. Une solide palissade le protégeait contre les attaques. A peine installé, je reçus la visite des Peaux-Rouges qui essayaient d'emporter la place par ruse.

J'avais mille cartouches, ma femme chargeait mes carabines tandis que je tirais. J'en tuai ainsi plusieurs avec leurs chevaux.

Nombre de fois aussi je tuai des antilopes par les fentes de la palissade, et l'un de mes plus grands amusements était de galoper dans la prairie, d'attirer les Indiens, puis de courir à mon fort et d'ouvrir le feu.

Ils s'en dégoûtèrent bientôt, se contentant de former un cercle dont j'étais le centre, criant et hurlant pour me faire sortir. Mais avec moi ça ne mordait pas.

Finalement, comme le ranco coûtait plus qu'il ne rapportait, les Gilman se décidèrent à le démolir, d'autant plus que la rareté du bois leur procurait des offres avantageuses des employés de la ligne. On envoya donc des hommes de la station avec un attirail de fourgons, sous une escorte militaire, qui abattirent l'habitation et la transportèrent au fort, avec ce qui restait du troupeau.

Ma femme et moi partîmes par la même occasion, et je me trouvai passé à l'état de héros pour avoir tenu si longtemps.

Quand vint la fenaison, j'en eus la superintendance à quelques milles et ce n'est qu'avec la plus grande diffi-

culté que nous pouvions mettre en route nos quatre faucheuses.

Les Indiens nous harcelaient, se cachaient dans les herbes et tiraient sur les travailleurs. Chevauchant en avant des machines, armé de ma double carabine et d'une paire de revolvers, je leur servais de cible, et ne sais vraiment comment je n'ai pas été tué cent fois.

Un jour je sautai au bas de mon cheval pour m'empoigner avec quelques-uns de ces coquins qui s'amusaient à mes dépens, lorsque, juste au moment où je tirais, mon cheval s'effraye et décampe. Je fus pris d'une telle rage que je lui envoyai une balle dans la tête, qui l'empêcha de me jouer d'autres tours. Les Gilman se conduisirent très salement en cette occasion, car ils me firent payer la bête.

Enfin, je me tirai des Indiens qui eussent, je crois, préféré se trouver aux prises avec le diable qu'avec moi.

La moisson terminée, les Gilman vendirent leur stock et poussèrent jusqu'au Nebraska pour y acheter un lot de terrain et se bâtir une belle maison. Pendant les sept années qu'ils trafiquèrent, ils gagnèrent plus de deux cent mille dollars, et bien que j'aie contribué matériellement dans ces bénéfices, on ne m'invita pas à la curée.

En 1868, un traité conclu avec les principales tribus guerrières leur réservait certaines parties du territoire. Il resta cependant nombre de bandes de maraudeurs qui écumaient les routes.

Les Gilman m'avaient invité à les accompagner pour quelques mois dans leur nouvelle maison, afin d'aider à leur installation. J'y consentis, n'ayant rien de mieux à faire, et envoyai ma femme et mes enfants à Loup-Solitaire qui m'offrait de s'en charger pendant mon absence.

J'adorais ma petite fille, une charmante et mignonne créature qui m'était très attachée. Je ne devais plus la revoir, car après mon départ elle pleura tant et cria si fort après moi jour et nuit, que des convulsions l'emportèrent. Je n'appris ce malheur qu'à mon retour, au printemps de l'année suivante.

Quand je revins au fort Macpherson, on y organisait

une expédition pour repousser les Indiens dans le territoire qui leur avait été réservé dans le Dakota. Beaucoup suivaient le buffle vers le Sud et ne pouvaient comprendre qu'ils devaient rester dans les limites assignées par leur traité.

On en comptait plus de deux milles au fort, nourris aux frais du gouvernement, et dans le nombre, beaucoup d'Ogallalas et de Brûlés, avec Loup-Solitaire et ma femme. Ils allaient au territoire réservé, et je voulais les y accompagner, d'autant plus que j'avais amassé un stock de bêtes, évalué à trois mille huit cents dollars.

Je faisais mes préparatifs en conséquence et nous allions nous mettre en route, quand le général Duncan, commandant de l'expédition, me fit appeler pour me dire qu'il me désirait comme interprète. Je lui objectai l'impossibilité d'accepter, ayant fait d'autres arrangements pour conduire mon troupeau. Il insiste, je décline l'offre ; il insiste encore, je lui déclare nettement mon refus.

Je suis arrêté alors et enfermé au corps de garde, où l'on me fait savoir que je resterais jusqu'à ce que j'aie consenti à suivre la colonne. Je n'avais plus à tergiverser, d'autant que le général vint me dire que le succès de l'expédition reposait en grande partie sur mes services comme interprète, et qu'il me garantissait l'arrivée en bon état de mon troupeau à destination.

Je consentis donc. Ce fut la plus malheureuse affaire que j'aie entreprise de ma vie, car quand ma femme parvint au territoire réservé, on lui avait volé son troupeau jusqu'à la dernière tête, malgré les promesses du général, et je ne reçus jamais un centime d'indemnité.

L'expédition se composait de cinq escadrons de cavalerie et de trois cents éclaireurs pawnees sous les ordres du major North. Mon vieil ami, Bill Cody, commandait des éclaireurs et des guides; j'étais en second avec le rang et le titre de chef interprète.

Un jour, près de la crique du Nez-Court, je me trouvais écarté du camp avec Cody, lorsque nous arrive un feu de peloton de cinquante à soixante Indiens cachés dans les broussailles. Les éclaireurs pawnees viennent à la rescousse, il s'ensuit un combat, qui fut continué pendant quinze milles.

Nous nous étions, à notre insu, approchés à deux cents mètres d'un village indien. A l'arrivée des troupes, l'ennemi s'enfuit avec les femmes et les enfants, abandonnant le reste. Deux jours après nous trouvâmes dans la prairie une vieille squaw jugée trop décrépite pour qu'on s'en embarrassât et abandonnée aux loups.

L'hiver entier se passa à la chasse aux Indiens, que nous repoussâmes dans leur territoire; puis nous revînmes au fort, où nous prîmes le train pour Omaha.

J'y fus nommé maître des transports et l'on m'offrit de me prendre en permanence au service, mais ne pouvant m'accommoder de toute la responsabilité qui m'incombait, je donnai ma démission et allai rejoindre ma femme au territoire réservé, où j'appris la perte de mon troupeau.

Par le traité, j'avais été reconnu membre de la tribu des Ogallalas et appelé à jouir de tous les droits et privilèges des autres Indiens.

Ma femme, mes enfants et moi pouvions prétendre à

une part de terre, à des instruments de ferme, des rations, des marchandises, enfin tout ce que le traité nous garantissait.

Je puis déclarer que je n'ai jamais rien demandé pour moi-même, bien que la terre soit appelée à devenir de grande valeur, pourvu toutefois que le gouvernement ne la vole pas, ce qu'il fera probablement tôt ou tard.

Après trois ou quatre semaines, je commençais à sou-

pirer à une vie plus active et méditais sur ce que j'allais entreprendre, lorsque les Clifford, deux frères de ma connaissance, mariés à des Indiennes, me suggérèrent une idée.

Les Indiens, qui depuis longtemps volaient des chevaux aux blancs, possédaient maintenant un nombre considérable de très belles montures.

On pouvait avoir un cheval d'une valeur de deux cent cinquante dollars pour un gallon de jus de tarentule, superbe opération.

Si j'avais eu jadis des remords de l'iniquité de livrer du whiskey aux Peaux-Rouges, ils s'étaient depuis longtemps évanouis. Le mal avait été fait avant moi, et soit d'une source, soit d'une autre, il continuait fatalement.

D'autres blancs habitant le territoire réservé désiraient se joindre à nous, on les accepta : A. Roff, John Dodge, Joad Randal, J. Nesbit, et Johnny Come Lately, ce qui, avec moi et les Clifford, portait à huit l'association.

Difficile besogne que de tenir les Indiens dans leur territoire réservé; ils couraient partout et on les rencontrait plutôt dehors que dedans. Nous nous procurâmes quelques chariots, que nous chargeâmes d'une bonne provision d'eau-de-feu, et nous voilà en route à la recherche des tribus errantes.

Tout alla bien pendant quelque temps. Les Peaux-Rouges auraient tout vendu pour du whiskey et livraient lestement leurs chevaux et leurs mules, qui ne leur avaient rien coûté, pour quelques coups à boire.

Enfin nous atteignons un gros village de plus de cinq cents tentes de Wajajas, d'Ogallalas, de Brûlés et de Cheyennes où mes beaux-frères m'aidaient pour faire aller le commerce.

J'avais planté mon tepee près de celui de Loup-Solitaire et y avais placé un fût de vingt gallons. Mes compagnons étaient allés au-devant de quelques Indiens venant du Sud, sachant que, restant seul dans le village, j'étais plus utile à l'intérêt commun.

Les affaires allaient au mieux et la plupart de mes gobeloteurs s'étaient déjà défait de leurs chevaux que j'attachai à mon tepee, lorsqu'un Cheyenne, que je ne connaissais pas, vint me demander du whiskey.

J'étais, en ce moment, allongé contre mon baril, et Loup-Solitaire, au centre du tepee, fumait tranquillement sa pipe en buvant un coup.

— Du whiskey ? dit Loup-Solitaire répondant à sa demande. Va chercher ton cheval et tu en auras.

— Je n'ai pas de cheval à échanger, riposte l'autre.

— Alors, pas de whiskey !

— C'est ce que nous allons voir, réplique l'autre.

Et avant que j'eusse le temps de deviner ce qu'il allait faire, il prend son pistolet et envoie deux balles dans le baril, juste à quelques pouces au-dessus de ma tête.

Il pensait, sans doute, me forcer par la peur à satisfaire à sa demande, mais ça ne réussit pas, car je restai immobile sans manifester la moindre émotion.

Loup-Solitaire le regarde une seconde, puis, bondissant, lui arrache son pistolet et le renverse en le frappant de la crosse.

Deux ou trois Indiens, attirés par le bruit, le saisissent et le jettent hors de la tente.

Le Cheyenne court se plaindre aux siens, qui viennent en corps demander satisfaction et insister pour qu'on me livre.

Les miens essayent de leur faire entendre raison, mais les Cheyennes appuyent leur argument par une décharge dans mon tepee.

C'en était trop. Mes beaux-frères jettent un lasso sur l'auteur du désordre. Une cinquantaine de Cheyennes veulent le dégager, un nombre égal des amis de Loup-Solitaire s'y opposent. Dans la bagarre, le lacet s'enroule sur le corps de l'homme, et comme on tire des deux côtés, le pauvre diable est à moitié coupé en deux.

Tout le camp s'en mêle. Mes amis sont les plus forts et la bataille fait rage.

Je ne voyais rien d'amusant à me faire tuer dans une bagarre si sotte : aussi je me réfugiai dans mon tepee, où je restai jusqu'à ce que les poteaux troués de balles croulent sur moi ; et les coups de feu de pleuvoir.

On m'amène un cheval, on m'enveloppe d'une couverture et on me dit de sauver ma peau, ce que je fis sans tergiverser, mais non sans recevoir quelques balles dans ma couverture.

Je ne m'arrêtai qu'au bout de trois milles, n'entendant plus la fusillade. Alors je revins tranquillement au camp.

La moitié des ge███████ village étaient partis et mes ████asse████████████ l'endroit où se dressait mon tepee mis en pie███████ décoiffé mon baril et buvaient et tiraient à même avec des coupes, des baquets, des cuillers, enfin toute espèce de récipient.

Ce n'était pas le moment de récriminer et je fis contre fortune bon cœur. Mes beaux-frères gagnaient la Platte avec le troupeau, pensant qu'il valait mieux l'éloigner de crainte des Cheyennes.

On me conseilla de courir après le plus vite possible, m'assurant qu'on me suivrait aussitôt le whiskey fini.

C'était d'un bel aplomb ; mais sachant que dans leur ivresse ma vie n'aurait pas compté pour un liard, je me hâtai de déguerpir.

Ce ne fut que le lendemain matin que je rejoignis

Loup-Solitaire, et j'appris alors que trente-deux de ses hommes avaient pris leur billet pour l'autre monde et plus de cinquante-cinq étaient blessés.

Quant à moi, je revins avec trente-sept chevaux et quelques belles peaux de buffles. Les Clifford et les autres camarades furent moins heureux, car tombés sur une bande de Cheyennes, ils avaient perdu leur whiskey, leurs chevaux, tout enfin, et il s'en était fallu de peu qu'ils ne perdissent leur peau.

CHAPÍTRE XXVII

Chasse au buffle pour le marché de Chicago. — Hank Clifford.
— Trafic avec Che-Waxsah. — Revanche diabolique. — La pra-
rie en feu. — Arrestation. — L'agence du Nuage-Rouge. — Frank
Wheeling, Broncho Bill, Slim Jim et Self Raising William. —
Expédition de maraudeurs. — Une piste. — Capture de trois
cents chevaux. — Types de compagnons. — Surprise agréable.
— Combat inégal. — Reprise des chevaux par l'ennemi. —
Triste retour.

Eposé pendant quelques semaines, j'aspirais à ma vie active. J'achetai un chariot avec le prix de la vente de quelques-uns de mes chevaux, réservant les quatre meilleurs pour l'attelage.

Hank Clifford, Martiner Clifford et Arthur Ruff se joignirent à moi pourvus du même équipage, auquel j'ajoutai deux chariots, ce qui faisait six en tout, et nous partîmes pour la Platte du Sud. Nos squaws nous accompagnaient.

Notre objet était de tuer des buffles et d'en expédier par le chemin de fer la viande à Chicago, où l'on en donnait un bon prix.

A une petite station à quelques milles du fort Kearney, nous nous abouchâmes avec un homme qui nous donnait 6 cents par livre et prenait tous les risques et le transport à sa charge.

Le buffle était en telle abondance qu'en six semaines nous en vendîmes pour deux mille dollars; on peut juger de l'hécatombe.

Mais nos continuelles attaques dispersèrent les troupeaux; nous dûmes nous séparer pour les suivre, fixant un camp permanent où nous revenions avec notre butin.

Quand la saison devint trop chaude pour permettre de conserver la viande, Hank Clifford partit pour Omoha acheter du whiskey et de l'épicerie pour les revendre aux Indiens.

A son retour, après nous être partagé les marchandises, nous prîmes des directions différentes, nous donnant rendez-vous dans deux mois à un endroit non loin du fort Macpherson.

Jennie et moi allâmes à un village, à une soixantaine de milles, y commencer nos opérations. J'étais en assez bons termes avec les habitants et j'aurais réussi à me débarrasser promptement et fort avantageusement de mon stock, sans les soldats qui harcelaient sans cesse les Indiens pour les repousser dans leur territoire réservé.

Cependant ils n'avaient pas encore découvert ce village, très habilement dissimulé, lorsqu'un jour on apporta la nouvelle qu'ils arrivaient pour tuer tout le monde.

Je conseille au chef, nommé Che-Waxsah, de ne pas s'effrayer, lui affirmant qu'il n'arriverait rien de fâcheux; il ne m'écoute pas et lève son camp, refusant que je l'accompagne, m'accusant d'avoir indiqué son village aux soldats.

— Fais tes bagages, dit-il, et débarrasse-nous, ou malheur à toi!

Je fus fort indigné, mais il n'y avait qu'à obéir. Je chargeai donc mon fourgon, et me mis en route le plus vite possible.

Il était si furieux que je crois bien qu'il m'aurait tué s'il l'eût osé, mais avec la ruse et la sauvagerie de sa race, il employa un moyen infernal.

J'avais déjà parcouru une dizaine de milles, lorsque, entendant un bruit derrière moi, je vis, à mon horreur, que les diables rouges avaient incendié la prairie.

A cette époque de l'année, l'herbe est complètement desséchée, et la flamme arrivait sur nous, avec la rapidié d'un cheval au galop.

Ceux qui n'ont jamais vu une prairie en feu ne peuvent se faire une idée de la grandeur de ce spectacle fantastique.

Une ligne de flammes couvre l'horizon derrière nous, s'avance avec un effroyable grondement, menaçant de nous envelopper.

Une seule chance de salut: incendier les herbes qui nous entourent et combattre le feu par le feu. Mais il y

avait sept barils de poudre dans le chariot et la perspective n'était pas rassurante.

Jennie cependant a saisi d'un coup la situation, et
avant que je lui aie demandé avis, elle a sauté hors du
fourgon et allumé les herbes en plusieurs endroits autour de nous. Je saute à mon tour, baisse la bâche

en la serrant le plus possible; puis je me mets à battre
le feu.

J'enlève ma chemise, la trempe dans l'eau, tandis que,
de son côté, Jennie inonde la bâche.

Le terrible fléau gagne à chaque instant de trente à quarante pieds à la fois et la chaleur devient insupportable.
Avec un grand fracas les deux feux se rencontrent; une
nappe de flammes et de fumée enveloppe complètement
la voiture et pendant plusieurs minutes je suis aveuglé.
Je couvre ma bouche de ma chemise mouillée, suffoqué,
étouffant. Des minutes sont des heures; enfin, n'y pouvant plus, je cours où j'ai laissé ma femme le visage

dans ses mains repoussant la fumée. Ma tête heurte le chariot et je tombe sans connaissance.

Quand je revins à moi, j'entends la voix de Jennie : « Nous sommes sauvés, disait-elle; le feu est passé. Lève-toi. »

J'essayai en vain. Mes membres pesaient comme du plomb. Elle me versa de l'eau sur la face et avec son aide je parvins à me mettre debout. Mes cheveux, mes sourcils étaient brûlés, et j'avais d'horribles brûlures sur tout le corps. Jennie était saine et sauve; elle avait vidé un baril d'eau sur elle, et, se couvrant la tête de son châle, s'était jetée à plat ventre.

Plusieurs jours se passèrent avant que je fusse en état de me mouvoir. Un joli tableau quand nous nous mîmes en route. Les chevaux étaient roussis, et quant à moi, j'eus effrayé les corbeaux.

Je jurai de me venger de Che-Waxsah et de sa bande et je tins parole, car je les payai de leur propre monnaie : plus d'un se souvient du jour et de la date.

Nous arrivâmes les premiers au lieu du rendez-vous; quand tous furent présents, nous tînmes conseil sur notre prochaine expédition.

Tandis que nous délibérions, nous fûmes interrompus d'une manière assez inattendue par mon ami Bill Cody, qui arrivait avec une troupe de soldats et les instructions suivantes :

« Arrêtez John Nelson et ses compagnons avec des Indiens qui vont chasser au Sud. »

Nous jurâmes que nous n'avions nullement l'intention d'aller chasser au Sud, mais Cody nous répondit

qu'il était obligé d'exécuter les ordres du commandant
du fort.

Nous dépêchâmes Hank Clifford pour demander les
raisons de cette conduite autocratique, mais il ne put
rien savoir et partit pour Omaha voir le général Augur,
commandant du district, tandis que nous restions sous
la garde d'un piquet de soldats.

Quelque temps après, Clifford rapportait l'ordre de

notre mise en liberté et une note au commandant lui
enjoignant de ne nous molester en aucune façon, à condition que nous ne ferions rien pour empêcher les Indiens d'être repoussés dans leur territoire. Le général
ajoutait que, quant aux buffles, ce serait une excellente
chose si nous parvenions à les tuer tous, car alors les
Peaux-Rouges seraient bien obligés de quitter le pays

Notre victoire fut célébrée avec les soldats par de fortes libations ; après quoi, en route pour l'Ouest, à l'agence du Nuage-Rouge, au fort Robinson, sur la rivière White-Earth, dans le Dakota, à deux cent cinquante milles du fort Macpherson.

Nous y arrivâmes sans plus d'encombre et pendant six mois ce ne fut que parties de poker et libations au whiskey.

Je sentis bientôt que j'en avais assez et qu'il me fallait changer de place ; mais que faire et où aller ?

Pendant ces indécisions, je rencontrai Frank Wheeling ou Utah Frank comme on l'appelait à cause de sa position de chef des éclaireurs Utes, Broncho Bill, interprète bien connu, marié à une squaw, un certain Him Jim et un autre individu, Self Raising William. Ça faisait une bande de joyeux drilles résolus à prendre le bon côté de la vie. Par où commencer ? Aucun de nous ne faisait rien depuis quelque temps, et, comme dit le vieux proverbe : « La paix nous troublait. » Tout ce que nous savions, c'est que nous avions besoin « d'*excitement* », et la seule manière d'en obtenir était de nous quereller avec les Indiens.

Finalement, nous convînmes que le mieux serait d'organiser une expédition de maraudage, fondre sur un village, voler les chevaux, prendre quelques scalps, si besoin était, et revenir à l'agence.

Dans cette louable intention, nous nous armâmes et nous équipâmes pour une excursion d'un mois. « La sauce bonne pour l'oie, est bonne pour le jars. »

Les Indiens n'en faisaient pas d'autre, et nous ne

voyions pas pourquoi ce serait toujours leur tour.

Frank voulait aller au Nord, moi au Sud : je savais où y trouver les villages. Mon plan fut adopté, et, laissant nos squaws, nous partîmes pour le Kansas.

Sur notre route, le gibier abondait et nous faisions ripaille. Notre terrain de chasse atteint, nous battions le pays, voyageant de nuit, nous cachant le jour. Au sud de la rivière Salomon, nous tombâmes sur une tribu que j'évaluais à soixante-cinq tepees, ce qui faisait, à raison de 7 par tepee, 45o personnes.

Nous les suivîmes vers l'Ouest pendant environ soixante milles.

A trois milles de leur voisinage, nous nous embusquâmes dans un bois, surveillant tous leurs mouvements.

Plusieurs fois deux ou trois Indiens passèrent à portée de nos fusils. Frank et Him Jim voulaient tirer, mais Broncho et moi étions d'une opinion différente.

Le bruit des détonations n'aurait pas manqué de donner l'alarme, et nous aurions eu à nous battre contre tout le village, avec la perspective de perdre quelques-unes de nos aigrettes.

Autant que nous pouvions en juger, il se passait quelque chose au camp, car on y paraissait fort affairé.

Dans la prairie, à deux milles environ, les chevaux paissaient en liberté, et l'eau nous venait à la bouche de constater leur nombre. Un conseil de guerre fut tenu, à la suite duquel on convint que la nuit venue nous en attraperions au lasso autant que nous pourrions ; puis, nous mettrions rapidement une distance d'une trentaine de milles entre nous et les volés avant qu'ils aient découvert le larcin.

Programme religieusement suivi : nous nous emparâmes d'environ trois cents bêtes que nous poussâmes à toute vitesse vers la rivière Platte.

Nous nous en donnions à cœur joie de notre succès, nous félicitant et riant, mais le lendemain les poulains commencèrent à renâcler ; car malheureusement dans le tas se trouvaient nombre de juments et de poulains.

Quand ceux-ci commençaient à ralentir l'allure, nous les abattions à coups de fusil, mais les juments restaient près d'eux.

Enfin il fallut nous arrêter pour prendre un peu de repos. Après le déjeuner, nous occupâmes une colline d'où nous pouvions surveiller plusieurs milles à l'entour. Je me couchai sur le sol, interrogeant l'horizon avec ma lorgnette. Les camarades très fatigués firent un somme, et comme je n'avais pas envie de dormir, je fis la garde, tout en étudiant les faces de mes compagnons.

Broncho Bill dormait, comme s'il s'attendait à être scalpé à son réveil.

D'une agilité extraordinaire, quand il s'armait en guerre, c'était, avec son sang irlandais, un ennemi dangereux.

Frank Wheeling, homme simple et tranquille, parlant peu, mais lorsqu'il parlait, digne d'être écouté, et d'une bravoure à toute épreuve.

Self Raising William me rappelait beaucoup Hank Clifford ; il connaissait tout, et les affaires de tout le monde, excepté les siennes.

Je lui disais souvent qu'il était un fort habile gaillard, au courant de tout ce qui lui était absolument inutile de savoir, à l'exception d'une seule : qu'il était un sot.

Quant à Slim Jim, né voleur, il fut deux ans plus tard trouvé pendu à un arbre, avec une pancarte attaché à son dos sur laquelle on avait écrit : « A trouvé son maître. Destination inconnue. Mort faute d'haleine. »

Je méditais de cette façon depuis environ une heure, et fatigué de fouiller à chaque moment l'horizon, je posai ma lorgnette à côté de moi, commençant à me sentir aussi gagner par le sommeil. Je ne sais si je m'endormis réellement, mais regardant tout à coup, j'aperçus une bande de trente à quarante Indiens qui nous observaient tranquillement.

Saisissant mon rifle, j'envoyai une balle qui en abattit un et mit notre camp sur pied, à l'exception de Broncho, qui leva seulement le haut du corps, jurant contre les Peaux-Rouges qui troublaient son somme.

Ces Indiens appartenaient au village que nous avions pillé. Ils étaient descendus vers la Platte, brûlant les rancos, tuant et pillant à leur tour, et remontant vers le nord, à nos derrières, rencontrèrent les chevaux qu'ils n'eurent pas de peine à reconnaître pour leurs.

Ils commencèrent par s'en emparer, après quoi ils s'approchèrent pour voir par quelle cause ils se trouvaient si loin de leur village. Surprise mutuelle, comme on se l'imagine. En un instant nous sommes debout et courons à nos selles.

Les ennemis commencent le feu, tandis que plusieurs

enlèvent nos bêtes. Nous nous formons en ligne et les repoussons de la colline.

Frank dit à Broncho : « Votre cheval qui part ! » montrant un café-au-lait que celui-ci s'était réservé et qu'un Indien enfourchait.

— « Sacré coquin de Peau-Rouge ! s'exclama Bron-

cho, tu ne l'auras pas ! » Il envoie une balle dans la tête de l'Indien ; un autre riposte et casse l'épaule de Frank. Je cours à lui voyant son bras tomber inerte et lui demande s'il est blessé :

— Oui, dit-il, je crois que ça y est.

Pendant que Slim Jim le panse, nous poussons une seconde charge qui en démolit trois ou quatre et met le reste en fuite, jusqu'à un petit bois où ils s'abritent.

Ne pouvant les en déloger et abandonnant tout espoir de reprendre nos chevaux, nous retournons à l'endroit où nous avons laissé nos deux camarades.

Frank était en fort mauvais état et nous ne savions que lui faire. J'allai cependant arracher quelques racines que je coupai et plaçai sur sa blessure, ce qui le calma et arrêta l'hémorragie.

Il ne nous restait plus qu'à regagner au plus vite le fort. Frank fut remis aux docteurs qui l'expérimentèrent pendant plusieurs semaines et finirent par l'achever. Quant à nous, nous nous félicitions d'être revenus avec nos chevaux sur la tête. Nous n'avions pas eu le temps de scalper les Indiens tués, à l'exception d'un, dont je gardai fièrement la dépouille ; mais ce qui nous enrageait, c'est de penser que les coquins nous avaient revolé leurs chevaux.

CHAPITRE XXVIII

EDECINE-CREEK, dont j'ai déjà parlé, se
trouve à quelques milles au sud
du fort.

J'aimais beaucoup cet endroit
et désirais depuis longtemps y
planter ma tente. C'est moi qui
y élevai la première hutte en
bois qui ait jamais orné ces rivages. Hank Clifford vint en-
suite, et Arthur Ruff suivit notre exemple.

L'endroit bientôt connu sous le nom de *Pleasant Valley* devint le rendez-vous de tous les chasseurs du voisinage. Au milieu d'un excellent pays abondant en gibiers de toutes sortes, le renom s'étendit au loin, et il y arriva des sportsmen jusque d'Angleterre. Ma maison fut le quartier général et je fis d'excellentes affaires. Quand on reconnut que nous étions si bien installés, d'autres colons affluèrent et avant six mois les bords de la crique furent couverts de baraquements.

J'eus alors l'idée d'élever des troupeaux de buffles autour de mon ranco, ce qui m'évitait la peine d'aller les chasser.

J'achetai quelques bonnes vaches laitières du Texas et capturai dans la prairie deux buffletons.

J'attrapai également deux loutres, deux racons, deux élans, deux antilopes, deux cerfs et quatre loups, une vraie ménagerie, à la fois pour le profit et le plaisir.

Quelques parents de ma femme arrivèrent en visite avec toute leur smala, chevaux, chiens et le reste ; ça ne m'allait que tout juste, mais les devoirs de l'hospitalité m'obligeaient à me montrer aimable. Ils n'avaient ni sucre, ni café, ni farine, ni lard, je devais pourvoir à tout. Je ne demandais pas mieux que de fournir leur nourriture, mais la façon dont ils gâchaient et gaspillaient tout, me mettait en rage.

Les petits garçons indiens ont été la plaie de mon existence. Il y en avait là de quatre à dix ans, et ces infernaux chenapans allaient avec leurs arcs et leurs flèches au corral où paissait tranquillement mon troupeau, effarouchaient mes jeunes buffles, mes élans, mes cerfs, et s'en servaient comme cible.

Je revins un jour de la chasse juste assez à temps pour assister à la représentation. Une douzaine de ces drôles, à califourchon sur des bâtons, poursuivaient nos veaux en leur lançant des flèches, comme ils avaient vu faire à leurs pères dans les chasses. Mon propre galopin commandait la bande. Ils devaient se livrer depuis quelque

temps déjà à ce petit sport, car ils avaient tué deux veaux et blessé le reste à mort.

Je ne pus en sauver qu'un de l'hécatombe et le gardai jusqu'à un an. Mais il devint si ombrageux et si féroce avec les enfants que je dus le lâcher. Ainsi se termina mon essai d'élevage.

J'entrepris ensuite de fournir la troupe de viande de buffle à raison de 6 cents la livre — mon ancien prix — au lieu de 10 et 12 que prenait l'adjudicataire. Je partais avec mes chariots, tuais et revenais au fort, chargé d'environ trois mille livres. Je réalisai de cette façon de beaux bénéfices. Mais cela ne dura pas longtemps, car aussitôt mon argent touché j'allais au store me flanquer du jus de tarentule, et les cartes d'aller leur train.

L'argent abondait, l'on ne pontait jamais moins de cinq dollars. Quelquefois mes poches regorgeaient, et deux ou trois heures après j'étais raflé jusqu'à mon dernier cent.

Nous organisâmes Pleasant Valley en un comté auquel nous donnâmes le nom qu'il porte encore : Frontier County. Nous avions un inspecteur que nous bombardâmes juge de paix, et comme il ne pouvait remplir les deux fonctions, je le remplaçai dans la première, et j'eus la surveillance de tout le pays. On me donna un assistant que je chargeai du détail de la besogne. Sur ces entrefaites survint un incident qui fit un grand bruit et qui peut donner une idée de la façon dont on volait les Indiens. Pendant les trois hivers que je passai là, le second fut exceptionnellement rigoureux. Parmi les nombreux rancos surgis, se trouvait un établissement qui, sous le nom de Jack Brott et C°, avait acheté du gouvernement un lot de terrain de plusieurs milles carrés et y avait installé un immense troupeau.

Pendant ce terrible hiver ils perdirent deux mille cinq cents bêtes dont j'achetai la peau à raison de 40 cents la pièce et m'en fis deux cents dollars. La Compagnie imagina un ingénieux expédient pour faire subir au gouvernement cette perte. Queue-Tachetée errait encore dans les prairies avec les débris de sa tribu. Il s'était arrangé, jusqu'à ce jour, pour éviter le territoire réservé, et comme il était aux abois, Brott, par le don d'un cheval, le persuada de signer un document déclarant que sa tribu, manquant de vivres pendant l'hiver, avait tué et mangé trente bêtes à cornes de son troupeau. Naturellement, il n'en avait pas touché un seul, mais, alléché par le cheval, Queue-Tachetée donna dans le panneau.

Au nombre trente, Brott et C° ajoutèrent deux zéros et réclamèrent en conséquence le prix de trois mille bêtes au gouvernement qui, au taux de trente dollars par tête, leur versa quatre-vingt-dix mille dollars.

Personne ne savait rien de cette affaire, quand les agents du gouvernement, à l'agence du Nuage-Rouge, déduisirent les quatre-vingt-dix mille dollars sur la somme à payer aux Sioux. Le pot aux roses fut alors découvert et il y eut une terrible agitation chez tous les Indiens. Queue-Tachetée se plaignit devant la cour de justice. Moi, les Clifford et plusieurs autres déposèrent pour prouver le faux, et Brott et C° furent obligés de rembourser et de quitter le pays. C'est un exemple des fraudes sans nombre dont les Indiens étaient les victimes.

Après cette affaire, tant de gens vinrent s'installer à Pleasant Valley que je ne voulus plus y rester, et, pliant bagage, j'allai une fois encore à Pine Ridge puis à l'agence du Nuage-Rouge avec ma famille, augmentée de deux membres. Je fis ensuite, pour mon propre compte, le trafic au territoire réservé, ce qui excita la jalousie des marchands patentés qui tentèrent vainement de m'en empêcher, car j'étais reconnu Indien. Ils me dénoncèrent au principal agent du gouvernement, le docteur Séville, qui m'ordonna de quitter le territoire indien, ce à quoi je me refusais absolument. J'allai même me planter un jour, avec une forte trique, à l'entrée de la barrière de l'agence, guettant sa sortie.

— Docteur Séville, lui dis-je, voici deux heures que je vous attends pour régler notre compte. Je vous donne à opter : ou me laisser tranquille en me permettant de continuer paisiblement mes affaires, ou recevoir la plus belle tripotée qu'on vous ait jamais administrée.

— Nelson, répondit-il, vous trafiquez contre les ordres, et, en ma qualité d'agent du gouvernement, je dois vous en empêcher.

— Je n'ai que faire de vos ordres, répliquai-je. Je suis reconnu Indien, et nulle clause de notre traité ne pourra m'empêcher de trafiquer avec les miens. Donc, j'entends continuer comme par le passé, et je vous défie d'y mettre opposition.

Ces paroles le suffoquèrent. Il me regarda, regarda ma trique que j'agitais nerveusement, puis déclara qu'il allait en référer à Washington.

— Référez-en au diable.

Un des principaux trafiquants de l'agence, nommé J.-W. Dear, s'entendait avec Séville pour dépouiller les Indiens.

J'étais une épine dans leurs flancs, parce que je me contentais d'un profit honnête, tandis qu'eux, associés dans une sorte de Trades-Union, s'entendaient pour maintenir leurs prix à un taux ruineux pour les Indiens obligés de subir leurs extorsions pour se procurer les nécessités de la vie.

Le territoire réservé couvrait une superficie plus vaste que toute l'Angleterre et était traversé par les Collines Noires. Il y avait à Red-Cloud (Nuage-Rouge) environ onze mille Indiens et neuf mille à Rosebud-Agency, à cent-vingt kilomètres ; le même nombre à Standing-Rock sur le Missouri, et aux agences cheyennes.

Total : cinquante mille, répartis dans cinq agences.

Presque tous les Sioux s'y trouvaient et parmi eux mes beaux-frères, Loup-Solitaire et Tom-Couverture. Ma femme vivait avec eux à un camp, à trois milles de l'agence.

Mon autre beau-frère, Nuage-Rouge, chef de la nation Sioux, et dont l'agence avait pris le nom, vivait à côté, et je passais une partie de mon temps avec lui.

Un jour, revenant d'un voyage plus long que de coutume aux Collines Noires, Dear et Séville combinèrent un plan pour se débarrasser de moi.

On avait interdit de vendre du whiskey aux Indiens, sous peine d'une amende de cinq cents dollars et d'un emprisonnement de deux à cinq ans, loi applicable non seulement au territoire réservé, mais dans toute ville, bourgade, village des États-Unis.

La seconde nuit de mon retour le village fut entouré par un détachement et l'officier présenta un ordre d'arrestation délivré contre moi.

Prévenu par un de mes beaux-frères, je me déguisai en Indien, et me mêlai au groupe des curieux qui entouraient les troupiers.

Mes beaux-frères répondirent que je revenais des Collines, et n'avais pas de whiskey, que pas une goutte.

n'était entrée dans le campement, et que j'étais par
conséquent faussement accusé d'en avoir vendu.

L'officier répliqua qu'il n'avait rien à voir là dedans,
que son affaire était de m'arrêter et de me conduire à
l'agence; et là-dessus il fit fouiller le camp.

J'étais si bien déguisé que je causais en indien avec
l'interprète, un blanc nommé Billy Garnett, sans qu'il
soupçonnât mon identité. Nous cherchâmes même dans
tous les coins pour trouver le criminel, et je jurai à
l'officier qui me questionna que je l'avais vu arriver au
camp deux jours auparavant, mais qu'il en était reparti.

Cependant les Indiens se montraient si irrités de l'in-
dignité qu'ils subissaient qu'ils voulaient massacrer les
troupes : je ne parvins à les calmer qu'en leur déclarant qu'au premier soldat tué je me livrerais immédiatement.

Loup-Solitaire entra dans mon tepee et, saisissant ma
carabine, tira en l'air une douzaine de coups. Devant
cette attitude menaçante, les troupes jugèrent prudent
de battre en retraite. De mon côté, j'enfourchai un cheval et courus à un village à une vingtaine de milles.

Le lendemain mes beaux-frères et un grand nombre
d'Ogallalas allèrent en corps au fort Robinson demander une explication au général Mackensie.

Il déclara que la dénonciation avait été faite par
Trois-Ours, chef d'une petite fraction d'Ogallalas qui
vivaient près de l'agence.

On courut aussitôt le saisir, on l'amena devant le général, et il avoua avoir fait un mensonge, soudoyé par
mes ennemis.

Le général fit aussitôt ses excuses et m'envoya par Loup-Solitaire une lettre où il m'engageait à venir le trouver.

Quant à maître Trois-Ours, il n'échappa à un lynch immédiat que par l'intervention d'une garde que le général envoya pour le protéger.

Cette vilenie de mes ennemis me fit le plus grand bien, car pour rien au monde les Ogallalas n'eussent voulu trafiquer avec eux, à la suite de cette histoire; j'y gagnai le monopole des affaires.

On me remit le lendemain matin la lettre du général et je courus au fort Robinson où je fus très cordialement reçu.

Il rit de grand cœur quand je lui racontai mon stratagème pour échapper aux soldats. Nous nous séparâmes les meilleurs amis du monde; depuis, il me consulta souvent et je fus toujours heureux de l'aider dans la mesure de mes moyens.

Je ne voulais pas cependant laisser passer cette affaire avec le docteur Séville. Je n'eus qu'à me procurer quelques échantillons de farine, de thé, de café, de sucre, et d'autres de ses denrées et à les envoyer à Washington. Il en résulta un rappel immédiat; la patente de Dear lui fut également reprise, et on les remplaça dans leurs postes.

Rira bien qui rira le dernier, et mon tour de rire arriva quand je vis les deux gredins chassés avec leurs cliques et leurs claques de l'agence du Nuage-Rouge.

Comme exemple de leur canaillerie, nous restâmes trois mois sans viande de bœuf; ils ne nous avaient laissé que des barils contenant des os de porc, dont on avait enlevé la chair. Une famine s'ensuivit, et les Indiens durent manger leurs chiens.

Le gouvernement ignorait toutes ces rapines. On votait annuellement une somme considérable pour approvisionner les Peaux-Rouges, mais elle passait par tant de mains qu'il ne restait aux pauvres diables que des os à ronger.

Le bœuf se composait de ce qu'on avait trouvé de viande provenant de bêtes malades, décrépites, moribondes. Tout était assez bon pour les indigènes !

Maintes et maintes fois je les ai vus tuer les animaux qu'on leur envoyait, et prendre la peau qu'ils échangeaient aux magasins du gouvernement pour du biscuit, laissant à leurs chiens la chair absolument immangeable. Le nouvel agent continua bientôt le même système que son prédécesseur, et les voleries suivirent leur cours. La tentation était trop grande. Rapiner, voler, tricher, affamer les Indiens pour s'enrichir, c'était trop facile pour qu'on y renonçât !

Moi et quelques autres blancs de l'agence, nous nous plaignions et toujours et toujours, et envoyions à Washington des preuves incessantes d'odieuses fourberies, mais elles restaient dans les bureaux du département indien. On nous répondait de nous mêler de nos affaires et de ne pas mettre notre nez dans ce qui ne nous regardait pas ou d'avoir à vider les lieux. Et là-dessus, il ne me restait plus qu'à allumer ma pipe.

CHAPITRE XXIX

Deadwood. — Taureau-Assis attaque les mineurs dans les Collines Noires. — Médiation du général Crook. — Évacuation. — Nommé chef de la police à Sidney. — Les « outlaws ». — La loi de « lynch » et ses avantages. — « Rustlers » et desperados. — Civils et militaires. — Ma démission. — Je réjoins Clifford et Ruff au Running-Water. — Le ranco poste aux lettres. — Jennie à Pine-Ridge.

Tous à ce moment se sentaient atteints de la fièvre d'or dans les Collines Noires; moi et quelques hommes du territoire réservé résolûmes aussi de tenter la fortune. Je chargeai une voiture, attelée de six chevaux, de pelles, de pioches, de tous les ustensiles nécessaires, et nous partîmes pour Deadwood, alors petite ville minière ou réunion de shantis, à cent soixante-cinq milles de l'agence du Nuage Rouge. On y arrivait de tous les coins de l'Amérique, et sur les collines d'alentour on ne voyait que mineurs à l'œuvre.

Je savais qu'il y avait de l'or, car je n'avais pas oublié le lingot trouvé par l'Indien quelques années auparavant lorsque j'étais dans le Wajajas.

Je vendis mon stock avec de beaux bénéfices, puis allai à Sidney (Nebraska) louer une maison; j'y installai ma femme et mes enfants, et retournai à Deadwood avec un chargement.

Les Collines Noires, comme je l'ai dit, traversent dans son milieu le territoire réservé, et comme les chercheurs d'or y arrivaient en foule, les Indiens se plaignaient que le traité de 1868 n'était pas observé.

Taureau-Assis et sa tribu qui se trouvaient dans les Collines, ayant adressé à Washington des protestations restées sans réponse satisfaisante, résolurent de chasser les blancs et les attaquèrent en toutes occasions. Les mineurs finirent par ne plus pouvoir travailler que deux heures sur vingt-quatre, harcelés et obligés de se battre à chaque instant. Les choses en vinrent au point que le gouvernement envoya le général Crook avec un corps de troupe pour protéger les blancs, mais les expulser en même temps des Collines.

Voilà les mineurs entre deux feux : les Indiens qui les attaquent, les troupes qui les harcèlent. Enfin le général leur promet qu'ils pourront revenir au printemps suivant, s'ils s'en allaient tranquillement, ce à quoi ils se décident.

Deadwood resta désert. Les mineurs s'installèrent à Custer-City, petite station à mi-chemin de Deadwood et de Nuage-Rouge.

Crook avait amené avec lui quelques géologues qui

envoyèrent des rapports sur les richesses aurifères du sol, à la suite de quoi le gouvernement conclut un autre traité avec les Indiens. Pour une certaine somme ils abandonnaient les Collines Noires et garantissaient la sûreté des routes y conduisant.

Comme exemple des procédés du gouvernement à

l'égard de ces pauvres diables, je dois dire qu'ils ne reçurent jamais un rouge liard de l'argent promis.

De retour à Sidney, devenu bourgeois et membre respectable de la société, on m'offrit le poste de chef de police, que j'acceptai avec empressement. Mon corps se composait de sept hommes de taille et d'embonpoint divers. Ils n'avaient pas à flâner, car la ville abondait en coquins de toutes sortes.

Le branle-bas commençait le soir, quand les tripots

étaient pleins, et se terminait généralement par une mê-
lée entre civils et soldats, où l'on ramassait invariablement quelques morts. Je me suis toujours flatté d'avoir
fait consciencieusement mon devoir pendant la durée
de mes fonctions. Les choses se passaient tout autrement qu'aujourd'hui et le *modus operandi* avec ceux qui
tombaient sous la griffe de la loi était court et décisif.

Moi-même, d'une nature sauvage et inquiète, ayant
peu vécu dans la civilisation, j'éprouvais une sorte de
sympathie pour ces *desperados* en dépit des ennuis
qu'ils me causaient.

J'avais, dans les prairies, été tant de fois en contact
avec des gens de sac et de corde qui, mieux dirigés,
eussent mérité un autre sort ! Ils venaient généralement
de l'Est et, poursuivis pour des délits souvent minces,
tombaient forcément dans le crime. J'en ai connu beaucoup dont l'éducation supérieure ne se décelait qu'après
quelque temps de fréquentation. Sous le rude extérieur
du « outlaw » traqué se reconnaissaient souvent les
traits du gentleman.

Je crois avoir vu, sinon connu personnellement, tous
les coquins du *Far-West* et le nombre d'entre eux qui
sont morts, bottes aux pieds, c'est-à-dire fusillés ou
pendus, est considérable.

Quand ça commençait à *chauffer* pour eux dans la
ville, ils gagnaient les prairies : c'est là que je les rencontrais. Un blanc, meurtrier ou non, est toujours un
blanc, et bien que j'eusse des soupçons sur beaucoup, ce
n'est que quand ils étaient pris et exécutés que j'appre-
nais pourquoi on les envoyait si brusquement au Père

éternel. Une de mes plus grandes difficultés à Sidney fut d'empêcher la foule de lyncher mes prisonniers, méthode fort appréciée des habitants. Nous n'avions qu'une petite prison faite de poutres et de briques; aussi arrivait-il fréquemment qu'on s'apercevait au matin que l'oiseau s'était envolé.

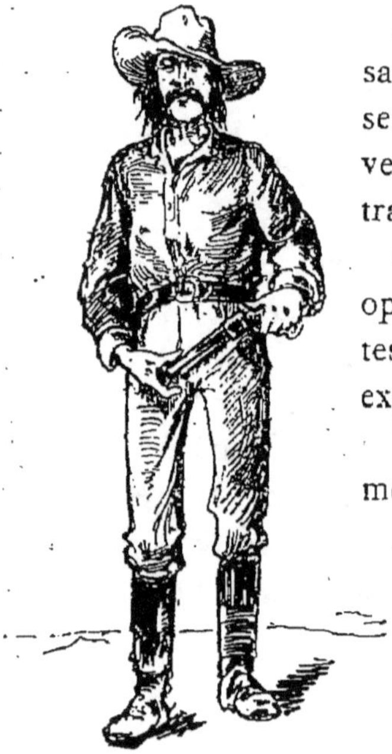

Je ne m'en faisais pas de bile, car je savais que le prisonnier avait le bon sens de gagner le large et de ne plus revenir, ce qui était pour moi autant de tracas d'enlevé.

Quant au « lynch », j'ai dit que je m'y opposais, bien que j'eusse pris en maintes occasions une part active à ce genre expéditif.

Une fois, entre autres, dans un de mes derniers voyages aux Collines Noires, je vis lyncher un individu surnommé *Fly-Speckled-Bill* (Guillaume tacheté de mouches). Entrant à cheval dans une petite ville minière ornée d'un seul cabaret, et voyant un vieil homme à la porte, il saute de cheval et l'invite à prendre un verre. Le vieux refuse, disant qu'il ne buvait jamais de wiskey.

— Tu en boiras ou je te démolis, dit Bill.

— Vous ne le ferez pas, répliqua le vieux.

Ce furent ses dernières paroles : Billy tire son revolver et lui fait sauter la cervelle.

On accourt. On empoigne M. Fly-Speckled et en moins de cinq minutes on l'envoie, au moyen d'une corde attachée au poteau télégraphique voisin, régler ses comptes avec sa victime et le grand Magistrat d'en haut.

Cour martiale instantanée. Ni bruit, ni récrimination. Par le fait, personne ne parla. On savait qu'on devait le pendre, et on le pendit.

Un coquin de cette espèce ne pouvait rester vivant. Avec lui nulle vie sauve ; et je ne tirai jamais une corde avec plus de plaisir que celle qui l'enleva de terre.

Du reste, encore plus calme que nous, il ne fit pas la moindre résistance, et continua de fumer son cigare sans qu'un muscle de sa face bougeât pendant les préparatifs. Il ne laissa échapper son cigare que lorsqu'il se sentit balancer dans l'air.

A Sidney, une seconde fois, je tombai sur un groupe de gens qui venaient de servir un camarade de même façon.

J'arrivais juste au moment où il tournait l'œil, et tous me plaisantèrent de ma mine déconfite :

— Une minute trop tard, Nelson ! me dit-on en riant. Et le sobriquet me resta.

Ce qu'il y a d'avantageux dans ces méthodes expéditives, c'est qu'on économise tout frais d'installation de machine, et que le condamné ne peut s'enfuir.

Dans un pays neuf, ces lois pratiques ont du bon, et sur ces confins de la civilisation il n'est guère possible d'agir autrement.

Une autre fois encore, dans une salle de bal à Sidney, un civil, nommé Doc Middleton, tua un militaire et devint, à la suite de cet exploit, un des plus célèbres desperados du pays.

Je ne pouvais guère le blâmer, car les soldats molestaient alors les habitants de la plus outrageante manière, saisissant toutes les occasions de les insulter. Middleton, je ne sais pour quelle raison, avait été trois fois battu et renversé par ce pandour lorsqu'il le tua.

Garçon paisible et tranquille, un affréteur de mes amis, je lui donnai l'avis de s'esquiver aussi vite que possible, ce qu'il ne se fit pas répéter.

Les soldats lui livrèrent une vraie chasse sans jamais l'atteindre. Il tint un jour toute une compagnie en échec, tua plusieurs hommes, en blessa d'autres, et s'échappa.

Finalement trahi par un ami, il fut condamné à cinq ans de prison seulement, car on eut égard à quantité de circonstances atténuantes.

Son temps de prison fini, il devint bon citoyen comme avant et j'ai appris qu'il était shériff du comté de Sheridan et que chaque fois que se présentait une affaire difficile on s'adressait à Doc Middleton. Son cas ne fut pas le seul dans ces jours troublés de Sidney. Très peu de gens consentaient à endurer les abus des fonctionnaires et j'avoue que ce n'est pas moi qui leur donne tort.

Il ne faudrait pas confondre ces hommes avec une autre classe de desperados qu'on appelle les Rustlers ou voleurs par effraction. Pour ceux-ci je n'avais aucune pitié et faisais tout pour en débarrasser le pays. La plupart sont encore en prison; quant aux autres, leurs os blanchissent dans les prairies.

Cette classe de scélérats s'éteint rapidement, car ce n'est plus comme il y a vingt ans. Les vieilles ficelles sont usées et l'art de voler les chevaux a cessé d'être en honneur.

Cependant, après la mort de leur camarade, les soldats, plus provocateurs que jamais envers les civils, tiraient sur eux sous le moindre prétexte. Jour et nuit il me fallait apaiser les disputes.

Une nuit, un cow-boy vint me prévenir que civils et militaires se massacraient à l'autre extrémité de la ville.

J'y cours, armé de mon fusil. Dès que les soldats m'aperçoivent, ils m'envoient une décharge qui troue mes vêtements et m'égratigne les côtes près du cœur.

Je perds connaissance un moment; mais, aidé du cow-boy, je me remets sur mes jambes, et nous ripostons si bien que nous nettoyons la rue.

Je fais prévenir le commandant, qui dépêche une compagnie pour arrêter les perturbateurs. On trouva sans peine neuf blessés, les autres s'échappèrent, et l'affaire en resta là.

Ma blessure pansée, je réfléchis longuement et j'arrivai à la conclusion que maintenir la paix dans Sidney était tâche au-dessus de mes moyens et le plus tôt je quitterais la ville avant d'être assassiné, le mieux ce serait.

J'avais arrêté pas mal de chenapans, indépendamment de ma récente affaire avec les soldats, et les uns et les autres juraient de tirer vengeance de moi. Je réglai donc mes affaires, envoyai ma démission et allai rejoindre Hank Clifford et Arthur Ruff, qui avaient installé un ranco sur la rivière Running-Water, à quatre-vingt-dix milles de Sidney.

J'y arrivai sain et sauf avec ma famille. Le ranco était une sorte d'hôtel-restaurant sur la grande route, où s'arrêtaient les diligences de Deadwood pour changer les chevaux et prendre des voyageurs. De plus, nous tenions la poste, ce qui nous donnait quelque importance le long de la route.

Ma femme aidait aux arrangements domestiques, je faisais le service de la poste. Tout alla bien pendant douze mois, au bout desquels les femmes commencèrent à se quereller.

Je dus envoyer la mienne avec mes enfants à Pine-Ridge, nouvelle agence, à soixante-quinze milles à l'est de Nuage-Rouge.

Ces agences étaient établies sans d'autre raison que celle de donner de l'emploi à un fournisseur qui s'associait avec l'agent. Cela signifiait le prélèvement, par deux coquins, de tant sur l'indemnité que payait le gouvernement aux Indiens, et un partage proportionné des rapines.

CHAPITRE XXX

Les Cheyennes sur la piste de guerre. — Encore au service du gouvernement. — Expédition aux Collines Sablonneuses. — De l'eau partout et pas une goutte à boire. — Sauvé par la rivière aux Serpents. — Frank Wheeling. — Mort d'un autre enfant. — Agence de Pine-Ridge. — J'enseigne aux Indiens à mener une voiture. — Réprimandé pour avoir fouetté un Peau-Rouge. — M. l'agent Maggillicuddy. — Nommé chef de la police indienne. — Construction d'une ligne télégraphique. — Péculat des agents. — Vol de deux cent mille dollars par an. — Le président Cleveland à la rescousse. — Quelques mots sur les Indiens. — Sur moi-même. — Prédestination. — « Globbe trotter » enfin. — Liste des officiers sous lesquels j'ai servi.

URVINT, bientôt après le départ de ma femme, la nouvelle que les Cheyennes, mécontents de la façon dont l'agence les traitait, s'étaient levés sur la piste de guerre et traversaient le Kansas et le Nebraska, tuant, pillant et brûlant tout sur leur passage. Ils se dirigeaient aux Collines Noires, sur l'agence du Nuage-Rouge. On peut s'imaginer la panique que produisit cette nouvelle, d'autant que notre ranco se trouvait sur le passage de la horde. Nous tînmes conseil et il fut décidé que je partirais immédiatement avec les femmes au fort Robinson où j'offrirais mes services, et que Clifford et Ruff me suivraient après avoir tout enlevé du ranco.

Je fus immédiatement engagé comme éclaireur et guide, et la semaine suivante, Clifford et Ruff arrivèrent et se joignirent à la troupe. Nous n'avions que trois escadrons de cavalerie, avec lesquels nous nous engageons dans les dunes. Nous y marchions depuis trois jours et à partir du premier nous n'avions pas trouvé une goutte d'eau. Les mules des fourgons n'en pouvaient plus, on dut les détacher et abandonner les chariots.

Je connaissais parfaitement le district et si l'on m'avait laissé faire, j'eusse conduit les troupes, étape par étape, près d'une source. Mais chacun disait son mot ; personne ne m'écoutait : je les laissai donc agir à leur guise.

Enfin la soif devint telle qu'il fallait à tout prix trouver de l'eau. Hank Clifford voulait aller au sud, Frank Wheeling, engagé au même titre que moi, à l'est, moi au nord. Après consultation, le commandant se décida… à ne pas suivre mon avis.

Je ne voyais rien d'amusant à mourir de soif. Je tirais déjà la langue et mon cheval souffrait autant que moi. Aussi, allant droit au commandant, je lui déclarai qu'il

était libre de me suivre, mais que, quant à moi, je partais.
Il ne daigna même pas me répondre. Je piquai des deux.

J'avais trotté à peu près trois milles lorsque je gravis
une éminence pour voir la direction prise par la colonne,
et, à mon grand étonnement, je vis qu'ils me suivaient
aussi vite que possible, me faisant signe de revenir.

— Nelson, me dit le commandant quand je l'eus rejoint,
êtes-vous certain de trouver de l'eau ?

— Oui, monsieur.

— Vers quelle heure ?

Il était dix heures du matin.

— A une heure, répondis-je, si mon cheval peut me
porter.

— Très bien. Allez, nous vous suivons.

A midi et demi j'arrivai à la rivière aux Serpents. Il se
passa une scène que je n'oublierai jamais. Hommes et
chevaux se précipitèrent et se jetèrent dans l'eau. Pendant cinq minutes on n'entendit pas un bruit. Tous
s'abreuvaient.

Les vivres restés dans le chariot, nous n'avions rien
à nous mettre sous la dent. On envoya chercher les
provisions sur des mules. Les officiers s'occupaient
d'eux, laissant les hommes crever de faim. Frank Wheeling eut la chance de voler les rations d'un officier dans
ses besaces et, me faisant signe, nous allâmes rapidement nous régaler, riant de la mine que l'autre ferait
en voyant ses besaces vides.

Le lendemain, marche forcée jusqu'à Running River,
où nous trouvâmes un ranco, achetâmes une génisse
et festoyâmes. A ce moment une dépêche du fort Ro-

binson nous prévint que les Brûlés s'étaient, eux aussi,
mis sur la piste de guerre, incendiant et tuant tout sur
le territoire même où nous nous trouvions.

Nous étions harassés maintenant de nos jours et de
nos nuits de marche forcée. Il fallait cependant envoyer
une dépêche au fort Robinson. Frank Wheeling s'en
chargea. Il y arriva sain et sauf et rapportait la réponse,
lorsqu'à vingt-cinq milles environ de notre camp, n'en

pouvant plus, il mit pied à terre pour se reposer, tenant
son cheval par la bride. L'animal rompit sa bride et s'en
retourna au fort, laissant Frank en pleine campagne.

Il arriva cependant, apportant l'ordre au commandant
de faire immédiatement demi-tour. Nous revînmes donc,
non couverts de beaucoup de gloire, mais ayant exposé
notre vie autant et plus que si nous avions chargé l'ennemi.

Pendant notre absence, les Cheyennes avaient été
capturés par des Sioux, enrôlés au service du gouvernement pour poursuivre les maraudeurs, suivant le

vieux principe que « rien de tel de se servir d'un voleur pour attraper un voleur ». Quant aux Brûlés, le
rapport fait contre eux se trouva faux.

J'en fus fort heureux, ayant eu peine à croire que mes
vieux amis eussent pris les armes contre nous après leur
expérience du passé.

J'étais au fort depuis quelques jours quand je reçus
une lettre m'annonçant la mort à Pine-Ridge de ma
troisième fillette âgée de trois ans.

Après le transport des stores de l'agence du Nuage-
Rouge, à Pine-Ridge, on décida de donner des chariots
et des harnais aux Indiens pour les initier aux bienfaits
de la civilisation. A cet effet, on en envoya une grande
quantité à une station sur la rivière Missouri, et je dus
surveiller la distribution de six cents chariots et d'autant de harnais, de plus, apprendre aux Indiens à atteler
et à conduire, besogne pas facile qui faillit me rendre
fou. Impossible de leur rien faire comprendre au har-
nachement et à l'attelage. De plus, les poneys, qui ne
s'étaient jamais vus en pareil accoutrement, égayaient
par des ruades la représentation.

Enfin il fallut partir pour le territoire réservé ; quelques chevaux tiraient assez bien, mais d'autres refu-
saient d'avancer et les Indiens ne savaient comment s'y
prendre. Nous ne parcourûmes pas trois milles le
premier jour.

Il y avait dans le tas un vieil Indien qui ne faisait rien
de ce qu'on lui disait. Bien qu'il eût un bon attelage,
il s'arrêtait à chaque montée et naturellement toute la
colonne derrière attendait jusqu'à ce que je secouasse les

chevaux de mon fouet. L'Indien eût pu faire comme moi, mais il n'y songeait guère ; assis dans son fourgon, il se contentait de regarder son attelage arrêté, tandis que les chariots couvraient derrière lui une longueur d'au moins deux milles.

Il n'écoutait pas ou feignait de ne rien comprendre à mes explications, et je ne faisais que galoper à son attelage et fouetter ses chevaux dans leurs constants arrêts. Enfin, furieux, j'allais leur donner une telle danse qu'ils s'en seraient souvenus, lorsque le vieux me déclara qu'il ne permettrait pas de maltraiter ses chevaux davantage.

— C'est toi que je fouetterai alors, si ton attelage ne marche pas convenablement.

Il me défiait ; je lui administrai une petite correction dont l'effet salutaire se fit sentir, car il n'y eut plus dès lors d'arrêt.

Cependant, arrivé à l'agence, il se plaignit et je fus sévèrement réprimandé. Cela me vexa fort et je refusai de jamais prendre la responsabilité d'une pareille affaire. Je dis à l'agent qu'il ferait bien d'exercer sa patience en donnant lui-même des leçons à ses protégés ; quant à moi, j'en avais assez et n'avais jamais reçu un tel affront d'être réprimandé pour avoir fustigé un Peau-Rouge.

Je savais que personne ne s'en tirerait comme moi. Il envoya d'autres hommes sur le Missouri, qui n'apprirent rien aux Indiens. Ils brisèrent plus de chariots qu'il n'en parvint à destination ; à la fin, l'agent fut rappelé et remplacé par un M. Maggillicuddy qui commença par nommer son frère magasinier en chef. Celui-ci, reconnaissant mes capacités en différents genres, voulut me prendre avec lui. Il me donna assez de marchandises pour approvisionner un grand ranco et entretenir plusieurs familles pendant tout l'hiver. Je m'étonnai de ces libéralités, mais je découvris bientôt qu'il prenait ainsi les devants pour acheter mon silence sur ses rapines.

Je fus nommé ensuite chef de la police indienne, chargé de faire la chasse aux voleurs de chevaux, au whiskey et aux contrebandiers.

Les blancs volaient continuellement les poneys des Indiens, les vendaient et retournaient en voler d'autres.

Je battais le pays, reprenais aux settlers les bêtes volées et les rendais aux propriétaires.

Je redevins ensuite maître de fourgons sur la ligne télégraphique du Missouri au camp Sheridan, travail entrepris sous la direction de M. Maggillicuddy qui me confia une section de quarante-deux milles à compléter à mon compte, me donnant, pour m'aider, Indiens et métis; je m'en tirai parfaitement.

Puis j'entrepris la fourniture du bois que M. Maggillicuddy me payait deux dollars et demi la corde et revendait dix au gouvernement, du foin à dix dollars la corde et comptait vingt au gouvernement.

Il revendait ainsi au public, pour en empocher le bénéfice, les marchandises que l'intendance destinait aux indigènes, couvrant le déficit de ses magasins en ne donnant aux Indiens que des demi-rations.

La bombe éclata enfin. Il dut aller à Washington fournir des explications, et, à la grande surprise de tous, revint occuper son poste.

Les Indiens indignés écrivirent au gouvernement qui

nomma une commission spéciale chargée d'examiner les livres. Les compères, achetés au préalable, trouvèrent tout en ordre parfait.

Bien déterminés à ne pas nous laisser mettre dedans,

nous écrivîmes de nouveau ; les lettres furent couvertes de plus de deux cents *affidavit*. On envoya un commissaire extraordinaire qui connaissait le tour et qu'il n'était pas possible d'acheter.

Nous allâmes au-devant de lui, en corps, lui présenter deux cent cinquante nouveaux *affidavit*. En dépit de ces preuves, le gouvernement ne déplaça pas son agent. « Il n'osera pas, disait ouvertement Maggillicuddy, car si je tombe, j'entraîne avec moi toute la séquelle. »

Cela dura plusieurs années : alors il essaya d'expulser tous les signataires d'*affidavit*.

Il réussit en grande partie ; pour moi, plus entêté que lui, je ne bougeai pas.

Enfin, quand le président Cleveland vint au pouvoir, il fut destitué, et l'on découvrit que, pendant les six années de son agence, il avait flibusté par an plus de deux cent mille dollars !

C'est un exemple des monstrueuses injustices dont, de tout temps, les Indiens ont été victimes. Il y a actuellement, en Amérique, des hommes qui nagent dans une opulence qui n'a d'autre source que la spoliation des malheureux Peaux-Rouges.

Le meilleur ami que les indigènes aient jamais eu est le président Cleveland. A lui revient l'honneur d'avoir enfin traité avec équité une race qui, quelles qu'aient été ses fautes, possédait le continent américain avant qu'un blanc y eût mis le pied.

Le temps n'est pas loin où les Sioux se confondront avec les blancs ; dans cinquante ans il n'y aura plus un seul Indien pur sang sur le territoire : triste fin pour une grande nation, mais que la marche de la civilisation doit inévitablement amener.

Quant à moi, je confesse que je n'ai pas amassé de rentes. Beaucoup de gens qui auraient eu les mêmes occasions et les mêmes avantages que moi vivraient à cette heure à l'aise dans des rancos bien pourvus, ou seraient propriétaires de communes valant une fortune.

Mais « amasser » ne fut jamais ma devise. J'ai parcouru en tous sens un pays dont je pouvais dire : « Tout est à moi. » Allant où bon me semblait, j'aurais pu choisir pour m'y installer depuis les plus beaux pâturages jusqu'aux terrains les plus aurifères, et cependant je ne possède pas un pouce de terre dans tous les États-Unis. Le seul sol à moi auquel j'aurai jamais droit sont les six pieds de terre où l'on m'étendra.

Je ne dis pas cela par esprit de critique : j'avoue que c'est de ma faute et que si je ne suis pas un opulent seigneur, je ne dois blâmer que moi-même. Je crois à la prédestination.

Quelles que soient les occupations d'un homme, sa position dans la vie, pourvu qu'il ait le cœur bien placé, il se fera partout des amis. J'ai roulé pendant soixante-deux ans et, ayant mis mes théories en pratique, je puis parler avec quelque autorité. Cependant je ne voudrais entraîner personne sur mes traces.

Pendant les longues années de mes courses, j'ai peu ou point entendu parler de ma famille. Un des grands regrets de ma vie est de n'avoir jamais revu ni mon père ni ma mère après ma fuite de Charleston. J'ai, je le crois, encore des frères et des sœurs, mais aucun n'a exprimé le désir de me voir assis au cercle de famille. Une femme indienne et des enfants métis ne sont pas parents dont les Sudistes puissent être fiers : aussi vaut-il mieux rester étrangers.

Depuis que j'ai quitté le territoire réservé, j'ai entrepris, dans mes vieux jours, de courir le monde. Me

voici à la suite de mon vieux compagnon *Buffalo Bill*
devenu « globe trotter ». Quand et où mes voyages fini-
ront-ils? Je l'ignore; mais l'esprit inquiet de ma jeu-
nesse est encore tout-puissant en moi, et tant que je me
sentirai vigoureux et bien portant, je continuerai à rouler ma bosse.

Le tableau de *Cha-sha-sha-o-pog-geo* assis à la porte
de sa hutte, une longue pipe aux dents, ses cheveux ar-

gentés tombant en boucles sur ses épaules, et les enfants de ses petits-enfants jouant à ses pieds, n'est pas
encore peint même dans mon imagination. On ne sait
ce qui peut advenir, mais cette fin prosaïque de ma carrière accidentée est dans les limites de la probabilité.

Je regrette de ne pouvoir terminer ces pages d'une
façon plus émouvante, mais, avec les meilleures intentions, ce que j'ai à reconnaître de plus important pour
moi est que je suis encore en vie. J'ai simplement entrepris, en écrivant ce livre, de donner le résultat de mon
expérience dans la formation et la poussée d'un pays
nouveau : je crois avoir rempli ma tâche. Nombre

d'hommes pourraient relater des souvenirs plus intéressants. Les miens embrassent une ère limitée, mais
suffisamment étendue pour mon but. Je conclus en
osant espérer que le lecteur se plaira au récit de mes
aventures[1].

1. Pour ceux que la chose peut intéresser, je donne ici la liste
des officiers de l'armée des États-Unis, sous les ordres desquels
j'ai servi comme éclaireur, interprète et guide :

Général Bradley.	Capitaine O'Brien.			Lieutenant Hayes.	
— Duncan.	— Murphy.	5e cavalerie.		— Hoskins.	
— Augur.	— Egan.	2e	—	— Hall.	
— Corr.	— Mix.	2e	—	— Riley.	
— Emeray.	— Taylor.	5e	—	— Bates.	
— Smith.	— Mown.	5e	—	— Beldon.	
Colonel Brown.	— Thomson.			Forbush	
Major O'Brien.	— Lyle.	5e	—		

TABLE DES MATIÈRES

Pages.

Paris. — Typ. G. Chamerot, 19, rue des Saints-Pères. — 25037.